elefante

CONSELHO EDITORIAL
Bianca Oliveira
João Peres
Tadeu Breda

EDIÇÃO
Tadeu Breda

ASSISTÊNCIA EDITORIAL
Fabiana Medina

PREPARAÇÃO
Natalia Guerreiro

REVISÃO
Erika Nakahata
Laila Guilherme

ILUSTRAÇÕES
Aline Bispo

CAPA
Túlio Cerquize

DIAGRAMAÇÃO
Denise Matsumoto

DIREÇÃO DE ARTE
Bianca Oliveira

Mariléa de Almeida

Devir quilomba

antirracismo, afeto e
política nas práticas de
mulheres quilombolas

Aos meus pais, Fernando Paulo de Almeida
e Placidina Rogério de Almeida, que, apesar
das turbulências, fizeram de nossa casa um
espaço de cuidado. Aos meus irmãos, Antônio
Marcos, Márcia Cristina e Mara Lúcia, meus
primeiros mestres na arte da partilha.

Gosto de ouvir, mas não sei se sou hábil conselheira. Ouço muito. Da voz outra, faço a minha, as histórias também. E no quase gozo da escuta, seco os olhos. Não os meus, mas de quem conta. E, quando de mim uma lágrima se faz mais rápida do que o gesto de minha mão a correr sobre o próprio rosto, deixo o choro viver. E, depois, confesso a quem me conta que emocionada estou por uma história que nunca ouvi e nunca imaginei para nenhuma personagem encarnar. Portanto, estas histórias não são totalmente minhas, mas quase me pertencem, na medida em que, às vezes, se (con)fundem com as minhas. Invento? Sim, invento, sem o menor pudor. Então as histórias não são inventadas? Mesmo as reais, quando contadas. Desafio alguém a relatar fielmente algo que aconteceu. Entre o acontecimento e a narração do fato, alguma coisa se perde e por isso se acrescenta. O real vivido fica comprometido. E, quando se escreve, o comprometimento (ou o não comprometimento) entre o vivido e o escrito aprofunda mais o fosso. Entretanto, afirmo que, ao registrar estas histórias, continuo no premeditado ato de traçar uma escrevivência.
— Conceição Evaristo (2016, p. 7)

Difícil conhecer as pessoas.
Só dá pra se orientar pelo que elas fazem.
— Toni Morrison (2005, p. 58)

SIGLAS 11

PREFÁCIO 15

PRÓLOGO 21

INTRODUÇÃO 27

49 CAPÍTULO 1
Encruzilhadas teóricas

91 CAPÍTULO 2
Labirintos dos direitos: burocracia e feminização de quilombo

165 CAPÍTULO 3
Terreiros da reparação: usos das tradições

225 CAPÍTULO 4
Campos da parrésia: antirracismo e educação quilombola

291 CAPÍTULO 5
Tranças políticas: o direito aos espaços seguros

PALAVRAS FINAIS **341**

AGRADECIMENTOS **349**

REFERÊNCIAS **353**

SOBRE A AUTORA **381**

Siglas

ABA	Associação Brasileira de Antropologia
ADCT	Ato das Disposições Constitucionais Transitórias
ADI	Ação Direta de Inconstitucionalidade
AMNB	Articulação de Organizações de Mulheres Negras Brasileiras
Acquilerj	Associação das Comunidades Remanescentes de Quilombos do Estado do Rio de Janeiro
Arquisabra	Associação de Remanescentes do Quilombo Santa Rita do Bracuí
CadÚnico	Cadastro Único
CEAP	Centro de Articulação de Populações Marginalizadas
CEB	Comunidade Eclesial de Base
Cebrap	Centro Brasileiro de Análise e Planejamento
Cedine	Conselho Estadual dos Direitos do Negro
Conaq	Coordenação Nacional de Articulação das Comunidades Negras Rurais Quilombolas
FCP	Fundação Cultural Palmares
Fetag	Federação dos Trabalhadores da Agricultura
Funai	Fundação Nacional do Índio

IBGE	Instituto Brasileiro de Geografia e Estatística
ICMBio	Instituto Chico Mendes de Conservação da Biodiversidade
Incra	Instituto Nacional de Colonização e Reforma Agrária
Iphan	Instituto do Patrimônio Histórico e Artístico Nacional
Iterj	Instituto de Terras e Cartografia do Estado do Rio de Janeiro
Labhoi	Laboratório de História Oral e Imagem da Universidade Federal Fluminense
MST	Movimento dos Trabalhadores Rurais Sem Terra
PBQ	Programa Brasil Quilombola
PNAD	Pesquisa Nacional por Amostras de Domicílios
Pronera	Programa Nacional de Educação na Reforma Agrária
RTID	Relatório Técnico de Identificação e Delimitação
Secadi	Secretaria de Educação Continuada, Alfabetização, Diversidade e Inclusão
Secomt	Secretaria de Políticas para Comunidades Tradicionais
Sepe	Sindicato Estadual dos Profissionais de Educação do Rio de Janeiro — Núcleo Angra/Paraty
Seppir	Secretaria de Políticas de Promoção da Igualdade Racial
UFF	Universidade Federal Fluminense
UFRRJ	Universidade Federal Rural do Rio de Janeiro

Prefácio

No encontro de outras práticas políticas

"Gosto de ouvir, mas não sei se sou hábil conselheira. Ouço muito", diz Conceição Evaristo na epígrafe escolhida por Mariléa de Almeida para este livro sobre as práticas femininas antirracistas das mulheres quilombolas, no Rio de Janeiro, em nossa atualidade. Empresto a frase dessa famosa escritora brasileira para dizer que gostaria mesmo é de continuar ouvindo os relatos que nos conta a historiadora feminista autora desta tese de doutorado, defendida no Programa de Pós-Graduação em História da Universidade Estadual de Campinas (Unicamp), em 2018, e agora transformada em livro. Não é novidade dizer, além do mais, que, inúmeras vezes, a orientadora mais aprende do que orienta. Assim é...

Nas últimas décadas, tem crescido de maneira notável o número de trabalhos de pesquisa publicados em artigos e livros que dão visibilidade às mulheres, sobretudo às mulheres negras, destacando a maneira pela qual transformam o cotidiano, subvertem as interpretações naturalizadas, questionam os costumes tradicionais e inovam com suas práticas libertárias e seus saberes singulares. Sem dúvida, graças à crescente pressão dos movimentos feministas em sua multiplicidade, que denunciam veementemente a colonialidade do poder e da vida, que se insurgem contra a violência de gênero, a misoginia e o racismo estrutural e pressionam pela feminização do imaginário social, ou seja, por outra relação com a cultura feminina também em profunda mutação, passamos a contar com a emergência de histórias protagonizadas por personagens antes silenciadas pela historiografia.

Desse modo, outros passados entram em cena, trazendo novas paisagens e figuras menos conhecidas, deixando claro que já não nos interessa uma história que sirva para garantir o jogo consolante do espelho dos vencedores, em geral homens brancos, heterossexuais e poderosos. Excluídas das narrativas históricas desde sempre, mas reconhecidas como "guardiãs da memória", como observa Michelle Perrot, as mulheres sabem que ter passado é uma necessidade pessoal e coletiva que permite o fortalecimento dos vínculos pessoais e subjetivos, tanto individualmente quanto nos grupos que reivindicam o direito à própria vida. Sabem também que aos regimes fascistas interessa a produção de indivíduos atomizados, sem passado e sem referências históricas que os ancorem e unam, transformados em corpos vulneráveis facilmente capturados pelo poder. Desmobilizam-se ou neutralizam-se, assim, possíveis ações coletivas transformadoras.

Escrevendo a história a contrapelo, para lembrarmos dos apelos de Walter Benjamin, o presente estudo de Mariléa de Almeida nos apresenta as mulheres quilombolas no Rio de Janeiro, que, com seus saberes diferenciados, introduzem outros modos de pensar e de agir, abrindo poderosas linhas de fuga em direção a um "devir quilomba". A historiadora destaca a diferença do fazer político dessas quilombolas, fazer que ultrapassa as dimensões tradicionais do que conhecemos como ação política na esfera pública, marcadamente masculina, objetiva e racional. Expandindo-se para domínios que envolvem as subjetividades, as emoções, os sentimentos, as práticas quilombolas femininas possibilitam a emergência do que a autora conceitualiza, na esteira de Espinosa e Deleuze, como "territórios de afetos".

Assumindo a abordagem feminista que recusa a oposição binária entre corpo e alma, razão e emoção, público e privado, entre outras, a historiadora aproxima-se da "virada afetiva", que nos Estados Unidos, desde a década de 1990, e no Brasil, mais recentemente, tem sido privilegiada na produção do conhecimento, valorizando o poder do afeto nas relações intersubjetivas, sociais e raciais. Nesse sentido, é com muita emoção que Mariléa de Almeida nos traz as experiências de tristeza e de dor diante das situações de violência racial sofridas por quilombolas, mas também aponta para a potência transformadora dos afetos positivos que emanam das falas de suas inúmeras entrevistadas, especialmente voltadas para a construção do comum, cada vez mais ameaçado pelas políticas neoliberais.

Certamente há que se levar em conta a delicadeza da sensibilidade da própria autora, para além de seu excelente domínio teórico; com sua escrita poética, ela é capaz de feminizar seu próprio trabalho acadêmico, radicalizando a luta por subverter a normatividade que nos é incessantemente imposta, inclusive na construção da discursividade. Assim, Mariléa de Almeida parte para reconstituir genealogias, conduzindo-nos para regiões desconhecidas, muitas vezes pouco percebidas, e para situações que acontecem cotidianamente aos nossos olhos, mas que não vemos, o que remete ao que aponta Foucault quando afirma que o trabalho da filosofia é "tornar visível o que é visível".

Aqui, trata-se do trabalho da historiadora feminista negra, preocupada com as questões de gênero e com a denúncia da violência do racismo estrutural — que, aliás, conhece de perto —, dedicada a desnaturalizar as epistemologias hegemônicas, a questionar recorrentes interpretações e concepções coloniais e a evidenciar as relações de poder constitutivas dos saberes. Ao mesmo tempo, com muita sensibilidade, não deixa de lado a memória da própria experiência de vida familiar desde a infância, chegando ao contato com o ativismo estadunidense do movimento Black Lives Matter, que pôde conhecer por ocasião de seu estágio doutoral na Universidade Columbia, em Nova York. Poderíamos pensar, nesse sentido, na dimensão autobiográfica deste texto, que também pode ser lido como um acerto de contas inadiável diante de um passado pessoal e coletivo que continua presente e sufocante, marcando o corpo e a alma de várias gerações.

A partir de entrevistas com 48 quilombolas, na maioria mulheres negras cisgênero, de idades, formações acadêmicas, filiações políticas e práticas religiosas diferentes, a historiadora feminista mapeia os problemas centrais experimentados nos quilombos, constantemente ameaçados nas últimas décadas tanto pelo racismo estrutural que caracteriza a sociedade brasileira desde sempre, como pelas capturas da racionalidade neoliberal e, ao lado delas, das forças religiosas retrógradas que se apresentam como a única possibilidade de salvação neste mundo.

Valendo-se das teorizações de Foucault, Mariléa de Almeida aponta sobretudo as insubordinações e as resistências das(os) quilombolas, também na forma de contracondutas, como a recusa a serem governadas(os) ou conduzidas(os) pelo poder patriarcal. Aqui, a autora destaca as estratégias que resultam numa "feminização dos quilombos", nas maneiras femininas de fazer política diante das capturas do capitalismo empresarial desde a década de 1980, profundamente desagregador ao promover diversos mecanismos normativos pautados pela lógica do mercado. Diante dos inúmeros problemas vivenciados por esses grupos, como alcoolismo, prisões e mortes, muitas mulheres negras, observa a autora, passam a garantir a sobrevivência de suas famílias e comunidades. Portanto, o cuidado de si e o cuidado do outro tornam-se fundamentais, como se pode constatar na fala de uma das entrevistadas, quando afirma: "Eu cuidando aqui, dentro de casa, e cuidando no terreiro é a mesma coisa" (p. 197), e, nesse sentido, podem ser percebidos como prática política diferenciada.

Considero este trabalho de pesquisa necessário para nos aproximarmos das comunidades quilombolas no presente. Discutindo questões fundamentais que marcam a atualidade, Mariléa de Almeida aborda as ameaças que afetam os quilombos, como o neoliberalismo e o poder pastoral. Analisando a governamentalidade neoliberal, que promove a figura do(a) "empresário(a) de si mesmo(a)", isto é, do sujeito neoliberal competitivo e individualista, a autora mostra a busca pelo "devir quilomba", caracterizado pelo investimento em práticas que visam a outras formas de existência, mais solidárias, humanizadas e filóginas, ou seja, que valorizam o que de muito positivo oferece a experiência das mulheres.

Ao leitor e à leitora, insisto no convite para conhecer mais de perto esse universo tão potente, constantemente ameaçado, mas rico de experiências libertárias que apontam para a construção de um mundo mais justo, solidário e livre.

MARGARETH RAGO
Professora titular do Departamento de História da Universidade Estadual de Campinas (Unicamp). É autora de diversos livros e artigos, entre eles *Do cabaré ao lar: a utopia da cidade disciplinar e a resistência anarquista – Brasil, 1890-1930* (Paz & Terra, 2009).

Prólogo

Anos 1980. Naquela época, durante minha infância, a notícia de que visitaríamos a casa de nossos avós, em Vassouras, no sul do Rio de Janeiro, deixava eufóricos a mim e meus irmãos: era um dos raros momentos em que saíamos de Barra do Piraí, localizada a 21 quilômetros de Vassouras. Nos anos 1960, meus avós haviam sido proprietários de alguns alqueires de terra, perdidos pela inexistência de uma política agrária voltada a pequenos produtores no Brasil, tendo que passar, desde então, a trabalhar como caseiros em sítios e fazendas da região.

Sempre que os visitava, essa condição de moradia favorecia que eu tivesse a ambígua percepção de que, apesar de ali viverem, aquele lugar não era a casa deles e de que um dia voltariam para as terras perdidas, terras que não conheci, mas que foram por mim imaginadas. Esse sentimento reiterava-se pelas inúmeras recomendações que meu avô fazia sobre nosso comportamento: "não mexa nas plantas", "não pegue laranja do pé", "hoje o patrão está no sítio", "não façam arruaça". Ele estava sempre de plantão, tentando nos privar das "desembestadas" corridas pelo quintal, do pique-esconde entre os bambuzais, das risadas altas depois de uma traquinagem.

A imposição recorrente dessas normas de uso do espaço por meu avô fazia com que, aos nossos olhos infantis, ele fosse mais temido do que amado. Quando, contudo, ao final da tarde, ele pegava o cavaquinho e começava a tocar, o temor ficava em suspenso e dava lugar a outros sentimentos, que até hoje não sei nomear. Seu repertório, que mais tarde cartografei como calango,[1] era sempre o mesmo, por vezes tocado na mesma ordem. De qualquer forma, aquelas músicas e a maneira como as executava abriam espaços outros em nossa relação. Nesses momentos, também ouvíamos as histórias familiares contadas por minha avó.

Agora, eram os anos 1990. A perda do lugar para morar acirrou-se. Quando meus avós se viram impossibilitados pela idade de continuar trabalhando como caseiros, desamparados pelo racismo institucional de nossa sociedade, minha mãe os levou para morar conosco. A música transferiu-se para dentro de nossa casa, perdendo a força da novidade e se tornando aquilo que o historiador Michel de Certeau (1994) definiu como coisas desgastadas pelo uso. Desfrutei dessa situação por poucos anos, pois logo saí da casa de meus pais e, no ano seguinte, meu avô faleceu. Aquelas canções também desapareciam de minha família: nenhum dos filhos ou netos aprendeu a tocá-las. Na época, eu nem sequer sabia do que se tratava.

Início dos anos 2000. Maio de 2007, especificamente, quando reencontrei o calango. Por insistência de uma amiga, fui à festa do Quilombo de São José da Serra, situado no município de Valença, interior do Rio de Janeiro. Para minha surpresa, lá encontrei avatares de Pedro Rogério e Silvina Monsores, um homem negro e uma mulher negra, que tocavam os mesmos ritmos que meu avô e sabiam histórias de assombração como minha avó. Reconheci o estilo. De lá para cá, fui

---

[1] Calango é um ritmo musical encontrado nos bailes do fluminense rural. É dançado em pares, envolvendo sanfonas, desafios e versos. Para mais informações, conferir o projeto *Jongo, calangos e folias* (Universidade Federal Fluminense, Laboratório de História Oral e Imagem, 2020).

transformando essa afeição pessoal em trabalho acadêmico, cuja tese encerra um ciclo que se iniciou em 2008, na Universidade Severino Sombra, em Vassouras. Durante o mestrado, analisei como a comunidade de São José da Serra foi construída como quilombola nos discursos jurídicos, midiáticos e acadêmicos sobre esse território.

Este livro é uma versão modificada da tese de doutorado *Territórios de afetos: práticas femininas antirracistas nos quilombos contemporâneos do Rio de Janeiro*, defendida em 2018, no Programa de Pós-graduação em História da Unicamp, sob orientação da professora Margareth Rago. No projeto inicial, eu tecia perguntas em torno de como as relações de gênero e raça construíam a etnicidade dos chamados remanescentes de quilombo, a fim de me debruçar sobre as experiências de duas comunidades do sul fluminense, as quais eu já conhecia antes de ingressar no doutorado.

Em 2014, houve a primeira redefinição do projeto inicial, com a percepção de que era necessário ampliar o escopo das entrevistas para além das lideranças das duas comunidades já pesquisadas. Tal noção tornou-se mais aguda quando integrei, nesse mesmo ano, a equipe do projeto Cozinha dos Quilombos, coordenado pela organização não governamental Instituto Dagaz, de Volta Redonda (RJ). A finalidade do projeto de pesquisa era compilar um arquivo de receitas e memórias familiares nos 29 quilombos certificados no Rio de Janeiro.

Por meio do Cozinha dos Quilombos, visitei, nos fins de semana, ao longo de três meses, dezessete comunidades quilombolas do Rio de Janeiro, realizando entrevistas com alguns moradores, especialmente mulheres. Ao fim da pesquisa de campo, escrevi os textos que integraram o livro (Instituto Dagaz, 2014). Essa experiência favoreceu a leitura de outros relatórios técnicos de identificação e delimitação (RTID) produzidos por antropólogos durante a década de

1990 e o início dos anos 2000, além de teses, artigos, relatórios socioeconômicos, entre outros. A visão de conjunto oferecida por essas fontes permitiu que eu levantasse novas questões em torno das mulheres e das práticas femininas. As entrevistas, em especial, sensibilizaram-me para as múltiplas formas de violência que elas sofrem cotidianamente e para as ações que realizam na tentativa de se proteger desse cotidiano violento.

Em 2015, conduzi uma pesquisa teórica sobre os feminismos negros estadunidenses que trouxe reorientações significativas. O trabalho foi realizado durante um estágio de doutorado-sanduíche na Universidade Columbia, em Nova York, com bolsa da Coordenação de Aperfeiçoamento de Pessoal de Nível Superior (Capes) e sob a supervisão de Pablo Piccato. A pesquisa enfocou os feminismos interseccionais, fornecendo novas ferramentas conceituais para problematizar os efeitos dos dispositivos racistas e sexistas que atravessam as experiências das mulheres negras, bem como o lugar situado de onde produzem conhecimento. Outra prerrogativa desse estágio foi a possibilidade de observar mais de perto os movimentos sociais negros da cidade de Nova York, com destaque a encontros, passeatas e palestras organizados pelo Black Lives Matter.[2] Nesses eventos, chamaram-me a atenção os depoimentos emocionados, especialmente de mulheres que perderam filhos e filhas em ações policiais. Esses relatos, ao mesmo tempo que constituíam formas de elaboração pública do trauma e da dor, sugeriam uma intrínseca relação entre afetos e política.

---

2 O movimento Black Lives Matter [Vidas negras importam] foi iniciado em 2013, nos Estados Unidos, por Alicia Garza, Patrisse Khan-Cullors e Opal Tometi, em resposta à absolvição de George Zimmerman pelo assassinato de Trayvon Martin, um adolescente negro de dezessete anos, em Sanford, na Flórida.

Entre 2016 e 2017, provocada por essas redefinições, retomei a produção de fontes orais, procedendo a novas entrevistas. Durante esse período, conversei com lideranças dos seguintes quilombos: Bracuí (Angra dos Reis); Campinho da Independência (Paraty); Tapera (Petrópolis); Boa Esperança (Areal); Maria Conga (Magé); Sacopã (Rio de Janeiro) e Maria Joaquina (Cabo Frio). Ao todo, entrevistei 48 quilombolas, a maioria mulheres negras cisgênero, de idade e tom de pele diversificados. Igualmente variadas eram as formações acadêmicas, filiações políticas e práticas religiosas.

Terezinha, Marilda, Laura, Fabiana, Denise, Adão, Sandra, Olga, Rejane, Marcos Vinícius, Madalena, Angélica, Ana Cláudia, Daniele, Ronaldo, Ivone, Ana Beatriz e tantos outros anfitriões me receberam em suas casas e contaram suas histórias. Eles ajudaram a me constituir como alguém que suporta dizer o que precisa ser dito: o racismo é uma máquina de moer gente. Nos dias de sorte, a gente cantava e até dançava.

Introdução

Devir quilomba

A chegada do presidente Jair Bolsonaro ao poder, em 2019, trouxe desafios políticos e teóricos de grande monta. Sua eleição revelou que uma parcela significativa da sociedade brasileira se identifica com um projeto político explicitamente racista, misógino e excludente, algo que coloca em relevo para o campo progressista a necessidade de que a luta pelos direitos integre ações que possibilitem transformar subjetividades.

Tratando-se de um país de tradição escravista e colonial, essa tarefa envolve superar a naturalização do racismo, porque ele estrutura relações sociais, engendra instituições, cria formas de sujeito e mobiliza afecções. Em linhas gerais, pensar o racismo nessa direção sugere distanciar-se de concepções que o abordam como um problema de ordem moral ou ideológica, compreendido como falsa consciência.[3]

[3] A noção de ideologia como falsa consciência foi definida por Norberto Bobbio como o "significado forte" do termo, sentido esse originalmente apresentado por Karl Marx nos escritos sobre as relações de dominação entre as classes, bem como as estratégias de ocultação da dominação. Muitos trabalhos sobre o racismo o concebem como um problema de ordem ideológica, ou seja, uma falsa consciência que orienta as relações de dominação raciais. Seguindo as trilhas abertas por Michel Foucault, considero que não se trata de fazer a partilha entre a falsa e a verdadeira consciência racial, mas de percorrer historicamente a forma como os discursos produzem efeitos de verdade que simultaneamente inventaram na modernidade a concepção de raça e as hierarquias raciais. Para mais informações sobre ideologia, ver Bobbio, Matteucci & Pasquino (2000, p. 585-6). A respeito das problematizações sobre ideologia, ver Foucault (1979, p. 1-14).

O racismo envolve simultaneamente o governo dos corpos e uma mentalidade orientada pela naturalização da desumanização de corpos racializados como negros e pela perpetuação dos privilégios de corpos identificados como brancos.[4] É uma tecnologia que produz morte transformando-se o tempo todo, ora assumindo feições burocráticas, ora mascarando-se pela semântica da meritocracia. Há, ainda, situações em que ele se traduz por meio da exotização dos corpos. Por conta disso, cada momento histórico impele a criação de modos renovados de enfrentamento: novos símbolos de luta, novas práticas, novas subjetividades.

Faz tempo que a imagem dos quilombos tem sido utilizada para evocar a resistência antirracista, bem como propor um modelo societário a ser seguido.[5] Até o século XX, o tropo predominante sobre a resistência quilombola valorizava experiências masculinas em termos de virilidade, violência e força. Entretanto, nas últimas três décadas, estamos presenciando transformações nos significados atribuídos à resistência quilombola.

A recente visibilidade e o reconhecimento do protagonismo das mulheres quilombolas na luta pela terra exprimem que o conteúdo dessas mudanças incorpora a dimensão de gênero. Esse acontecimento histórico materializa-se em inúmeros trabalhos acadêmicos, documentários e reportagens

---

[4] A abordagem adotada no trabalho a respeito do racismo baseia-se na consideração deste em termos de racionalidade e afetos, inspirando-se nos trabalhos de Michel Foucault, Sueli Carneiro, Achille Mbembe e Paul Gilroy, cujas discussões serão detalhadas no primeiro capítulo deste trabalho.
[5] Uma proposta que articula a militância política à dimensão conceitual de quilombo é o conceito de quilombismo, criado por Abdias Nascimento nos anos 1980. Trata-se de um projeto político que pretende aglutinar os movimentos negros em torno do modelo coletivista de Palmares. Ver Nascimento (1980). Destaca-se igualmente a abordagem da historiadora Beatriz Nascimento, que abordou o quilombo como tecnologia política banto e instrumento vigoroso no processo de reconhecimento da identidade negra brasileira. Ver Nascimento (1985, p. 41-9).

jornalísticas.[6] Destaca-se, em 2020, a publicação do livro *Mulheres quilombolas: territórios de existências negras femininas*.[7] A obra coletiva escrita por dezoito mulheres quilombolas apresenta teorizações que ocorrem rente aos corpos nos enfrentamentos com a violência que incide sobre seus territórios, suas comunidades e suas corporeidades (Dealdina, 2020). Nas últimas três décadas, as mulheres quilombolas deslocaram-se da invisibilidade e ocuparam a cena pública como autoras de suas histórias.

Devir quilomba[8] narra as condições históricas que favoreceram esse acontecimento, além de perguntar sobre as novidades que as práticas de mulheres quilombolas trazem para o fazer político, especialmente para os campos dos antirracismos e dos feminismos. O arco temporal parte do fim da década de 1980, quando foi criado o direito territorial para as comunidades remanescentes de quilombo, chegando até a primeira década dos anos 2000, quando ocorre, de forma simultânea e paradoxal, a ampliação de políticas públicas em territórios quilombolas e o crescente processo de burocratização do acesso ao direito territorial. Por fim, descreve o cenário de desmonte das políticas públicas entre os anos de 2016 e 2017, depois do golpe parlamentar.[9]

---

[6] Entre os trabalhos acadêmicos e livros, destaco Prates (2015), Böschemeier (2010), Cunha (2009) e Silva (2019); entre os documentários, destaco *Dandaras* (2015) e *Raça* (2012).
[7] O livro, organizado por Selma Dealdina, diretora executiva da Conaq, e foi lançado pelo Selo Sueli Carneiro, coordenado pela filósofa Djamila Ribeiro e dedicado ao feminismo negro.
[8] Essa discussão pode ser visualizada em meu artigo "Devir quilomba: antirracismo e feminismo comunitário nas práticas de mulheres quilombolas" (Almeida, 2019, p. 267-89).
[9] Processo conduzido pelo Congresso que levou ao impeachment da presidenta Dilma Rousseff, sem que houvesse crime de responsabilidade. Para mais informações sobre as intrínsecas relações entre racismo, neoliberalismo e as razões do golpe parlamentar, conferir Borges (2017b) e Almeida (2017).

Por que *devir quilomba*? Devir, conceito que pressupõe mudança, acrescido da palavra "quilomba", evoca as condições históricas que produziram a feminização da ideia de quilombo, possibilitando a visibilidade contemporânea das mulheres quilombolas na luta pela terra. Vale destacar que o processo de feminização não pode ser confundido e identificado com a palavra "mulher", mas diz respeito à valorização de aspectos culturais atribuídos à cultura feminina, como a ética do cuidado de si, do outro e do espaço onde se vive. Uma vez estabelecida a relação entre os dois termos, enfatizo que devir quilomba diz respeito à necessidade de construirmos um *vir a ser* que se opõe à naturalização do modelo masculinista de fazer política e de viver orientado por violência, individualismo e competição. Sigamos pelas trilhas das condições históricas e da singularidade das práticas em torno do *devir quilomba*.

Historicamente, até o início da década de 1990, a palavra "quilombo", atávica à experiência de Palmares, era identificada como um ato de resistência pensado nos termos da cultura masculina (guerra, violência, virilidade). Falar de quilombo significava tratar dos heroicos atos de homens como Zumbi dos Palmares, Ganga Zumba, Manoel Congo, entre outros. Em 1988, quando se estabeleceu na Constituição Federal o direito territorial dos chamados "remanescentes das comunidades de quilombos", a resistência quilombola era pensada, com raras exceções,[10] por meio de uma perspectiva

---

[10] Sobre as exceções, destaco a pesquisa da historiadora Beatriz Nascimento que, no fim dos anos 1970, apontava outros aspectos da resistência quilombola. Dentre eles, a importância do que ela definiu como "paz quilombola". Para a autora, um quilombo como o de Palmares, entre um ataque e outro da repressão oficial, mantinha-se ora retroagindo, ora se reproduzindo. E os tempos de paz eram fundamentais para a longevidade dos quilombos, porque permitiam a reprodução dos seus modos de vida. Ver Nascimento (2018, p. 66-79).

masculina e bélica. De todo modo, a promulgação do direito, na forma do artigo 68 do Ato das Disposições Constitucionais Transitórias (ADCT), foi comemorada como uma vitória da luta antirracista, já que, de maneira inédita, a legislação concedia o direito a setores da população negra. Entretanto, durante quase uma década após a criação do dispositivo jurídico, a aplicabilidade da lei ainda esbarrava na definição tradicional de quilombo, entendido como um lugar isolado onde os negros se refugiavam. Acreditava-se, então, que existiam poucos grupos que poderiam reivindicar esse direito.

Ao longo da década de 1990, essas premissas começam a ser rasuradas, seja em relação aos significados do termo "quilombo" e à quantidade de comunidades que poderiam solicitar esse direito, seja sobre a visão de que o dispositivo jurídico representava uma mudança de mentalidade na forma como as instituições brasileiras reconheciam o peso do racismo na perpetuação das injustiças sociais.

Sobre os significados de quilombo, as mulheres e as práticas culturais identificadas como femininas foram sendo, aos poucos, selecionadas como os novos símbolos da terra. Esse processo se reforçou conforme, na batalha discursiva, passaram a ser reivindicadas as relações que se estabelecem com o território, e não apenas comprovações materiais e arqueológicas da origem histórica do grupo. Se, por um lado, os novos sentidos do termo permitiram o reconhecimento de inúmeros grupos como quilombolas, por outro, a identidade construída sob uma ideia estática de tradição cultural não significou o acesso imediato ao direito territorial, tampouco trouxe transformações significativas das condições de vida das comunidades que passaram a se autodefinir como quilombolas.

Durante toda a existência do direito quilombola, a instabilidade tem regido o tom das políticas públicas. Essa situação foi detalhada pela advogada Allyne Andrade e Silva (2020) em sua pesquisa sobre o Programa Brasil Quilombola (PBQ), criado em 2004 com o objetivo de implementar políticas públicas interinstitucionais destinadas a essas populações. Em que pese a inovação da proposta, conforme detalha a pesquisadora, desde sua criação o PBQ foi objeto de disputas políticas e de progressivos esvaziamentos orçamentários. Em 2016, o golpe parlamentar que levou ao poder Michel Temer igualmente atingiu as comunidades quilombolas, culminando com o encerramento do PBQ.

A ineficácia e a descontinuidade das políticas públicas materializam-se, inclusive, pela discrepância sobre a quantidade de comunidades existentes no país. A Fundação Palmares, até novembro de 2018, havia certificado 3.212 comunidades quilombolas.[11] Em janeiro de 2021, o relatório publicado pelo Afro, núcleo de pesquisa do Cebrap, sugere que o número de comunidades quilombolas pode chegar a seis mil. Essa conclusão ocorre com base na análise de dados preliminarmente divulgados pelo IBGE, que, em 2020, realizou um levantamento dos territórios quilombolas (Arruti *et al.*, 2021). A consolidação dos dados da pesquisa do IBGE servirá de base para a realização do primeiro censo demográfico sobre os territórios quilombolas, informação incontornável para o desenho eficaz de políticas públicas. Levando em consideração que a criação do direito territorial ocorreu em 1988, demorou três décadas para que houvesse um levantamento mais preciso de quantos são e de onde vivem as pessoas quilombolas.

De todo modo, a expressividade numérica dos territórios quilombolas é diametralmente oposta à quantidade de

---

11 Dado disponível em: http://www.palmares.gov.br/wp-content/uploads/2015/07/quadro-geral.pdf.

titulações obtidas. Segundo o Instituto Nacional de Colonização e Reforma Agrária (Incra), responsável pela titulação dos territórios tradicionais quilombolas, entre os anos de 2005 e 2018 apenas 278 foram contemplados com a elaboração do Relatório Técnico de Identificação e Delimitação (RTID), uma das primeiras e mais importantes etapas do moroso processo de regularização territorial. No mesmo período, somente 124 comunidades obtiveram a titulação de seus territórios.[12]

Apesar da inexistência de dados atualizados sobre as comunidades quilombolas, em 2013 o relatório do Programa Brasil Quilombola detalhou a situação de precariedade em que vivem as comunidades certificadas como quilombolas (Secretaria de Políticas de Promoção da Igualdade Racial, Secretaria de Políticas para Comunidades Tradicionais, 2013, p. 16). Das oitenta mil famílias quilombolas constantes no Cadastro Único (CadÚnico), sistema que serve de banco de dados para programas sociais, o documento indicou que 74,7% viviam em extrema pobreza. O relatório também apontou que os quilombolas tinham menos acesso a serviços básicos, como saneamento e energia elétrica, quando comparados ao restante da população. Entre os quilombolas, 48,7% viviam em casas com piso de terra batida, 55,21% não dispunham de água encanada, 33,06% não tinham banheiro e 15,07% só contavam com esgoto a céu aberto. Havia, ainda, alto índice de analfabetos: 24,81% não sabiam ler, e, em 2013, a taxa de analfabetismo dentro das comunidades quilombolas era quase três vezes mais alta do que a média nacional, de 9,1%, apontada pela Pesquisa Nacional por Amostras de Domicílios (Pnad).

---

12 Dados disponíveis em: https://www.gov.br/incra/pt-br/assuntos/governanca-fundiaria/andamento_processos.pdf.

Os números expressam como o desamparo social é consequência da forma predominante de governar os corpos daqueles que vivem nas comunidades quilombolas, impondo-lhes condições desumanas. Essa situação evidencia como o racismo governa as condutas por meio de tecnologias de poder que permitem a agressão e justificam a destruição corporal ou simbólica daquelas populações, já que, quando se trata dos territórios quilombolas, estamos falando de uma série de práticas, saberes e valores que se perdem diante das dificuldades de continuar vivendo a partir de seus modos de vida tradicionais. Essa prática racista, conforme denunciado por Allan da Rosa (2013, p. 14), "assassina, abate, invisibiliza ou nega, desde o que há de institucional até o que pulsa de mais subjetivo".

Nesses termos, o racismo pode ser pensado como uma forma de governar os corpos e as condutas, cuja racionalidade integra os processos de morte e de exclusão relativos tanto à materialidade corporal quanto às dinâmicas de subjetivação. Quanto à concepção de governo, são valiosas as análises de Michel Foucault sobre a *governamentalidade*, neologismo criado em seus estudos relativos às artes de governar em três direções. A primeira concentra-se no conceito de biopolítica, que abrange o governo da vida e os processos de controle sobre a população a partir do século XVIII; é nesse momento histórico que o racismo se transforma numa tecnologia política de Estado. A segunda contempla as análises sobre a razão de Estado, que emerge nos séculos XVI e XVII, definida por Foucault como uma racionalidade política, resultante da permanente correlação entre individualização e consolidação de uma totalidade estatal; aqui, as análises de Foucault enfatizaram a emergência do Estado moderno e a constituição dos seus aparelhos administrativos. Por fim, a terceira aponta as apreciações atinentes ao governo das condutas, cujos escritos estão atrelados ao caráter individualizante do poder pastoral, detalhando as práticas desenvolvidas durante os primeiros séculos de formação do cristianismo e da Reforma Protestante no século XVI (Foucault, 2008b, p. 253-85). Nesses trabalhos, Foucault debruçou-se sobre as artes de governar do poder pastoral e também sobre a descrição do que definiu como *contracondutas*, entendidas nos seguintes termos:

> São movimentos que têm como objetivo outra conduta, isto é, querer ser conduzido de outro modo, por outros condutores e por outros pastores, para outros objetivos e para outras formas de salvação, por meio de outros procedimentos e de outros métodos. São movimentos que também procuram, eventualmente em todo caso, escapar da conduta dos outros, que procuram definir para cada um a maneira de se conduzir. (Foucault, 2008b, p. 257)

Provocada por essas discussões, ao longo do trabalho, denominarei de *governamentalidade racista* as práticas de exclusão engendradas contra os corpos daqueles que vivem nos territórios quilombolas, materializadas em três direções. A primeira, pelas tecnologias de poder expressas pela excessiva burocratização do processo jurídico, dificultando o acesso efetivo ao direito territorial; aqui, o corpo é afetado pelo cansaço da espera.[13] A segunda, pelas constantes ameaças de perder a terra diante das investidas dos empreendimentos turísticos,

---

13 A relação entre o racismo e a burocratização no processo de concessão de terras quilombolas foi discutida por Elizabeth Farfán-Santos (2016) em sua análise sobre a comunidade quilombola de Grande Paraguaçu, situada em Cachoeira (BA). Em seu trabalho, a autora aponta como a burocracia afeta o corpo dos quilombolas, impondo-lhes o cansaço de uma espera, cujo processo ocorre por meio de inúmeras reuniões com técnicos dos órgãos governamentais.

do mercado imobiliário e dos proprietários de terra; nesse caso, o medo tem sido o afeto central entre as populações quilombolas.[14] A terceira, pelos modelos normativos de identidade construídos sob perspectivas culturais essencializantes; aqui, a valorização cultural tem sido a forma sofisticada de invisibilizar os efeitos do racismo nas comunidades quilombolas. Nesse caso, há certa tendência de exotizar os corpos, bem como de folclorizar as práticas culturais.[15] Em suma, a *governamentalidade racista* mescla biopolítica e racionalidade neoliberal.

No meu percurso de pesquisa nos quilombos do Rio de Janeiro, conheci experiências protagonizadas por mulheres que criam estratégias para viver diante dos efeitos da governamentalidade racista. Algumas delas concederam-me entrevistas que seguiram a linha do relato de vida, enfocando as práticas mobilizadas durante os processos de engajamento na luta quilombola. Em geral, os temas relacionados ao racismo e ao sexismo surgiram nesses encontros sem que eu os tivesse provocado. Muitas vezes, percebi que meu corpo de mulher negra, com meu cabelo crespo, era um facilitador para que as mulheres começassem a falar comigo sobre esses temas. Suas reações, entretanto, eram diversas: passaram pela admiração, pelo espanto, pela curiosidade — e até pela reprovação. Em alguns casos, elas destacavam o fato de eu ser a primeira ou

---

[14] Tratando-se do contexto do Rio de Janeiro, destaco os relatórios de antropólogos produzidos a partir da década de 1990 nos quais foram detalhados conflitos de terra: Carvalho (1998); Mattos & Meireles (1998); Gusmão (1996); e, a partir dos anos 2000: Arruti (2002, 2003); Alvez (2010); Araújo, Klein & O'Dwyer (2012); Neves (2012); Luz (2012); Malheiros (2012); Souza & Farina (2012).
[15] No Brasil, alguns trabalhos têm discutido os mecanismos racistas envolvidos na folclorização dos saberes e práticas culturais afro-brasileiras, como o de Rosa (2013), na educação, e o de Martins (1997), no teatro. Em trabalhos específicos sobre as comunidades quilombolas, destaco Farfán-Santos (2016) e Arruti (2006).

estar entre as poucas pesquisadoras negras com quem tiveram contato. Aqui também as posturas oscilavam do entusiasmo à desconfiança, já que a reclamação recorrente em relação a pesquisadores é a de que quase nunca retornam à comunidade o resultado de suas pesquisas. Minha pele preta não me deixa livre de suspeitas. Ótimo antídoto para ideias esvaziadas de representação.

Aos poucos, fui notando que as histórias que mais me afetavam eram de mulheres que se valiam da transmissão de saberes como meio de transformarem a si e aos outros, mulheres que perceberam que era preciso criar espaços outros de subjetivação. Luta-se pela terra, mas é necessário fortalecer os vínculos para que se ocupe o território de forma potente e criadora. A partir daí, selecionei narrativas cujas experiências faziam uso dos saberes em três direções: por meio de práticas religiosas e orais que estreitam os laços de pertencimento entre os indivíduos e o lugar onde vivem; por meio de ações no espaço escolar que propõem atitudes pedagógicas integradas com o território e as práticas culturais locais; e por meio de oficinas que visam à formação política das mulheres quilombolas, a fim de lhes fornecer ferramentas para o enfrentamento das múltiplas formas de violência a que estão submetidos seus corpos e territórios. Essas práticas serão concebidas pela indissociável relação entre o agir e o pensar, já que, conforme lembra Foucault (2010b, p. 298), "todo mundo pensa e age ao mesmo tempo".

Apesar de manter o espírito polifônico ao longo do texto, como escrever é fazer escolhas, algumas mulheres protagonizam os capítulos do livro. São elas: Marilda de Souza Francisco, do Quilombo do Bracuí, contadora de histórias e divulgadora da história local da comunidade; Terezinha Fernandes de Azedias, do Quilombo de São José da Serra, mãe de santo de um terreiro de umbanda; Laura Maria dos Santos, do Quilombo do Campinho da Independência, pedagoga, jongueira e militante da educação diferenciada; Fabiana Ramos, do Quilombo do Bracuí, licenciada em educação do campo pela Universidade Federal Rural do Rio de Janeiro (UFRRJ) e militante da educação quilombola; Denise André Barbosa Casciano, liderança no Quilombo da Tapera, que, após um acontecimento traumático, quando viu marido e filho quase morrerem durante as fortes chuvas em Petrópolis, em 2011, valeu-se da escrita como forma de elaborar o trauma, momento que converge com seu engajamento na luta quilombola; Rejane Maria de Oliveira e sua experiência com o Coletivo de Mulheres da Conaq por meio da promoção de oficinas orientadas pelo conceito de Bem Viver. Sempre que possível, porém, busco trazer vozes adicionais, de homens ou mulheres que vivem em outras comunidades quilombolas.

Durante os encontros, cada relação foi estabelecida de forma diferenciada. Com algumas, realizei mais de uma entrevista, participei de cerimônias religiosas, acompanhei um pouco do cotidiano. Foi o caso de Marilda, Fabiana, Terezinha e Rejane. Com outras, tive apenas um encontro, como aconteceu com Laura e Denise. Elas trouxeram uma diversidade de temas e temporalidades. O que recorta essa multiplicidade é o interesse de investigar a singularidade de suas ações, bem como de narrar os processos pelos quais elas se engajaram na luta quilombola. Esse interesse parte da premissa de que as condições históricas não apenas produzem instituições, modelos econômicos ou práticas jurídicas, mas, igualmente, constituem-se como um campo de possibilidades para a configuração de determinadas formas de sujeito. Nessa direção, aviso que não há qualquer pretensão de esgotar análises sobre os campos da umbanda, das religiões pentecostais, da educação quilombola, das práticas de oralidade, entre outros temas por elas abordados. Também não se trata de traçar trajetórias de vida.[16]

Apesar das dessemelhanças entre elas, percebi que as narrativas convergiam em um aspecto: cada uma, em sua fala, deslocava sentidos racistas e sexistas sobre seus corpos negros e femininos, sentidos que desconsideram suas criações como práticas intelectuais legítimas. Na medida em que o racismo é uma máquina de triturar o que há de mais subjetivo, logo percebi a potencialidade política daquelas narrativas. Em conjunto, elas rasuravam os discursos dominantes em torno desses dispositivos, que tendem a folclorizar saberes e práticas quilombolas, destituindo-os de sua potencialidade transformadora no presente. Ao mesmo tempo, tais narrativas não constituíam um exercício vazio e narcísico, do tipo "somos poderosas", visto que algumas delas também abrigaram fragilidades, iras, ressentimentos.

Suas práticas mobilizam o que denomino de *território de afeto*, entendido como um campo de ação política que se exprime pela manutenção, criação ou redefinição de espaços potencializados para aqueles que vivem nas comunidades quilombolas. Territórios de afetos não são definidos pela identidade jurídica quilombola, mas pela relação que se estabelece com o lugar e com aqueles que nele vivem. Trata-se de uma atitude política, que privilegia o uso de saberes como forma de ampliar espaços de subjetivação, constituídos por meio dos deslocamentos de sentidos que essas mulheres realizam em relação aos efeitos das exclusões de raça, de classe ou de gênero que afetam seus corpos e os territórios de suas comunidades. Lanço mão aqui do termo "afeto" no caminho aberto por Espinosa (2013, p. 163-77), ou seja, as afecções do corpo, pelas quais sua potência de

---

[16] Para mais debates sobre a biografia, ver Bourdieu (1998).

agir é aumentada ou diminuída, estimulada ou refreada, e, ao mesmo tempo, as ideias dessas afecções. Gilles Deleuze (2008, p. 170), pela via de Espinosa, diz que afetos não "são sentimentos, são devires que transbordam aquele que passa por eles (tornando-se outro)".

O tema dos afetos é descrito por Espinosa em *Ética*, obra escrita na segunda metade do século XVII. Recorrer à sua abordagem para pensar práticas contemporâneas de mulheres quilombolas sugere alguns caminhos metodológicos que este trabalho pretende trilhar. Em primeiro lugar, o da não hierarquização entre mente e corpo nas análises. Ao perguntar o que pode um corpo, Espinosa propõe considerarmos sua potência como lócus de produção de conhecimento, assim como as ideias que produzem afecções nos corpos. A esse respeito, o filósofo escreveu: "o homem não se conhece a si próprio a não ser pelas afecções de seu corpo e pelas ideias dessas afecções" (Espinosa, 2013, p. 225). Em segundo lugar, sugere situar as práticas quilombolas nas condições imanentes que afetam os corpos e os territórios. Essa abordagem permite problematizar a ideia de que as ações quilombolas são expressões de valores transcendentais, recorrente nos discursos construídos por meio dos essencialismos identitários. Em contraposição às dimensões moral e jurídica, a ética proposta por Espinosa busca desarticular o sistema de julgamento dos valores morais, enfatizando os modos de existência. Trata-se, portanto, como definiu Deleuze (2002, p. 29), de uma filosofia da prática. Em terceiro lugar, partindo da acepção de que os corpos são constantemente afetados por outros corpos (Deleuze, 2002, p. 25), procura explicitar as afetações recíprocas entre mim e as mulheres durante nossos encontros. Em quarto, enfoca as narrativas pelas quais as mulheres reconhecem o valor de saberes e práticas por elas construídos, considerando esse processo como condição subjetiva e política que permite a ação. Espinosa (2013, p. 227) estabelece a relação entre capacidade de ação e amor-próprio, considerando que "a alegria que provém da consideração de nós mesmos chama-se amor-próprio ou satisfação consigo mesmo. E como essa alegria se renova cada vez que a pessoa pondera sobre suas próprias virtudes, ou seja, sua própria potência de agir".

As dores e os traumas narrados permitem visualizar os deslocamentos dos afetos tristes em direção aos afetos que potencializam a ação, o que leva a pensar sobre a importância da criação de espaços outros de subjetivação. Por isso, a abordagem de território que atravessa este trabalho engloba, a um só tempo, três dimensões que não estão apartadas entre si, mas que, para fins de visualização, descrevo nos seguintes termos: a materialidade física das relações que as quilombolas estabelecem com o território do quilombo; a materialidade simbólica dos significados que atribuem aos espaços; e, por fim, a materialidade subjetiva dada pela abertura de espaços de deslocamento de sentido de discursos racistas, sexistas e classistas. Por essa articulação, são valiosas as reflexões propostas por Muniz Sodré, que, ao falar das especificidades dos territórios negros, considerou:

> A territorialização é de fato dotada de força ativa. Se isso foi historicamente recalcado, deve-se ao fato de que a modelização universalista, a metafísica da representação, opõe-se a uma apreensão topológica, territorializante do mundo, ou seja, a uma relação entre seres e objetos em que se pense a partir das especificidades de um território. (Sodré, 1988, p. 13)

Sodré, cuja abordagem sobre território questiona os modelos teóricos que tendem a pensar os espaços como homogêneos e fixos em suas funcionalidades, define território sob o aspecto da porosidade, uma vez que seria dotado de uma força ativa, o que implica tomar os territórios em termos de multiplicidade e deslocamentos, bem como as afecções que eles provocam. É uma discussão que nos leva às intrínsecas relações entre espaço e subjetividade.

A relação entre política, subjetividade e espaço foi igualmente debatida por Foucault (2013) em uma conferência em que discute a noção de "heterotopias", ou "outros espaços". A fim de criticar a representação moderna de espaço, Foucault considera que vivemos atualmente na era do espaço da justaposição e que isso se deu a partir do momento em que a categoria espacial deixou de estar subordinada às relações de tempo linear e homogêneo, como era predominante no século XIX. Valendo-se do conceito de heterotopia, provindo da geografia, o filósofo então sugere a potencialidade política de pensar os espaços em termos de multiplicidades de sentidos e temporalidades. Foucault (2013, p. 19-30) indica que a busca pelos lugares utópicos, não lugares (u-topos), projeta no futuro um espaço irreal onde nosso corpo não está presente. Margareth Rago (2016, p. 13-5), discutindo a diferença que Foucault estabelece entre as noções de utopia e heterotopia, considera que, diferentemente das utopias, que conduzem a algum lugar distante no futuro, as heterotopias dizem respeito ao aqui e agora e às "possibilidades de transformar o mundo exterior e interior, individual e coletivo". Nessa perspectiva, a noção de heterotopia não se reduz à dimensão física, mas abarca também a criação de espaços afetivos, tornando-se, portanto, ferramenta teórica valiosa para as práticas políticas do presente.

Para abordar as motivações do presente que conduzem a luta quilombola, inspiro-me, de igual modo, na abordagem de Givânia Maria da Silva, quilombola e pesquisadora da educação do Quilombo Conceição das Crioulas, situado em Salgueiro (PE), que diz:

> Partindo dessa perspectiva, pensar quilombo como "o presente", é necessário nos despir dos conceitos de quilombo apenas como algo ligado ao passado estático e reconhecê-lo no hoje. Essa visão estática não reconhece as mudanças que ocorreram, ora por força das organizações próprias dos quilombos, ora pelas novas formas de escravização. Só a partir de uma compreensão nova, em que se considere a diversidade quilombola, suas características e especificidades culturais, regionais, geográficas e políticas, é que podemos compreender melhor quem são os quilombos, suas lutas e resistências como estratégias de construção de seus modelos de desenvolvimento e processos organizativos próprios. É preciso pensar em um presente que coloque o Estado brasileiro na condição de agente devedor, mas, ao mesmo tempo, responsável pela elaboração e execução das políticas públicas para as comunidades quilombolas, rompendo com as marcas do passado escravo que as colocou em situação de desigualdade. (Silva, 2012, p. 37-8)

Os territórios de afetos, concebidos como criações do presente, referem-se às práticas construídas pelos deslocamentos dos sentimentos relacionados tanto à materialidade da terra — seja o medo de perdê-la, seja o cansaço da espera jurídica, seja o orgulho de preservá-la — quanto aos dispositivos dominantes de poder, que se baseiam nas exclusões de raça, gênero e classe.

Vale destacar que narrar as experiências de mulheres quilombolas faz parte de uma escolha política, cuja motivação é tornar visíveis, simultaneamente, os dispositivos racistas e sexistas que colocam seus corpos, saberes e territórios sob risco constante, bem como os agenciamentos que, no cruzamento entre ética e política, rasuram as formas convencionais de fazer política, produzindo devires políticos e subjetivos. Não se trata de idealizá-las, tampouco de sugerir que haja um único modelo político a ser seguido. Suas experiências não são exemplares em um sentido moral, mas podem ser inspiradoras em tempos em que a racionalidade neoliberal, com sofisticados dispositivos de poder, tende a limitar nossa capacidade de criação de projetos coletivos.

Nas páginas que se seguem, as práticas em torno do *devir quilomba*, expressas pelos territórios afetivos, desdobram-se em três eixos analíticos: as abordagens teóricas que permitem narrar as singularidades das práticas; as condições históricas que favoreceram a seleção das mulheres como novos símbolos da luta quilombola; e as teorizações construídas pelas próprias mulheres por meio de suas ações políticas.

O primeiro capítulo, "Encruzilhadas teóricas", apresenta abordagens no campo dos feminismos e da filosofia da diferença que tratam da relação entre corpo, afeto e política na criação de espaços outros de subjetivação, sobretudo das experiências de mulheres negras. Tais teorizações inspiram as análises realizadas ao longo do livro, permitindo pensar as práticas das mulheres quilombolas para além de uma ação moldada exclusivamente pelas demandas de modelos essencializantes da identidade jurídica ou cultural, vendo-as como parte de seus processos de transformação pessoal, motivados pelas demandas do presente. Esse capítulo também detalha as discussões teóricas que colaboraram para a construção do conceito de território de afetos, bem como as que atravessam as noções de *governamentalidade racista*. Ademais, ainda nessa seção, descrevo o que denomino *dispositivo da ancestralidade*, que, no caminho aberto por Foucault (1988) sobre o "dispositivo da sexualidade", consiste em uma rede discursiva e não discursiva que estabelece uma relação atávica entre a legitimidade do acesso ao direito e o pertencimento identitário cultural, definido em termos de essência e origem. Aqui, tradição e ancestralidade são capturadas nos processos de normatização da identidade quilombola, esvaziando-a de suas potencialidades transformadoras no presente.

O segundo capítulo, "Labirintos dos direitos: burocracia e feminização de quilombo", enfatiza as condições históricas de emergência do sujeito de direito quilombola e a feminização da concepção de quilombo, o que deslocou a concepção tradicional, construída sob o enfoque masculino de guerra, virilidade e violência, para noções que envolvem a cultura feminina, como o cuidado e a transmissão de saberes. Nesse contexto, a identidade étnico-cultural ganha centralidade na consignação do direito territorial, favorecendo a folclorização e a espetacularização de práticas culturais. Ademais, articulo os efeitos do dispositivo da ancestralidade e a morosidade burocrática como mecanismos de poder constitutivos da governamentalidade racista.

O terceiro capítulo, "Terreiros da reparação: usos das tradições", ressalta ações políticas que fazem uso de tradições religiosas e orais e fortalecem os laços de solidariedade entre os moradores do quilombo. São elas: a umbanda no Quilombo de São José da Serra, liderada por Terezinha Fernandes de Azedias, e a prática de contar histórias, desenvolvida por Marilda de Souza Francisco no Quilombo do Bracuí. Tais ações, orientadas por uma dimensão reparadora — no sentido proposto por Achille Mbembe (2014), que concebe o termo como práticas que objetivam restituir os laços quebrados pelos processos de desumanização constitutivos da racialização dos corpos negros —, buscam estreitar laços afetivos entre as gerações e, portanto, com o próprio território. Aqui, aproximo essas práticas ao conceito de "cuidado de si e do outro", discutido por Foucault (2010b) em "A ética do cuidado de si como prática da liberdade".

O quarto capítulo, "Campos da parrésia: antirracismo e educação quilombola", descreve experiências que problematizam os espaços educacionais, propondo formas pedagógicas diferenciadas nas escolas quilombolas. Conhecemos, assim, o projeto Educando com Arte, coordenado por Laura Maria dos Santos, do Quilombo de Campinho da Independência, que resultou no livro *Vivências de saberes* (2009), e o projeto liderado por Angélica de Souza Pinheiro, Luciana Silva, Fabiana Ramos e Marcos Vinícius Francisco de Almeida, do Quilombo do Bracuí. Eles compuseram o primeiro grupo de quilombolas do estado do Rio de Janeiro a concluir o ensino superior por meio do Programa Nacional de Educação na Reforma Agrária (Pronera), na UFRRJ. Além deles, participaram do projeto Marilda de Souza Francisco e Raísa Francisco de Almeida. Dados os objetivos de minha pesquisa, que enfocam as experiências individuais de tornar-se quilombola, destaco a trajetória de Fabiana, sem esquecer que o projeto foi criado e implantado coletivamente. Por meio dessas atividades, concentro-me na coragem dessas mulheres de denunciar o racismo nos espaços institucionais de educação, valendo-se, portanto, de uma atitude parresiasta que, em linhas gerais, como abordado por Foucault (2011), significa a coragem de dizer a verdade, ainda que esse dizer comporte riscos.

O quinto capítulo, "Tranças políticas: o direito aos espaços seguros", descreve afetos que motivaram o engajamento político de duas lideranças quilombolas. A primeira é Denise André Barbosa Casciano, que vive no Quilombo da Tapera, em Petrópolis. Seu ingresso na luta quilombola se deu recentemente, em 2011, depois de viver uma situação de extrema vulnerabilidade desencadeada pela destruição de sua casa e pelo risco de morrer em uma enchente enfrentado por sua família. Aqui, destaco como as relações de parentesco e amizade configuram suas ações. A segunda experiência narrada é a Oficina Nacional Tecendo Protagonismo e Empoderamento das Mulheres Quilombolas, realizada em março de 2017, no Quilombo Maria Joaquina, coordenada por Jane de Oliveira juntamente com o Coletivo de Mulheres da Coordenação Nacional de Articulação das Comunidades Negras Rurais Quilombolas (Conaq). Em ambas as experiências, sublinho a potencialidade política daquilo que Patricia Hill Collins (1991 [2019]) definiu como "espaços seguros", compreendidos como espaços criados por mulheres negras onde saberes e experiências são partilhados porque há uma sensação de segurança em relação aos dispositivos racistas e sexistas que incidem sobre seus corpos.

1

Encruzilhadas teóricas

> Exu tava curiando na encruza,
> Quando a banda linda lhe chamou.
> Exu no terreiro é rei,
> Na encruza ele é doutor.
> — Ponto de umbanda

Este capítulo percorre as abordagens teóricas propostas pelos feminismos e pela filosofia da diferença, inspiradores das análises e criações conceituais realizadas ao longo dos próximos capítulos.

A fim de ressaltar as convergências entre esses campos teóricos, a imagem da encruzilhada evoca significados atribuídos pelas práticas religiosas afro-brasileiras, que a concebem como lugar de intersecções e multiplicidade, distanciando-se, portanto, das formas binárias de pensar os processos históricos. Nesse sentido, são valiosas as análises de Leda Maria Martins (1997, p. 26), pesquisadora das congadas em Minas Gerais, ao considerar que a "cultura negra é uma cultura das encruzilhadas", espaço onde reina Exu Elegbara, orixá que é senhor das portas, encruzilhadas e fronteiras:

> A encruzilhada, *locus* tangencial, é aqui assinalada como instância simbólica e metonímica, da qual se processam vias

diversas de elaborações discursivas, motivadas pelos próprios discursos que a coabitam. [...] Operadora de linguagens e de discursos, a encruzilhada, como um lugar terceiro, é geratriz de produção sígnica diversificada e, portanto, de sentidos. (Martins, 1997, p. 28)

À luz dos sentidos sugeridos pela encruzilhada, explicitam-se as consonâncias entre a filosofia da diferença e os feminismos, especialmente no que diz respeito às críticas que realizaram à concepção masculinista, branca e heteronormativa de sujeito universal e racional, valorizado pelo Iluminismo e cujas formulações ainda ressoam na contemporaneidade.

No âmbito da filosofia da diferença, autores como Foucault, Deleuze e Félix Guattari, cujos enfoques balizam diversas análises deste trabalho, têm destacado o caráter contingente do conhecimento, indicando que o discurso científico não reflete a realidade, mas, ao contrário, institui o próprio real por meio de um conjunto de regras e relações de poder.[17] De igual modo, suas narrativas destacaram a importância de levarmos em consideração como o desejo, os afetos e o corpo influem tanto na produção de conhecimento como nas práticas políticas. Na medida em que criticam a ideia de identidade, concebida em termos de essência e fechamento, as linhas da filosofia da diferença procuram evidenciar multiplicidades. Assim, a noção de diferença ganha centralidade, conforme apontou a historiadora feminista Ana Carolina Arruda de Toledo Murgel, para quem

---

[17] Para mais informações sobre a filosofia da diferença, conferir Marinho (2014) e Schöpke (2004).

> pensar em diferença, dentro do pós-estruturalismo, é entender a diferença em sua positividade, e não como reflexo do eu ou do mesmo, não como referente ao outro. Diferença como singularidade, livre da representação [...]. Falar em diferença é questionar o sentido único, logo é abrir-se a múltiplas interpretações e sentidos. (Murgel, 2010, p. 19)

Preocupações semelhantes têm sido explicitadas pelas teorizações feministas, já que o paradigma do sujeito universal exclui as mulheres, associando-as às emoções, à natureza e ao corpo, considerados atributos menores em comparação com a razão, a cultura e a mente, atributos masculinos.[18] Conforme apontou Rago (1998, p. 24-5), as epistemologias feministas, compreendidas como campos conceituais por meio dos quais operamos na produção de conhecimento, têm realizado críticas radicais sobre o caráter particularista, ideológico, racista e sexista do paradigma epistemológico dominante nas ciências humanas, tributário do Iluminismo. Nessa perspectiva, destacam-se as teorizações interseccionais,[19] discutidas pelos feminismos negros, latinos e indígenas, cujas preocupações em articular as múltiplas dimensões da experiência humana tanto evidenciam as relações de poder que sustentam as subordinações construídas sob hierarquias de classe, raça e gênero, entre outras, como tornam visíveis as múltiplas possibilidades de singularização. Essas análises também têm colaborado para a ampliação dos sujeitos dos feminismos.

Valendo-se das intersecções, das porteiras e das fronteiras, este capítulo descreverá as bifurcações teóricas que

---

[18] Sobre teorizações feministas, ver McLaren (2016) e Rago (1998).
[19] Para pensar os eixos de subordinação, ver Crenshaw (1989). Sobre os usos da interseccionalidade para evidenciar processos de singularização, ver Collins (2016).

trataram das relações entre espaço, afeto, subjetividade e política, inspiradoras das análises em torno dos territórios dos afetos. Seguiremos pelas encruzilhadas: apresentação do acontecimento, ou seja, a visibilidade das mulheres quilombolas na cena política contemporânea, e as linhas analíticas propostas pelos feminismos e pela filosofia da diferença sobre as dimensões de história e experiência, espaço e subjetivação, governo, racismo e sexismo.

1.1 O acontecimento

Era 3 de março de 2016, um típico dia de verão no centro do Rio de Janeiro, quando encontrei Ivone de Mattos Bernardo, 53 anos, e Ana Beatriz Nunes, 50 anos, lideranças no Quilombo Maria Conga, situado em Magé, região metropolitana da capital. A intensidade das falas fez o termômetro subir na pequena sala do Conselho Estadual dos Direitos do Negro (Cedine), cuja sede fica em um prédio na Central do Brasil. Ivone, na época, era presidenta da Associação das Comunidades Remanescentes de Quilombos do Estado do Rio de Janeiro (Acquilerj), e Ana Beatriz, sua prima, vice-presidenta.[20]

Narrando a trajetória de se tornar uma liderança quilombola, Ivone disse que tudo começou em 2005, durante a Primeira Conferência Municipal de Políticas de Promoção da Igualdade Racial do Rio de Janeiro, quando descobriu a história de Maria Conga, escrava que liderou um quilombo em Magé, no século XIX. No mesmo evento, Ivone encontrou seu primo Ronaldo dos Santos, liderança do Quilombo do Campinho da Independência, em Paraty, que lhe falou sobre os direitos dos quilombolas e lhe informou sobre seu pertencimento à família Martins, que vivera durante a escravidão nas terras do antigo quilombo de Magé, liderado por Maria Conga.

Depois da conferência, Ivone e Ana Beatriz foram atrás da história da escrava e do quilombo, descobrindo que uma parcela daquelas terras constituía o bairro onde elas nasceram, cresceram e passaram parte de suas vidas. Ivone narra

---

20 A idade de todas as pessoas entrevistadas corresponde a 2016, ano em que ocorreram as entrevistas com a autora. [N.E.]

o encontro com a história de Maria Conga como uma epifania amorosa, e sua fala chama a atenção pela tonalidade afetiva e pelo conteúdo expressivo, que destaco abaixo:

> *Eu me apaixonei pela história de Maria Conga* porque era uma mulher negra, escrava, que lutava pelo direito dos negros. Pelo direito dos quilombolas. Nós temos vários líderes homens que foram capturados, como Manoel Congo, que foi assassinado, como Zumbi dos Palmares, dentre outros, mas ela era uma líder mulher negra. Naquela época, ela já fazia tudo que a gente faz hoje: lutar pelo direito da mulher, lutar pelo direito da cidadania, lutar pelo direito do negro, lutar pelo direito dos quilombolas, dos escravos. Trabalhava dentro da comunidade, era parteira, pegava as ervas para fazer remédio. *Fiquei muito orgulhosa* disso, sou orgulhosa por estar nessa luta; *tenho assim uma paixão* muito grande de estar nessa luta, por ser mulher, por ser negra, por ser filha de descendente de escravo. [...] O trabalho que comecei na comunidade logo que voltei da Conferência da Igualdade Racial: naquele ano eu voltei com um trabalho de educação, o Brasil Alfabetizado, que tinha mais mulheres do que homens. Depois a gente fez um trabalho de culinária, do Cozinha Brasil, que foi um programa do governo federal para aprender a cozinhar aproveitando alimentos que as pessoas jogam fora, casca de laranja, casca de batata. Foram 29 mulheres que fizeram o curso e começaram a trabalhar dentro da comunidade, o que levou a autoestima para as mulheres. A autoestima de não ter vergonha de ser negro, não ter vergonha de ser quilombola. Ser mulher e não [se] deixar apanhar do marido, porque a gente levou a Lei Maria da Penha. Trazia para o Rio mulheres, e elas falavam para outras mulheres: "A gente tem que ser assim, você tem que saber da lei, é crime".

Em uma tessitura marcada pela celebração, Ivone vai aproximando a trajetória de Maria Conga à sua experiência pessoal, valendo-se da semântica contemporânea dos direitos e das lutas antirracista e antissexista. A convergência das experiências se dá pela reivindicação de uma tradição política feminina baseada no cuidado dos outros. No caso de Maria Conga, as práticas incluíam o trabalho como parteira e o conhecimento das ervas, ao passo que as ações evocadas por Ivone envolvem a educação, as práticas antirracistas expressas em ações que elevam a autoestima das quilombolas e o combate antissexista, com a introdução da Lei Maria da Penha na comunidade de Magé.

O tom de contentamento que atravessa a fala de Ivone sobre a história de Maria Conga sugere o que Deleuze (1988) disse sobre o estar alegre: "Alegria é tudo o que consiste em preencher uma potência. Sente alegria quando preenche, quando efetua uma de suas potências". A potência na fala de Ivone foi, de certa maneira, traduzida de duas formas que se entrecruzam: o reconhecimento da história de Maria Conga e a promoção da autoestima, seja por meio do aprendizado da leitura, seja por meio de novas receitas ou do conhecimento da Lei Maria da Penha.

Na mesma linha discursiva, ao longo de 2016, a Conaq, para comemorar seus vinte anos de existência, promoveu oficinas destinadas à formação de lideranças femininas, com o objetivo central de fornecer ferramentas para que elas pudessem combater as formas de violência que incidem sobre seus territórios e corpos. No texto de divulgação da primeira oficina, que ocorreu na Casa Kalunga, em Cavalcante (GO), vemos a ênfase em estabelecer relações entre as experiências das mulheres quilombolas do passado escravista e a luta das lideranças contemporâneas, traduzidas pela semântica dos direitos e pelas práticas do Bem Viver:

Em 2016, a Conaq completa vinte anos de luta e identidade quilombola, e esta luta onde as mulheres têm papel fundamental na organicidade e resistência inspiradas em Dandara dos Palmares, Tereza de Benguela, Aqualtune e tantas outras que servem de exemplo para lideranças quilombolas na luta hoje, pelo território e afirmação da identidade quilombola, e nós, mulheres quilombolas, remanescentes diretas dos povos africanos, estamos distribuídas em uma população de cerca de 130 mil famílias.

[...] Mantemos uma das culturas identitárias da nação em sua matriz, com os conhecimentos conforme recebemos de nossas ancestrais, e, apesar disso, somos invisibilizadas por uma história conveniente às elites, por interesses de economia nacional, por um Estado que pouco se preocupa em reparar o que não nos foi garantido em séculos de história.

[...] O direito de existir e de acesso às políticas que as mulheres quilombolas temos está atrelado ao acesso à terra, base à sobrevivência, à manutenção de nossa identidade étnica. Queremos a garantia da propriedade de nosso território e sua proteção como patrimônio. Só assim teremos o direito de acessar todas as demais políticas desenvolvidas. Para alcançar o Bem Viver, reivindicamos o direito de sermos diversas em nossos modos de ser, de crer, de pensar e de ir e vir. De sermos reconhecidas pelo Estado e de participar dos resultados econômicos do que ajudamos a produzir.

[...] Acreditando na autonomia e no protagonismo das mulheres quilombolas, reafirmamos a importância de espaços de auto-organização das mulheres, jovens e meninas, respeitando a ancestralidade e os processos internos de socialização, garantindo os direitos das crianças e idosas, visando à melhoria da qualidade de vida de toda a comunidade.[21]

---

[21] "Conaq realiza Oficina de Mulheres Quilombolas em Kalunga", *Combate Racismo Ambiental*, 15 mar. 2016.

A escolha da comunidade de Kalunga para abrigar a oficina está ligada a uma denúncia ocorrida em 2015, de que meninas da comunidade vinham sendo aliciadas por uma rede de prostituição local, situação favorecida pelos níveis elevados de vulnerabilidade social em que se encontravam seus moradores. Tal fato levou o então Ministério das Mulheres, da Igualdade Racial, da Juventude e Direitos Humanos a construir um plano de ação, publicado em março de 2016, que enfocava quatro eixos: acesso à terra; infraestrutura e qualidade de vida; desenvolvimento local; e inclusão produtiva, direitos e cidadania (Ministério das Mulheres, da Igualdade Racial, da Juventude e dos Direitos Humanos, Secretaria Especial de Promoção da Igualdade Racial, 2016).

Para nos aproximarmos dos conteúdos que a fala de Ivone e o texto da Conaq exprimem, a primeira questão a ser observada é a de que o enunciado, conforme sugerem Deleuze e Claire Parnet, faz parte de um agenciamento coletivo que

> põe em jogo, em nós e fora de nós, populações, multiplicidades, territórios, devires, afetos, acontecimentos. O nome próprio não designa um sujeito, mas alguma coisa que se passa ao menos entre dois termos que não são sujeitos, mas agentes, elementos. Os nomes próprios não são nomes de pessoa, mas de povos e de tribos, de faunas e de floras, de operações militares ou de tufões, de coletivos, de sociedades anônimas e de escritórios de produção. (Deleuze & Parnet, 1999, p. 42)

Uma vez que as práticas das mulheres quilombolas não são dados naturais, interrogamos sobre as condições históricas que permitiram que suas ações adquirissem tais configurações e, assim, que elas pudessem narrar suas experiências contemporâneas por meio de uma tradição feminina, cujas ações articulam, simultaneamente, a semântica contemporânea dos direitos e a do vocabulário antirracista e antissexista. Essas condições se relacionam tanto ao cenário da luta quilombola como às possibilidades analíticas.

Foi nesse contexto de invenção de novas identidades quilombolas que as mulheres e as práticas femininas foram selecionadas para definir os novos territórios quilombolas, integrando o conjunto de transformações que Rago (2001), a partir das problematizações de Georg Simmel (1993), chamou de feminização cultural. Trata-se da incorporação crescente de valores, ideias, formas e concepções especificamente femininas, resultado do trabalho de crítica cultural realizado pelas práticas feministas, afetando os valores, os comportamentos e os sistemas de representação.

Esse processo favoreceu a construção de novas etnias em bases femininas, com mulheres como ícones de luta para as suas comunidades. Assim, o feminino torna-se um dos elementos de expressão da ancestralidade quilombola, fazendo a noção de resistência quilombola — concebida em termos de guerra, força e virilidade, atributos relativos ao campo masculino — ganhar novos significados, em torno dos cuidados, da transmissão dos saberes e das relações afetivas que se estabelecem com o território.

1.2 Feminismos, história e experiência

O que significa historicizar as experiências das mulheres negras e quilombolas na contemporaneidade? Como narrar suas práticas *sem* correr o risco de transformá-las em novas heroínas quilombolas, destituídas de humanidade? Como evitar, portanto, o que foi denunciado por Paul Gilroy (2012, p. 403), um processo em que as vítimas "primeiro são abençoadas, depois são obrigadas a desempenhar um papel de iluminação e transformação do mundo"? Levando em consideração a potencialidade das abordagens feministas para problematizar as relações de poder que atravessam determinadas visibilidades femininas, esta seção discutirá a relação entre história e experiência.

História e o conceito de experiência estão estreitamente conectados nas teorias feministas, já que o projeto político dos feminismos é marcado pela necessidade de tornar visíveis práticas femininas outrora silenciadas pelos mecanismos de exclusão das narrativas masculinistas. Nesse projeto teórico e político, a história se torna uma ferramenta privilegiada, tanto por permitir que as experiências de mulheres silenciadas no passado possam ser cartografadas, com a revisão de fontes históricas, como por favorecer a desnaturalização das identidades de gênero, já que nos permite acompanhar como elas foram construídas.

Não por acaso, várias autoras, em diferentes épocas, abordaram o tema da experiência feminina fazendo usos da história. Simone de Beauvoir, no fim da década de 1940, argumentou que "não se nasce mulher, torna-se". A filósofa francesa defendeu que a vida de uma mulher não é um dado natural, como a cor dos olhos ou as batidas do coração, pois passa por um processo de transformar-se no Outro do masculino. Seu trabalho abriu um espaço importante para as teorias feministas se debruçarem sobre as intrínsecas relações entre experiência e história (Beauvoir, 1967).

Dando um salto de cinquenta anos, Scott (1999), na década de 1990, desenvolveu uma sofisticada crítica da noção de experiência. Alinhando-se às abordagens da filosofia da diferença, a historiadora defendeu que não há um sujeito preexistente à experiência, mas, ao contrário, são as experiências que constituem os sujeitos, que então passam a se reconhecer como portadores de uma determinada experiência. O trabalho de Scott converge com o contexto de deslocamentos epistemológicos da noção de sujeito universal dentro dos feminismos, quando ganham destaque as teorias pós-estruturalistas questionadoras das noções de autoridade, identidade e tradição. Sobre a relação entre experiência e processos históricos, a historiadora afirma que "precisamos dar conta dos processos históricos que, através do discurso, posicionam sujeitos e produzem suas experiências. Não são os indivíduos que têm experiência, mas os sujeitos é que são constituídos através da experiência" (Scott, 1999, p. 27).

Notemos que, na perspectiva de Scott, o que interessa não é apenas o uso da história, mas a maneira como utilizamos a abordagem histórica para narrar como as experiências foram historicamente construídas. Sendo assim, tornar visível a experiência implica dar conta dos processos históricos que, por meio dos discursos, posicionam sujeitos e produzem suas experiências. Isso significa recusar a separação entre experiência e linguagem, além de pensar a capacidade produtiva dos discursos na construção das diferenças de gênero. A historiadora, inspirada pelas abordagens foucaultianas das condições históricas em que os discursos, saberes e sujeitos são configurados, aponta que a própria ideia de experiência feminina em termos identitários precisava ser historicizada.

Entre o fim dos anos 1980 e o início dos 1990, o tema da experiência ganha destaque nos feminismos ao lado das questões de agência, resistência e identidade. Naquele momento, a experiência torna-se central para a chamada terceira onda do feminismo, marcada pela reivindicação das feministas negras, latinas e indígenas, entre outras, que questionavam sobretudo a naturalização do sujeito mulher em torno das experiências das mulheres brancas de classe média, algo ainda presente nas abordagens feministas marxistas e socialistas. Nesse período, portanto, consolidam-se os feminismos multicultural, global ou transnacional e o pós-moderno, que, junto com as antigas abordagens liberal, marxista, socialista e da teoria crítica, configuraram uma multiplicidade de teorizações feministas sobre as experiências, que adotam uma relação diferenciada com a história e narram as experiências femininas de formas distintas (Perpich, 2010; McLaren, 2016).

Destaca-se, no contexto estadunidense, a produção das feministas negras, cujas abordagens na década de 1980 tinham como projeto político radical tornar visíveis as práticas das mulheres negras. Naquele momento, muitas daquelas autoras retomam o passado em duas direções: tanto para produzir narrativas outras sobre a escravidão, como para dar visibilidade à produção intelectual de mulheres negras que, no século XIX, já denunciavam a tripla opressão a que os corpos femininos negros estavam sujeitos.

Dentre elas, podemos citar o trabalho de Angela Davis, ao lançar *Mulheres, raça e classe* em 1981. Davis (2016) examinou a história de mulheres negras nos Estados Unidos desde o período escravagista até a emergência do capitalismo moderno, explorando questões relativas aos direitos reprodutivos e ao estupro, em particular. Sua narrativa procurou demonstrar as profundas diferenças entre as experiências de mulheres negras e brancas. Para Davis, dada a trajetória histórica diferenciada das mulheres negras, é fundamental pensar como o racismo e o sexismo operam em conjunto com a opressão de classe. Davis denuncia como o enorme espaço que o trabalho ocupa na vida das mulheres negras reproduz um padrão estabelecido durante os primeiros anos de escravidão, o que as faz, na condição de escravas, terem todos os outros aspectos da existência ofuscados pelo trabalho compulsório.

E eu não sou uma mulher? (1982), de bell hooks, é outro exemplo que, partindo do famoso discurso da abolicionista Sojourner Truth,[22] proferido em 1851, traça o percurso histórico da desfeminilização das mulheres negras ao longo da história estadunidense, narrativa que, via de regra, desumanizava e ainda continua a oprimir. A autora expõe uma nova tese sobre a escravidão, afirmando que ela não apenas oprimiu os homens, como produziu a desvalorização do feminino na construção identitária das mulheres negras. Uma implicação disso se manifesta quando elas não percebem que o sexismo é um aspecto que deve ser combatido tanto quanto o racismo:

> Não era possível para mulheres negras contemporâneas se juntarem para lutar pelos direitos das mulheres, porque não víamos "mulheridade" como aspecto importante da nossa identidade. A socialização racista e sexista nos condicionou

---

[22] Em 1851, Sojourner Truth, abolicionista e ex-escravizada, realizou na Convenção das Mulheres de Ohio um discurso memorável sobre o sufrágio feminino e os direitos dos negros. A expressão "E eu não sou uma mulher?", repetida várias vezes ao longo de sua apresentação, evidenciava as maneiras pelas quais ambos os movimentos invisibilizavam as mulheres negras.

a desvalorizar nossa condição de mulher e a considerar raça como o único rótulo relevante de identificação. Em outras palavras, pediam-nos que negássemos parte de nós mesmas — e nós fizemos isso. (hooks, 1982, p. 1 [2019a, p. 14])

No capítulo "Sexismo e a experiência da mulher escravizada", hooks, de forma contundente, mostra como os corpos das mulheres negras escravizadas estavam expostos a toda sorte de violência, especialmente a violência sexual, já que não podiam recorrer aos valores morais ou aos sistemas jurídicos para se protegerem:

> Enquanto o sexismo institucionalizado era um sistema social que protegia a sexualidade dos homens negros, ele legitimava (socialmente) a exploração sexual das mulheres negras. A mulher escravizada vivia sempre atenta a sua vulnerabilidade sexual e em permanente medo de que qualquer homem, fosse ele branco ou negro, pudesse escolhê-la para assediá-la e vitimizá-la. (hooks, 1982, p. 24 [2019a, p. 46])

Aqui, hooks denuncia como o sexismo transformou a situação da mulher escravizada em algo insuportável, já que o patriarcado em geral "poupou" os homens negros da violência sexual, o que não aconteceu com as negras escravizadas, cujos corpos eram ameaçados pela exploração sexual dos senhores brancos e dos homens negros. Ao retomar o tema da escravidão sob uma perspectiva feminista, a autora contraria a tese de que a opressão da escravidão sobre os homens, ao promover a desmasculinização, impediu que o patriarcado pudesse ser desenvolvido nas comunidades negras. Essa desconstrução foi importante porque muitas ativistas negras, em um primeiro momento, negaram o papel do sexismo e elegeram o racismo como foco central de luta (hooks, 1982 [2019a]).

Outro exemplo de esforço para visibilizar a tradição intelectual das mulheres negras do século XIX é a publicação, também em 1982, de *When and Where I Enter* [Quando e onde entro], de Paula Giddings, que logo na introdução defende os usos do passado na busca de inspiração para o presente — lembrando que a década de 1980 foi marcada pela liderança republicana e conservadora na política estadunidense. Giddings, já na epígrafe do livro, retoma a questão colocada em 1892 por Anna Julia Cooper, escritora e abolicionista:

> Apenas a mulher negra pode dizer "quando e onde eu entro, na calma e indiscutível dignidade da minha feminilidade, sem violência e sem litígio ou deferência especial, e então, nesse momento e lugar, toda a raça negra entra comigo". (Cooper[23] *apud* Giddings, 1982, p. 31)

Partindo do discurso de Cooper, Giddings defende que a experiência não era um problema abstrato para a escritora abolicionista, já que sua mãe fora escravizada e seu pai havia sido senhor de sua mãe. Desse modo, argumenta, a forma pela qual Cooper via o mundo e produzia conhecimento era fruto de sua experiência de mulher negra, e seu trabalho não se restringia à luta abolicionista, pois também incluía discursos e escritos nos quais expressava o próprio ponto de vista sobre o significado de sua história. A pesquisadora sugere como a experiência de ser uma mulher negra configura a produção dos saberes, uma criação negada e interditada.

No capítulo "Inventing Themselves" [Inventando a si mesmas], Giddings (1982, p. 14-27) retoma 1892 como um mo-

---

[23] COOPER, Anna Julia. *A Voice from the South: By a Black Woman of the South*. Xenia, OH: The Aldine Printing House, 1892.

mento significativo para a tradição das mulheres negras na luta contra as opressões de raça e de gênero. No contexto dos linchamentos ocorridos em Memphis, nesse ano, especialmente os de Thomas Moss, Calvin McDowell e Henry Stewart, emerge a militância de Mary Church Terrell (1863-1954) e Ida B. Wells-Barnett (1862-1931). Giddings constrói uma narrativa que mostra como as condições históricas conformam as experiências dessas mulheres no movimento pelos direitos civis, tendo a luta contra os linchamentos como ponto de partida. Ambas eram filhas de ex-escravos que ascenderam socialmente, o que permitiu que recebessem educação formal e se dedicassem à escrita e ao ensino. Elas viveram no difícil período da Reconstrução,[24] momento, como aponta hooks, em que as mulheres negras batalhavam para se desvencilhar da imagem de prostituta, construída durante a escravidão, o que levou à consolidação da imagem assexuada das *mamies* como uma forma de restaurar a dignidade das mulheres negras que desejavam ser vistas como damas. Terrell e Wells-Barnett, contudo, ousavam elaborar uma produção intelectual a partir de um lugar suspeito para seus corpos. Para Giddings, sua defesa da promoção da educação entre os negros teria sido uma forma de emancipação. O tema seria abordado em 1895 pela própria Wells-Barnett (que ficaria mais conhecida por sua pesquisa sobre linchamentos), no artigo "Woman's Mission" [Missão da mulher], publicado no *New York Freeman*.

Analogamente, Cherríe Moraga e Gloria Anzaldúa, em *This Bridge Called My Back* [Esta ponte chamada meu apoio] (1981), por meio de uma escrita que borra as fronteiras entre a experiência pessoal e a criação acadêmica, alertaram

---

[24] Período da história dos Estados Unidos iniciado em 1865, com o fim da Guerra Civil, e concluído em 1871. [N.E.]

sobre a necessidade de mulheres de diversas origens sociais, étnicas e de diferentes orientações sexuais encontrarem uma linguagem que superasse a naturalização da opressão. Era preciso, segundo as autoras, encontrar outras formas de narrar nossas experiências para além da semântica da opressão, ao mesmo tempo que alertavam para a necessidade de dar visibilidade a uma tradição dos agenciamentos das mulheres em torno do ato de narrar as próprias experiências.

Desse modo, as autoras defendem a criação do conhecimento como uma insurgência necessária para deslocar narrativas que focalizam apenas a opressão para trazer visibilidade aos agenciamentos, sobretudo no campo da criação de saberes por meio da escrita. Assim provocava Anzaldúa (1981, p. 166): "Quem nos deu permissão para escrever? Por que escrever parece tão antinatural para mim?". Em certo sentido, o livro sumariza as preocupações centrais do feminismo não branco da década de 1980 nos Estados Unidos: produzir contradiscursos para a construção de um feminismo mais plural e, portanto, mais inclusivo.

Naquele contexto, as autoras utilizaram-se da abordagem interseccional para tornar visíveis as experiências das mulheres negras, a fim de reivindicar direitos. Nos Estados Unidos, a partir da luta pelos direitos civis, as militantes negras passaram a denunciar a dupla invisibilidade de suas demandas dentro dos movimentos antirracistas e dos movimentos feministas. Essa situação materializava-se, inclusive, na linguagem. O vocábulo "negro", no discurso dos movimentos antirracistas, era sinônimo de homens negros, ao passo que a palavra "mulher", no discurso feminista da época, significava mulheres brancas. Nesse sentido, a categoria "mulher negra" ganha dimensão política, na medida em que colabora para problematizar a invisibilidade das mulheres negras em diversos espaços, inclusive no campo da representação jurídica, marcado pela noção de sujeito abstrato. Se, por um lado, o campo jurídico passou a ser usado como um espaço de ampliação dos direitos, por outro a categoria mulher era dominada pela representação da mulher branca, e a categoria raça era dominada pela representação do homem negro.

Apesar de várias feministas negras haverem adotado em suas análises uma abordagem interseccional, a interseccionalidade como ferramenta analítica aparece no campo do direito no fim dos anos 1980. Foi tecendo críticas às categorias jurídicas universalizantes que Crenshaw cunhou o termo *intersectionality* [interseccionalidade], para tratar das experiências das mulheres negras de forma multidimensional no campo jurídico.

Em "Demarginalizing the Intersection of Race and Sex" [Desmarginalizando a intersecção de raça e sexo], Crenshaw (1989) defende que, quando uma mulher negra é discriminada, ela está em uma intersecção, não sendo possível definir *a priori* se o ato discriminatório se vincula à opressão sexual ou à discriminação racial. Assim, prossegue, as mulheres negras podem experimentar discriminação de maneira similar e diferente daquelas enfrentadas pelas mulheres brancas e pelos homens negros. Às vezes elas compartilham das mesmas experiências das primeiras, no que diz respeito ao sexismo; às vezes compartilham as mesmas questões com os segundos, no que diz respeito ao racismo. Crenshaw defende que as experiências são complexas, mas as categorias jurídicas obscurecem completamente as especificidades das mulheres negras, favorecendo o não atendimento pleno de suas necessidades no campo jurídico. Para a autora, não se trata de adicionar dimensões como raça, gênero ou classe, mas perceber como esses elementos, em diferentes situações, se interconectam, produzindo um tipo de discriminação que é interseccional. Além disso, a pesquisadora avalia que o conceito não deve ser pensado como uma noção abstrata, mas como uma ferramenta teórica que permita levar em consideração como essas dimensões atuam em contextos específicos, evitando-se definir *a priori* um eixo central para as experiências das mulheres negras, como raça.

As feministas negras também produziram no Brasil análises interseccionais que, assim como as estadunidenses, denunciaram a invisibilidade das demandas das mulheres negras no interior dos ativismos negros e feministas do país.

No artigo "Racismo e sexismo na cultura brasileira" (1984), Lélia Gonzalez, pesquisadora e ativista feminista, afirmou que as opressões de raça e gênero são aspectos importantes para a análise da situação das mulheres negras no Brasil. A autora defendia que a articulação entre racismo e sexismo produz efeitos violentos cotidianamente vivenciados pelas mulheres negras. Por conseguinte, em sua opinião, era necessário que as pesquisas sobre gênero no Brasil incluíssem as análises raciais como forma de tornar visíveis as múltiplas experiências femininas.

Outro exemplo brasileiro emerge em 1985, ano em que se encerra a Década da Mulher da Organização das Nações Unidas (ONU). Nesse ano, publicou-se o livro *Mulher negra*, de Sueli Carneiro e Thereza Santos, em que as autoras denunciam como, nessa chamada Década da Mulher, apesar do aumento significativo das produções sobre a questão de gênero, a variável "cor" não foi incorporada de maneira sistemática, de modo que as mulheres negras pudessem se beneficiar mais amplamente dos estudos. As autoras também apontaram, com base em censos de 1950 a 1980, a posição desprivilegiada das mulheres negras diante dos homens negros e das mulheres brancas na sociedade brasileira.

Na década de 1980, maior importância é conferida às formulações interseccionais brasileiras, com o surgimento das primeiras organizações sociais que se dedicaram especificamente às demandas das mulheres negras. Núbia Moreira (2007), pesquisadora das organizações feministas negras no Rio de Janeiro e em São Paulo entre 1985 e 1995, enumera a criação de vários grupos feministas. Para citar alguns, em 1983, no Rio de Janeiro, foi criado o grupo Nzinga, que, embora tivesse em seus quadros mulheres pobres, era constituído majoritariamente de mulheres de classe média. Ainda no Rio de Janeiro, na década de 1980, surgiu o Coletivo de Mulheres de Favela e Periferia (Moreira, 2007, p. 65-6). Em 1992, é criado o Grupo Criola, ligado ao Centro de Articulação de Populações Marginalizadas (Ceap). Moreira (2007, p. 100) destaca que uma das ações mais significativas do Criola foi a Campanha Nacional contra a Esterilização em Massa de Mulheres Negras, municiando mulheres, meninas e adolescentes para enfrentar o racismo, o sexismo e a homofobia. Em São Paulo, em 1988, é criado o Geledés Instituto da Mulher Negra, cujo propósito central era a manutenção de certa autonomia em relação ao poder estatal. Sobre a constituição dessas organizações, Moreira avalia que o feminismo negro que se afirma nessas duas capitais emerge pelo reconhecimento do discurso da diferença, resultado de um processo de construção da identidade da feminilidade negra. Segundo a autora, essa construção produziu um sentido político para a categoria mulher negra, bem como favoreceu a profissionalização de algumas militantes (Moreira, 2007, p. 111).[25]

---

25 Moreira (2007), cuja pesquisa versa sobre as organizações feministas negras entre 1979 e 1992, elencou as seguintes: no Rio de Janeiro, Aquatume (1979), Nzinga (1982), Coletivo de Mulheres de Favela e Periferia (1986), Coletivo de Mulheres Negras (1990), Criola (1992); em São Paulo,

Em termos mais recentes, proporcionados pelas mudanças implementadas durante os treze anos de governo do Partido dos Trabalhadores (PT), embora ainda se esteja longe de uma plena justiça social, houve um aumento da presença negra nas universidades, em especial de mulheres, situação que se reflete no crescente número de produções acadêmicas cujos trabalhos enfocam essas experiências. Analogamente ao que aconteceu nos Estados Unidos entre as décadas de 1970 e 1980, percebe-se um esforço para construir uma tradição. Vários desses trabalhos recentes focalizam mulheres que se tornaram proeminentes para a produção intelectual brasileira, como Lélia Gonzalez, Beatriz Nascimento, Sueli Carneiro, Luiza Bairros, além de escritoras negras como Carolina Maria de Jesus, Antonieta de Barros, Virgínia Leone Bicudo, Maria Firmina dos Reis, Conceição Evaristo, entre outras.[26] Há também pesquisas que se debruçam sobre as experiências das mulheres negras na música, na universidade, no campo dos afetos.[27] Muitos desses estudos dialogam com a produção dos feminismos negros estadunidenses, que tem ressoado no Brasil. Ao mesmo tempo, há crescente interesse entre as feministas negras dos Estados Unidos pela produção e pelas práticas das mulheres negras brasileiras.[28]

Geledés (1988) e Mulheres Negras (1992); em Santos, Mulheres Negras da Baixada Santista (1986); em São Luís, Mãe Andresa (1986); em Vitória, Mulheres Negras do Espírito Santo (1987); em Porto Alegre, Maria Mulher (1987); em Belo Horizonte, Mulheres Negras de Belo Horizonte (1987); em Campinas, Comissão de Mulheres Negras (1987); em Salvador, Coletivo de Mulheres Negras (1989-1990).
26 Destaco Borges (2009), Ratts & Rios (2010), Gomes (2013), Barreto (2005), Moreira (2007), Viana (2010), Miranda (2013) e Ratts (2006).
27 Alguns exemplos na música são Werneck (2007) e Moreira (2013). Sobre a presença de negros e de negras nas universidades, destacam-se os trabalhos de Gomes (2008), Silva (2015), Pacheco (2008) e Souza (2008).
28 Um exemplo é a pesquisa sobre estética, racismo e cidadania de Caldwell (2007).

Em suma, desde a década de 1980, seja nos Estados Unidos, seja no Brasil, os feminismos negros, apesar de não possuírem homogeneidade teórica, transformaram a interseccionalidade na principal ferramenta teórica e política de suas práticas, já que sua preocupação central é a de denunciar a tripla opressão sofrida pelas mulheres não brancas. Em conjunto, as produções dos dois países têm apontado o assujeitamento das mulheres negras em três direções. A primeira refere-se aos estereótipos que veem o corpo como objeto sexual, ressaltando a ideia recorrente da sexualidade como um "símbolo quintessencial de uma presença feminina natural, orgânica, mais próxima da natureza, animalesca e primitiva" (hooks, 1995, p. 468). A segunda está ligada aos estereótipos que atribuem uma domesticidade atávica a seus corpos. No período posterior à abolição da escravatura, a população negra continuou, em sua maioria, a ocupar postos de trabalho subalternizados, cabendo às mulheres negras a função de provedoras de suas famílias por meio do trabalho doméstico. Esse fato favoreceu a naturalização da ideia de que seus corpos existiriam para servir aos outros. A terceira refere-se aos estereótipos concernentes à forma como as mulheres negras se relacionam com as práticas racistas. Esse discurso opera no registro da positividade, dado que concebe as mulheres negras como fortes, por resistirem a uma dupla opressão, o que reforça uma forma de desumanização (hooks, 1982 [2019a]).

Se, por um lado, as práticas interseccionais ganharam destaque entre os feminismos, consolidando-se como ferramenta analítica, por outro esses usos nem sempre problematizam os essencialismos, sejam eles de gênero ou raça. A filósofa estadunidense Diane Perpich (2010, p. 21-3) considera que, nas décadas de 1970 e 1980, a discussão sobre a desconstrução identitária foi inibida porque os novos feminismos, especialmente as abordagens construídas por negras e chicanas, estruturaram seu campo de luta em uma concepção de experiência vital para a emergência, nas universidades, dos *women's studies, african american studies, gender studies*, entre outros. Por isso, diz a autora, não é de admirar que as feministas não brancas relutassem em problematizar a concepção de experiência unificada em torno de raça ou etnia, já que lutavam por espaços acadêmicos que, até então, eram majoritariamente ocupados pelas feministas brancas.

Sobre a forma como esse contexto político favoreceu os contornos teóricos da noção de experiência, hooks oferece uma contribuição com *Ensinando a transgredir* (1994 [2013]). Nele, a autora faz uma avaliação retrospectiva de seu livro de 1982, analisando que, na década de 1980, entre as feministas negras, poucas estavam dispostas a discutir o tema da desconstrução da mulher negra como categoria de análise. Segundo hooks, não havia um corpo teórico que pudesse ser mobilizado para construir essa alegação:

> Hoje me sinto perturbada pelo termo "autoridade da experiência" e tenho aguda consciência de como ele é usado para silenciar e excluir. Mas quero dispor de uma expressão que afirme o caráter especial daqueles modos de conhecer radicados na experiência. Sei que a experiência pode ser um meio de conhecimento e pode informar o modo como sabemos o que sabemos. Embora me oponha a qualquer prática essencialista que construa a identidade de maneira monolítica exclusiva, não quero abrir mão do poder da experiência como ponto de vista a partir do qual fazer uma análise ou formular uma teoria. Eu me perturbo, por exemplo, quando todos os cursos sobre história ou literaturas negras em algumas faculdades e universidades são dados unicamente por professores brancos; me perturbo não porque penso que eles não conseguem conhecer

essas realidades, mas sim porque as conhecem de modo diferente. [...] Para mim esse ponto de vista privilegiado não nasce da "autoridade da experiência", mas sim da paixão da experiência, da paixão da lembrança. (hooks, 2013, p. 122-3)

Notemos que bell hooks realiza uma autocrítica de seu livro anterior, cuja noção de "autoridade da experiência" denotava essencialismo e uma prática autoritária que visava calar o outro. Entretanto, de acordo com hooks, isso não significa renunciar à especificidade das experiências na configuração dos saberes. Para isso, ela se vale da noção de paixão da experiência, que engloba muitos sentimentos, mas em particular o sofrimento, sendo um modo de conhecer que se expressa pelo corpo. De certa forma, a partir da década de 1990, as abordagens que problematizam o conceito de experiência vão ganhando espaço entre algumas feministas negras, favorecendo a emergência de renovadas narrativas interseccionais que, mesmo sem negar os discursos de opressão, estavam mais comprometidas em expor múltiplas práticas de resistência, deslocando as dicotomias dominante/dominado, negro/branco, discurso/prática, entre outras.

Sobre isso, contribui a filósofa estadunidense Maria del Guadalupe Davidson (2006), cujos trabalhos articulam os temas propostos pelos feminismos negros às provocações da filosofia da diferença, em especial os trabalhos de Foucault e Deleuze. Em *The Rhetoric of Race* [A retórica da raça] (2006), a autora diz que os usos das análises históricas de Foucault sobre subjetividade, aplicados ao campo da identidade negra, podem contribuir para a desconstrução de um tipo de relação que esses estudos mantêm com a história, tomada como campo de investigação ou espaço de memória a ser preservado. Davidson aponta que pesquisas sobre a identidade negra geralmente tomam a história como irrefutável, ou seja, determinada. Para a autora, os trabalhos de Foucault no campo da subjetividade podem constituir uma importante ferramenta para que se estabeleça uma nova relação com a história e, portanto, com o ato de narrar as experiências:

> Para Foucault, o que é importante é a habilidade do sujeito de se transformar face às regularidades da história. A identidade negra, para ser revolucionária, deve olhar para além da forma como ela tem sido moldada pelas certezas históricas, de modo a enxergar os "intervalos" ou "espaços" que na história permitem a Foucault situar o sujeito que pode se autocompreender. [...] isso permite à identidade negra a habilidade de interagir com o passado, não o tomando como objeto, mas como algo que é tangível e vivo. (Davidson, 2006, p. 118-9)

Nesse trecho, o que Davidson propõe como um desafio para os estudos interseccionais dos feminismos negros é que se tenha uma relação com o passado e que a história não seja apenas um objeto ou um arquivo que se pode traçar em termos de continuidade de certa linha identitária e de opressão, mas algo vivo. Para ela, cabe partir de identidades unificadas de raça ou de gênero para, por meio da história, percorrer as linhas de força que as moldaram como unificadas, construindo, por outro lado, linhas de descontinuidade com aquilo que nos assujeita, de modo que possamos desfrutar das tradições e práticas femininas que potencializam o presente. À luz da provocação de Rago (2015, p. 16), o passado precisa ser "interrogado naquilo que pode iluminar o presente, seja como diferença, seja como inspiração". Trata-se, portanto, de criar, por meio das narrativas, espaços outros de subjetivação.

As práticas das mulheres quilombolas narradas ao longo deste trabalho enfatizam as relações comunitárias. Embora várias lideranças quilombolas não se autodefinam como feministas, suas ações, por vezes, podem ser aproximadas dos valores que atravessam o chamado feminismo comunitário, cujas organizações nasceram das experiências de mulheres indígenas da Bolívia.[29] Isso se deu a partir da década de 1990, no contexto de intensa contestação dos indígenas, mestiços e camponeses do país. Julieta Paredes, feminista aimará que, em 1990, fundou, ao lado de María Galindo e Mónica Mendoza, o Mujeres Creando, organização anarcofeminista indígena boliviana, define o feminismo comunitário nos seguintes termos:

> Como mulheres não somos iguais, temos identidades diferentes, formamos parte de tecidos sociais ao longo de todo o nosso planeta Mãe Terra Pachamama. As diferentes correntes do feminismo correspondem a essas identidades, ao pertencimento a tecidos sociais e opções políticas a que nós, mulheres, aderimos ao longo da história de nossas comunidades. Por isso, não é nada estranho que tivéssemos a necessidade de construir nosso próprio feminismo a partir de nosso povoado indígena-originário de Abya Yala, a partir também do processo de mudanças que vive nosso país, Bolívia, e com nosso feminismo autônomo construído desde os anos 1990 na comunidade Mujeres Creando. (Paredes, 2010, p. 117)

Realizando uma crítica às abordagens maniqueístas em torno do patriarcado, Paredes, ancorada na experiência do Mujeres Creando, defende que o feminismo comunitário, cujas balizas teóricas estão nas memórias corporais e na ancestralidade,

---

[29] Para mais sobre os feminismos comunitários, ver Rago (2013).

busca construir modos de vida integrados com a humanidade e a natureza. Trata-se de um feminismo de alianças, seja com os homens que querem melhorar as condições de vida da comunidade, seja com outras mulheres não feministas. "Nosso feminismo é despatriarcalizador. Portanto, é descolonizador, des-heterossexualizador, antimachista, anticlassista e antirracista", sumariza (Paredes, 2010, p. 120).

Rago (2013), em artigo que narra a singularidade política do anarcofeminismo indígena boliviano, considerou que a dimensão comunitária é o que torna inovadoras organizações como o Mujeres Creando e o Mujeres Creando Comunidad, fundado em 2002.[30] Isso se deve, segundo a autora, à forma como estão organizadas, em oposição ao individualismo característico do feminismo desde seu início, no século XIX. Na análise de Rago, o feminismo comunitário, ao investir contra as formas de dominação neoliberal global, assume um caráter revolucionário, cuja luta não se restringe às subordinações de gênero, envolvendo também todas as opressões. Por isso, suas lutas não se circunscrevem a uma coletividade específica, como os indígenas, mas envolvem outros movimentos sociais atuantes na Bolívia (Rago, 2013, p. 92-8).

Apesar das dessemelhanças entre as práticas do feminismo comunitário e as ações narradas pelas mulheres quilombolas ao longo deste trabalho, é possível elencar ao menos três elementos de convergência: o esforço de aprofundar as bases comunitárias, os usos de conhecimentos ancestrais como contrapontos aos valores neoliberais e individualizantes e, por fim, a preocupação permanente com a natureza e o território onde se vive.

---

[30] Uma dissidência interna do Mujeres Creando levou à fundação, por Julieta Paredes, do Mujeres Creando Comunidad/Asamblea del Feminismo Comunitario (Rago, 2013).

1.3 Corpo, espaço e subjetividades

Uma tendência quando se aborda o tema dos quilombos, herdada da filosofia do sujeito e da representação, é tomar a identidade quilombola como um dado, bem como naturalizar a relação que os sujeitos estabelecem com o espaço. Nessa linha de análise, pouco se discute sobre os processos de aprendizagem que, em termos contemporâneos, envolvem o tornar-se quilombola. Para problematizarmos essa ordem discursiva, é valiosa a concepção de Foucault sobre os modos de sujeição e de subjetivação.

Em oposição à tradição cartesiana, a partir de uma ampla crítica à filosofia do sujeito, Foucault sustenta que o sujeito não é uma substância ou um dado, mas uma forma construída por práticas e saberes historicamente situados. Além disso, ele concebe os modos de subjetivação como práticas de constituição de si que ocorrem, simultaneamente, em duas direções: a primeira refere-se aos modos pelos quais o indivíduo aparece como objeto do discurso ou da prática, enquanto a segunda se relaciona à subjetividade ética concernente às formas como os próprios indivíduos participam da sua construção enquanto sujeitos morais (Foucault, 2010b).

Como antídoto contra as essencializações, são valiosas as análises sobre a subjetividade corporificada, proposta pela filósofa feminista foucaultiana Margaret McLaren. "Noções de subjetividade que começam com o corpo", defende, "devem levar em conta a diferença cultural e a especificidade histórica; sujeitos não podem ser separados dos contextos nos quais se desenvolvem e operam" (McLaren, 2016, p. 113). A autora lembra que o corpo tem papel central nas teorizações feministas contemporâneas, como, simultaneamente, fonte de saber, local de resistência e espaço de subjetividade. Para McLaren, a concepção de subjetividade corporificada dos estudos feministas converge com as problematizações do sujeito de Foucault, já que ambas questionam a noção liberal, branca e masculina de sujeito racional universal, que desvaloriza as emoções e o corpo como elementos importantes na constituição de subjetividades, bem como as dinâmicas das relações sociais (McLaren, 2016).

Tratando das práticas das mulheres negras quilombolas, a abordagem da subjetividade corporificada permite questionar uma narrativa predominante sobre as mulheres negras, vistas como estoicas, que tudo suportam e a tudo resistem, além de permitir compreender que seus saberes são resultados de elaborações constantes, motivadas por afecções do presente. Esse discurso, camuflado pela semântica da valorização, exprime uma forma de violência, já que nega às mulheres negras o direito à fragilidade e à valorização de suas criações intelectuais.

Sobre a relação entre espaço e práticas de subjetivação, teóricas feministas têm chamado a atenção para o fato de que narrativas sobre as mulheres negras, mesmo as que pretendem denunciar a tripla opressão, tendem a enfatizar a semântica da falta e da invisibilidade como forma única de tratar suas experiências. A esse respeito, Gonzalez (1984) discute, em uma abordagem psicanalítica, como a falta tem sido a forma predominante de olhar para as experiências das mulheres negras.

Na mesma direção, Gizêlda Melo Nascimento (2008), pesquisadora brasileira de literatura e linguagem, considera que as mulheres negras, em razão da tripla discriminação, foram inseridas naquilo que ela denominou "espaço de falta". Para Nascimento, uma das principais implicações dessa dinâmica reside na desvalorização dos saberes produzidos por mulheres negras, o que reforça a ideia de que elas seriam incapazes de produzir conhecimento, já que seus corpos e suas subjetividades são considerados atávicos ao campo da natureza e da servidão. Assim, processos históricos de exclusão são naturalizados como constitutivos da subjetividade das mulheres negras, tanto pela forma como os outros as veem, quanto pela maneira como elas mesmas se reconhecem. Nascimento também ressalta a necessidade de se manter alerta para as implicações de processos históricos que se transformam em dados atávicos aos corpos, impedindo que se vejam outras formas de inscrição no mundo — formas que, na contracorrente da semântica da falta, afirmem a potência por meio de vias alternativas de veicular a palavra. Trata-se de uma abordagem que possibilite analisar os deslocamentos, a criação de espaços outros que rasurem a semântica do espaço de falta, criando, portanto, territorialidades diferentes.

Outra forma ainda de violência contra as mulheres negras pode se expressar, como já aludido, por idealizações presentes no discurso da "força da mulher negra". Sobre isso, bell hooks afirma que essa imagem se tornou tão potente para nomear nossas experiências que, às vezes, as próprias mulheres negras passam a se definir dessa maneira, sem perceber as relações de poder que atravessam a semântica da força — afinal, ser "forte" para suportar a opressão não é a mesma coisa que superá-la. Para manter essa postura, muitas mulheres se destroçam, e as estruturas de poder permanecem inalteradas (hooks, 1982 [2019a]). A autora ainda menciona que essa lógica associa as experiências das mulheres negras ao servilismo, com uma "representação iconográfica da negra que imprime na consciência cultural coletiva a ideia de que a mulher negra está neste planeta para servir aos outros" (hooks, 1995, p. 468), e seus corpos são semiotizados como objetos disponíveis para satisfazer aos desejos dos outros, sejam sexuais, sejam de trabalhos domésticos. Entretanto, prossegue, quando as mulheres negras experimentam a força transformadora de partilhar amor consigo mesmas e com os outros, elas podem realizar ações capazes de alterar as estruturas à sua volta, acumulando forças para enfrentar o genocídio que mata tantos homens, mulheres e crianças negras e construindo espaços outros de subjetivação (hooks, 2000 [2019b]).

Deslocando-se dessas narrativas de assujeitamento, várias autoras têm abordado em suas pesquisas a potencialidade feminina de transformação dos espaços, valendo-se das dores e dos sofrimentos para construir relações renovadas com a vida.

Collins (2016) chama a atenção para as especificidades dos saberes produzidos por essas mulheres negras, sobretudo aquelas que estão fora dos espaços acadêmicos, sendo professoras, pastoras, artistas, militantes, entre outras. A autora afirma que esses saberes têm sido incorporados às produções acadêmicas de pesquisadoras negras, já que fazem parte de uma tradição feminina negra. Por isso, ela define o pensamento feminista negro como "ideias produzidas por mulheres negras que elucidam um ponto de vista de e para mulheres negras" (Collins, 2016, p. 102).

A fim de explorar a potencialidade dessa produção, Collins baliza três temas que gravitam no pensamento do feminismo negro, com abordagens que inspiram as configurações propostas neste livro. São eles: a autodefinição e a autoavaliação das mulheres negras, cujas práticas expressam uma ética de si, tanto pelo esforço de se autodefinirem fora dos modelos de exclusão, como pela atitude crítica em relação às suas condutas; a natureza interligada da opressão materializada nos conteúdos de seus saberes e suas práticas;

e, por fim, a importância da cultura das mulheres negras, pois muitas delas fazem da marginalidade um espaço criativo, a fim de construírem relações e espaços outros.

A esse respeito, como mencionado na "Apresentação", é valiosa a concepção de Collins (1991 [2019]) de "espaços seguros". Analisando as práticas culturais criadas por mulheres negras estadunidenses, em especial no blues e nas atividades literárias, a autora considera que há uma tradição de transmissão de experiência que se dá por meio da oralidade, e que tal tradição se mantém pela criação e manutenção de tais "espaços seguros", locais que permitem a transmissão da experiência e o partilhar da amizade. Em linhas gerais, Collins afirma que os espaços seguros se constituem de três tipos de interação: as que envolvem a amizade e as relações familiares; aquelas desenvolvidas em espaços como as igrejas e, por fim, aquelas construídas pela participação em organizações negras informais. São espaços onde as mulheres se sentem protegidas das práticas racistas e sexistas, na medida em que podem compartilhar saberes e práticas. Assim definiu Collins:

> Historicamente, os lugares seguros eram "seguros" porque ali nós, mulheres negras, podíamos tratar livremente de questões que nos diziam respeito. Por definição, tais espaços se tornam menos "seguros" se compartilhados com pessoas que não são negras nem mulheres. Os espaços seguros das mulheres negras não foram feitos para ser um estilo de vida. Ao contrário, constituem um mecanismo dentre muitos destinados a promover o empoderamento das mulheres negras e nos capacitar para participar de projetos de justiça social. Estrategicamente, os espaços seguros dependem de práticas excludentes, mas seu objetivo geral é uma sociedade mais inclusiva e justa. Como sugere o trabalho das cantoras de blues e das escritoras negras,

muitas ideias geradas nesses espaços foram bem-vindas fora das comunidades de mulheres negras. Como, porém, as mulheres negras poderiam gerar esses entendimentos sobre as realidades das mulheres negras sem antes conversar umas com as outras? (Collins, 1991, p. 110 [2019, p. 199-200])

1.4 Racismo, governo e dispositivo da ancestralidade

As ações das mulheres negras e quilombolas não se dão no vazio, pois estão inscritas em um campo de possibilidades. Isso significa que estudar suas experiências, no âmbito da singularidade, implica ficarmos atentos aos jogos de forças e às condições que as tornam possíveis, inclusive em termos conceituais. Na medida em que este trabalho enfoca práticas de mulheres negras que buscam afirmar a vida rasurando o poder de morte do racismo, faz-se necessário situar como o tema será abordado ao longo do livro.

Autores como Gilroy e Mbembe têm operado deslocamentos sobre a ideia de pensar o racismo como um problema de ideologia, compreendida como falsa consciência ou um problema de ordem moral. Ao contrário, guardadas as diferenças entre eles, ambos descrevem a relação intrínseca entre racismo, racionalidade e afetos. Gilroy (2012, p. 17) define o racismo como "irracionalidades racionalizadas do pensamento racial e a aplicação racional do terror". Na mesma direção, Mbembe (2014, p. 11), narrando os processos de racialização do mundo na modernidade, afirma que, em "qualquer lugar onde apareça, o Negro liberta dinâmicas passionais e provoca exuberância irracional que tem abalado o próprio sistema racional". A palavra "negro" com inicial maiúscula faz referência à racialização dos corpos negros e sua principal consequência: a criação e a naturalização de sua desumanização. Mbembe aproxima o racismo de uma afecção, cujas bases estariam na própria construção da ideia de raça:

> raça é um lugar de realidade e de verdade — a verdade das aparências. Mas é também um lugar de dilaceração, de efervescência e de fervor. A verdade do indivíduo a quem é atribuída uma raça está simultaneamente em outro lugar e nas aparências que lhes são atribuídas. A raça está por detrás da aparência e sob aquilo de que nos apercebemos. É também constituída pelo próprio ato de atribuição — esse meio pelo qual certas formas de infravida são produzidas e institucionalizadas, a indiferença e o abandono, justificados, a parte humana do Outro, violada, velada ou ocultada, e certas formas de enclausuramento, ou mesmo de condenação à morte, tornadas aceitáveis.
> (Mbembe, 2014, p. 66)

Racismo, aquilo que põe a raça em funcionamento a partir da modernidade, é definido por Mbembe em termos de jogos de significação e dos efeitos de sentidos sobre os corpos, seja pela forma como percebemos, seja pelo modo como somos afetados por essa percepção. No que tange aos corpos racializados como negros, o que está em jogo é a morte ou aquilo que Mbembe (2016) definiu como necropolítica, para descrever a centralidade da morte nos espaços de plantation escravista e colonial, bem como a raça como elemento fundamental que atravessa as relações coloniais na modernidade, desde o seu início. Com base nas análises de Foucault sobre biopoder e sua relação com soberania, Mbembe relembra que, no trabalho do filósofo francês, o direito soberano de matar e os mecanismos de biopoder estão inscritos nos modos de funcionamento do Estado moderno, destacando que Foucault considerou o Estado nazista como exemplo mais completo do exercício do direito de matar, valendo-se do racismo como máquina de morte que instaura o terror. Mbembe, fazendo um recuo histórico, avalia que qualquer relato histórico que trate do terror precisa retomar a escravidão moderna, considerada por ele como uma das primeiras instâncias da experimentação biopolítica. Para o filósofo camaronês, nazismo e stalinismo ampliaram uma série de mecanismos que já existiam nas formações sociais e políticas da Europa Ocidental, tais como a subjugação do corpo, as regulamentações de saúde, o darwinismo social, a eugenia, as teorias médico-legais sobre hereditariedade, degeneração e raça. Naquele contexto, foi produzida a desumanização dos corpos negros escravizados, já que a condição de escravo é resultado da "perda de um lar, perda de direitos sobre seu corpo e perda de status político. Essa perda tripla equivale a dominação absoluta, alienação ao nascer e morte social (expulsão da humanidade de modo geral)" (Mbembe, 2016, p. 131). No caminho aberto por Martin Heidegger, que defende que o ser para a morte é a condição decisiva de toda liberdade humana, Mbembe (2016, p. 144) sumariza: "se é livre para viver a própria vida somente quando se é livre para morrer a própria morte".

A relação entre morte e racismo foi igualmente discutida pela filósofa brasileira Sueli Carneiro (2005). A partir do conceito foucaultiano de dispositivo, Carneiro cunha o termo "dispositivo da racialidade", sugerindo que o racismo deva ser pensado por meio do conjunto de práticas discursivas e não discursivas que fabricam os corpos que serão excluídos e aqueles que terão a vida valorizada. Para a autora, o caráter genocida do racismo se expressa igualmente na produção de conhecimento. Seguindo as análises propostas por Boaventura de Sousa Santos, Sueli Carneiro descreveu o "epistemicídio" como um conjunto de práticas racistas que não apenas dificultam o acesso à educação, como também promovem a desvalorização dos saberes construídos por negras e negros. O conceito trata, portanto, do extermínio, no plano epistêmico, de saberes negros, englobando tanto as condições de produção quanto a circulação. Em suma, as análises de Carneiro e Mbembe explicitam que o espectro de morte tem sido a forma de governar corporeidades negras e os espaços onde vivem e circulam, além dos saberes por elas construídos.

Para as finalidades propostas neste trabalho, que problematiza as práticas de governo racistas que incidem sobre as comunidades quilombolas contemporâneas, detenho-me nas inovações teóricas de Foucault, especialmente em suas análises sobre a "governamentalidade", neologismo cunhado para descrever as racionalidades que atravessam múltiplas formas de governar, não se restringindo às práticas administrativas e estatais, pois incorpora o governo das condutas, incluindo-se, igualmente, as contracondutas, compreendidas, em linhas gerais, como ações que visam à possibilidade de não ser governado.[31] Em 1º de fevereiro de 1978, no curso ministrado no Collège de France e publicado sob o título *Segurança, território, população*, Foucault descreve a governamentalidade nos seguintes termos:

> Por esta palavra, "governamentalidade", entendo o conjunto constituído pelas instituições, os procedimentos, análises e reflexões, os cálculos e as táticas que permitem exercer essa forma

---

[31] A dimensão estatal da governamentalidade foi tratada por Foucault nos cursos no Collège de France entre 1977 e 1979, reunidos em *Segurança, território, população* (1977-1978) e *Nascimento da biopolítica* (1978-1979). Em termos de recorte histórico, esses trabalhos fundamentaram-se nas práticas do governo estatal emergentes no Ocidente a partir do século XV (Foucault, 2008a; 2008b). A governamentalidade, em sua relação com a ética e a política, foi discutida por Foucault em trabalhos cujo recorte temporal se deslocou para a Antiguidade clássica, expressos nos volumes segundo e terceiro da *História da sexualidade*, publicados no início da década de 1980, com os subtítulos: *O uso dos prazeres* (1982) e *O cuidado de si* (1984) — ver Foucault (1984, 1985). Paralelamente, o tema da governamentalidade e o da ética são explorados pelo filósofo francês durante as aulas que ministra entre 1983 e 1984, reunidas em: *O governo de si e dos outros* (1982-1983) e *A coragem da verdade* (1983-1984) — ver Foucault (2010a, 2011).

> bem específica, embora muito complexa, de poder que tem por alvo principal a população, por principal forma de saber a economia política e por instrumento técnico essencial os dispositivos de segurança. Em segundo lugar, por "governamentalidade" entendo a tendência, a linha de força que, em todo o Ocidente, não parou de conduzir, e desde há muito, para a preeminência desse tipo de poder que podemos chamar de "governo" sobre todos os outros — soberania, disciplina — e que trouxe, por um lado, o desenvolvimento de toda uma série de aparelhos específicos de governo [e, por outro lado], o desenvolvimento de toda uma série de saberes. (Foucault, 2008c, p. 143-4)

Notemos que a governamentalidade é descrita como o conjunto de procedimentos de governo. Edgardo Castro (2009), tecendo uma análise de conjunto sobre os estudos da governamentalidade na obra do filósofo, afirma que, a partir do século XVIII, as técnicas de governo não visam apenas ao controle de um território, mas também ao da população, constituindo uma racionalidade política que se ocupa de gerir as condutas. Trata-se, então, de governar os corpos em termos coletivos. Para as finalidades deste trabalho, a abordagem sobre governamentalidade proposta por Foucault implica atentar simultaneamente para a racionalidade que envolve os procedimentos técnicos estatais, as formas de instrumentalização do governo e os saberes que se constituem pelo exercício do governo.

A fim de tornar visíveis as formas de governo singulares que incidem sobre as comunidades quilombolas, chamarei de *governamentalidade racista* o conjunto de procedimentos, técnicas e saberes que, operando por meio de mecanismos de exclusão, englobam: a burocratização do acesso ao direito territorial, a folclorização das práticas e dos corpos quilombolas e o desamparo social a que essas populações estão submetidas, causado pelo incipiente alcance das políticas públicas nos territórios quilombolas.

As tradições culturais têm sido transformadas, no que tange à produção de saberes, em itens comercializáveis no mercado da diferença a fim de legitimar um direito, adquirindo, portanto, caráter de dispositivo de poder, situação que tende a esvaziar a potencialidade dos seus usos como formas de oferecer valores para a transformação do presente. Para a compreensão do uso do termo, recorro à abordagem de Foucault (1988), que, em linhas gerais, assim designa uma rede que se estabelece entre os discursos, as instituições, as leis e os saberes. Além disso, o dispositivo consiste em uma noção geral, porque inclui aquilo que, em certa sociedade, permite distinguir, por exemplo, o que é aceito como enunciado científico e o que não é.

Ao longo do livro, chamarei de dispositivo da ancestralidade a rede discursiva e não discursiva que emerge no contexto da criação do direito quilombola e exprime um dos efeitos do exercício de poder da governamentalidade racista: o esvaziamento da potencialidade dos usos das tradições para transformações no presente. Isso ocorre pela naturalização que foi se estabelecendo entre o acesso ao direito territorial e a necessidade de provar uma autenticidade quilombola, especialmente em termos de diferença cultural, o que favoreceu certa folclorização das tradições culturais. Articulando-se essa noção ao contexto de construção da identidade quilombola, a diferença quilombola foi sendo construída por meio de uma relação idealizada com o passado e as tradições.

Pensar as capturas dos usos da ancestralidade pela abordagem de dispositivo sugere alguns caminhos metodológicos. Primeiro, o de destacar a positividade do dispositivo da ancestralidade como uma tecnologia de poder, já que cria corpos e confere significados às práticas identificadas como "quilombolas". Segundo, o de pensar sobre implicações desse exercício de poder nas práticas cotidianas. Terceiro, o de refletir sobre a conexão do dispositivo com as formas concretas com que as mulheres quilombolas participam dessa criação, seja negociando, seja negando, seja traduzindo os conteúdos tradicionais. Em conjunto, trata-se de uma das dimensões do governo que, como indica Foucault, envolve tanto o governo dos outros como o governo de si, não devendo ser pensado de maneira restrita às instâncias de poder estatal, mas abordado em termos das diferentes formas de orientação das condutas, que incluem o modo como os indivíduos querem se conduzir.

—

As encruzilhadas percorridas pelos caminhos teóricos detalhados neste capítulo nos conduzem por três trilhas analíticas. A primeira refere-se às problematizações das abordagens que tomam as práticas políticas como meras reações ao poder do Estado ou das instituições. Não é questão, nesse sentido, de negar a lei ou a norma, mas de tornar visíveis os circuitos dos afetos que mobilizam as ações. A segunda trilha envolve pensar que as experiências incluem as práticas enunciativas, já que a luta pela terra não se faz desvencilhada das formas de conceber o termo "quilombo". A terceira problematiza a ideia de que existe uma interioridade, ou uma essência feminina negra, em cujos marcos a força da mulher quilombola se torna autoexplicativa. Considerar as experiências das mulheres quilombolas sob a ótica dessas trilhas é tentar ir além do que tem sido moldado pela certeza em relação ao passado. É, portanto, estabelecer uma relação outra com o passado e a história para entrever, por meio deles, os espaços de criação no presente. Com essas lentes, seguiremos pelos territórios de afetos, em seus labirintos, terreiros e campos.

2

Labirintos dos direitos: burocracia e feminização de quilombo

> Que todo mundo fizesse uma voz única em coro
> capaz de produzir um som eternamente audível,
> ressoando os lamentos e os direitos sonegados.
> — Conceição Evaristo (2013, p. 230)
>
> Você sabia que todas as leis deste país
> são para nos passar pra trás?
> — Toni Morrison (2005, p. 58)

Este capítulo percorre as condições históricas que, a partir da década de 1990, permitiram que práticas relacionadas ao campo do feminino fossem mobilizadas na redefinição dos territórios das comunidades negras reconhecidas como quilombolas. Para isso, retomo as disputas semânticas em torno da categoria quilombo, que se travaram nos discursos jurídicos desde 1988, momento de criação do sujeito de direito, até 2001, quando as políticas públicas se definiram pela limitação dos direitos. Também analiso os discursos historiográficos que circulavam nas décadas de 1980 e 1990, recuperando as narrativas ativistas do movimento negro, além de trazer fragmentos de falas de quilombolas de diferentes comunidades do estado do Rio de Janeiro. Na sequência, retorno aos relatórios antropológicos de identificação produzidos na década de 1990 no Rio de Janeiro, indicando a maneira como as mulheres são descritas como guardiãs dos saberes da comunidade. Por fim, detalho as transformações jurídicas a partir de 2003, com a publicação do Decreto 4.887, a fim de apontar que, apesar da incorporação do conceito de quilombo ressignificado, a governamentalidade racista continuou se expressando pela morosidade burocrática.

O objetivo central deste capítulo é destacar as transformações das subjetividades, tornando visível o deslocamento que vai da desconfiança em relação ao direito até a incorporação da linguagem dos direitos na luta pela terra, mas também narrar os procedimentos da governamentalidade racista nos dispositivos jurídicos e a produção de saberes atrelada a essa forma de governo, em que o acesso à terra se transforma, portanto, em um labirinto burocrático por onde se entra sem previsão de saída.

2.1 A criação jurídica: "Mas o que é quilombola?"

Em 1999, quando Maria Eliane Mattos era adolescente, as terras da comunidade negra de Santana, situadas em Quatis, no sul do estado do Rio de Janeiro, foram nomeadas território quilombola após estudos dos especialistas. Ela e vários outros moradores não sabiam exatamente o que a palavra "quilombo" indicava: "Tem muitas pessoas que tiveram, e têm até hoje, muita dificuldade de entender que você é quilombola. 'Mas o que é quilombola?' É só falar que é descendente de escravo, o pessoal diz: 'ah, mas eu nem conheci escravo', mesmo sendo da cor".

Quando percorremos as redes discursivas que atravessam a construção do direito, percebemos que, no início, a luta pela terra passou sobretudo pela disputa em torno do termo "quilombo". Na percepção de Maria Eliane, nem mesmo a cor da pele fazia com que os moradores de Santana se identificassem como quilombolas, já que eles relacionavam a denominação à continuidade das experiências escravistas do passado. De certa forma, ela questiona o fato de alguns serem negros e não desejarem ser considerados descendentes de escravos. Essa negação pode estar relacionada aos significados atribuídos no pós-abolição àqueles cuja pele é negra.

Se pensarmos que, ao longo da história republicana brasileira, a cidadania sempre esteve relacionada à cor da pele, a desconfiança dos moradores de Santana, identificada por Maria Eliane, é compreensível. Em meu percurso de pesquisa, encontrei semelhante suspeita em várias ocasiões.

Numa roda de conversa no Quilombo da Tapera, em Petrópolis, região serrana do Rio de Janeiro, ouvi dizer que o grupo se espantou com o termo "quilombola" logo que começaram os rumores de que seria assim denominado. Quando perguntei a causa desse espanto, Denise André Barbosa Casciano, 33 anos, respondeu-me sem pestanejar: "Porque a gente achava que o quilombo ia voltar tudo igual era antigamente. Que ia ter sinhazinha, aqueles troços".

Para Denise e alguns moradores da Tapera, a palavra "quilombo" não representava espaço de liberdade, tampouco uma categoria que conferia direitos. Ao contrário, acreditava-se que implicava um retorno à condição de escravizados, tal qual seus antepassados. À primeira vista, pode parecer estranho que uma mulher negra jovem, em pleno século XXI, acredite que uma legislação possa reconduzir os negros à escravidão. Entretanto, quando Denise descreve as condições em que o grupo vivia, percebemos que camadas dos tempos escravocratas se expressam em suas condições materiais: até 2010, não havia na Tapera energia elétrica ou saneamento básico, e as casas eram de sapê. Além disso, como veremos em detalhes no capítulo 5, em 2011 a comunidade sofreu uma situação traumática sem precedentes: uma forte enchente na cidade de Petrópolis atingiu suas casas, deixando o grupo inteiro desabrigado.

Sobre as relações entre cidadania e cor da pele, Hebe Mattos, analisando significados raciais no pós-abolição para as populações camponesas no Sudeste brasileiro, considera que, desde os tempos coloniais até o século XIX, qualquer correlação direta ou indireta com o cativeiro desqualificava os descendentes de africanos no mundo dos homens livres. Tal desqualificação ressoa na noção de cidadania durante a República, especialmente na dicotomia entre nacionais e imigrantes (europeus). Dessa forma, estende-se aos nacionais, com exceção da elite, a marca da inferioridade racial e do cativeiro. Para os intelectuais, havia uma república, mas faltava um povo — os imigrantes europeus deveriam formá-lo. Por conta disso, no pós-abolição, afirma Mattos (1995, p. 404-5), negras e negros buscavam apagar a marca do cativeiro a fim de serem reconhecidos como cidadãos.

Ter as marcas do cativeiro no corpo é ter uma cidadania de segunda categoria, o que faz com que as palavras "negros" e "direitos" pareçam antitéticas. Denise conta que, pouco antes da enchente, a marca do cativeiro foi se modificando com a ideia de que a negritude poderia conferir direitos, quando o grupo da Tapera descobriu que tinha direito à luz elétrica em virtude do Programa Brasil Quilombola:

> Fomos reconhecidos, sim, só que antes já estava tendo todo um processo, porque a gente precisava de energia elétrica. Aí, uma pessoa que até mora aqui, casado com uma prima da gente, ele falou com ele [com o procurador da República Charles Stevan da Mota Pessoa], que tinha um pessoal que morava aqui, vivia sem energia elétrica e sem saneamento básico. Aí ele falou: isso tem nome, eles são quilombolas. Aí ele [o procurador] veio conhecer a gente.

"Doutor Charles", como é conhecido o integrante do Ministério Público Federal (MPF) que atua na região de Petrópolis, explicou ao grupo sobre o programa, criado em 2004 com o objetivo de articular uma série de políticas públicas, dentre elas o programa Luz para Todos. Para acessar a política, porém, no contexto jurídico de 2010, era necessário que o grupo solicitasse à Fundação Cultural Palmares (FCP) a certidão de autorreconhecimento como remanescente de comunidade de quilombo. Foi assim que Denise começou a perceber que *se tornar quilombola* significava ter acesso a direitos, e não os perder.

O Programa Brasil Quilombola era coordenado pela Secretaria de Políticas de Promoção da Igualdade Racial

(Seppir) e propunha ações governamentais para as comunidades remanescentes de quilombo por meio de articulações transversais, setoriais e interinstitucionais, com ênfase na participação da sociedade civil. Depois do golpe parlamentar de 2016, a Seppir perdeu seus poderes ministeriais, e, nos primeiros momentos de indefinição, chegou-se a falar em sua extinção. Durante o governo Temer, ela se transformou em mera secretaria nos marcos do então Ministério dos Direitos Humanos. Na prática, isso significou falta de autonomia orçamentária. Não por acaso, o Brasil Quilombola deixou de existir.

Nessa direção, o encontro do grupo de Tapera com o "doutor Charles" simboliza o momento em que o termo "quilombo" passa a ter novos significados, permitindo que se reconheçam como sujeitos de direitos. Sobre isso, Ronaldo dos Santos, liderança do Quilombo do Campinho da Independência, disse em uma fala pública que, depois de 1988, as condições de vida dos quilombolas não melhoraram tanto, mas o que melhorou, segundo Ronaldo, foram as "condições de luta". Em certo sentido, essa fala expressa o que Judith Butler, analisando a situação de precariedade dos prisioneiros de guerra, diz sobre a relação entre as condições normativas e a emergência de determinadas subjetividades. Ela afirma que as "condições normativas para a produção dos sujeitos produzem uma ontologia historicamente contingente, de modo que nossa própria capacidade de discernir e nomear o 'ser' do sujeito depende de normas que facilitam esse reconhecimento" (Butler, 2015, p. 17).

Trata-se, então, de novas subjetividades, pois o acontecimento jurídico de 1988 não se ocupava apenas da concessão do direito. Segundo Foucault (2003, p. 6), as práticas jurídicas podem "engendrar domínios de saber que não somente fazem aparecer novos objetos, novos conceitos, novas técnicas, mas também fazem nascer formas totalmente novas de sujeitos e de sujeitos de conhecimento". A partir da década de 1990, comunidades negras rurais, que até aquele momento estavam excluídas do direito à terra, passaram a fazer uso dos dispositivos legais como forma de melhorar suas condições de vida.

Análises de pesquisadoras e pesquisadores que se dedicam às noções de direito nos trabalhos de Foucault consideram que o chamado "uso estratégico do direito" poderia ser pensado não apenas em termos de resistência, mas também em sua relação com a ética. Essas pesquisas apontam que a noção construída por Foucault mostra como vários grupos na década de 1970, valendo-se da linguagem jurídica, em emprego estratégico, problematizavam as antigas relações com o direito, fosse no domínio da soberania, fosse pela lógica do interesse (Vieira, 2014; Fonseca, 2012; Golder, 2015). Tal abordagem contribuiu para se pensar o contexto de emergência dos dispositivos jurídicos e seus desdobramentos, de forma a deslocar tanto a racionalidade da representação jurídica, antes pensada a partir de um sujeito unificado, como também a lógica do dominante *versus* dominado. Nessa perspectiva, percorreremos os jogos de verdade por meio dos quais se estabelecem os saberes jurídicos, e como os indivíduos entram nesses jogos.

Para articular as provocações teóricas apresentadas à emergência do direito quilombola, podemos dizer que, a partir da década de 1990, despontaram novas normas que possibilitaram a moradores das comunidades negras rurais se reconhecer como sujeitos de direitos, bem como fazer usos estratégicos dos dispositivos legais.

Os jogos de verdade implicados no direito quilombola giravam em torno do que é quilombo, algo desde o início disputado. Para entrevermos como esse começo não foi glorioso, caminharemos pela "pequenez meticulosa e inconfessável dessas fabricações" (Foucault, 2003, p. 6). No processo de formulação do artigo que formalizava os direitos dos remanescentes de quilombos, nos marcos da Assembleia Constituinte, a Subcomissão de Negros, Populações Indígenas, Pessoas Deficientes e Minorias promoveu uma série de debates que resultaram em acréscimos e supressões ao texto. Entre abril e maio de 1987, foram realizadas oito audiências públicas, contando com a presença de antropólogos, lideranças do movimento negro, sociólogos, professores, historiadores, além dos deputados constituintes. A tônica das discussões das temáticas que envolviam os negros foi a denúncia contra o racismo (Fiabani, 2008).

Ao fim dos trabalhos da subcomissão, estabeleceu-se que o texto referente à preservação da cultura dos remanescentes de quilombos seria alocado no corpo permanente da Constituição, especificamente no capítulo relativo à cultura (artigos 215 e 216), ao passo que a questão fundiária constaria do ADCT, na forma do artigo 68. Essa questão merece destaque porque, na década de 1990, a batalha jurídica girou em torno de distinções entre o que era pertinente à cultura e o que era relativo à questão agrária. Vale notar que, até 2003, destacaram-se as políticas públicas no campo cultural, em detrimento das ações voltadas a garantir terra, educação e saúde. Esse foi o meio pelo qual a governamentalidade racista operou: enfatizando a diferença cultural e minimizando os efeitos do racismo sobre as populações negras e pobres.

Os textos ficaram, afinal, da seguinte forma: o artigo 68, alocado no ADCT, dizia que "aos remanescentes das comunidades dos quilombos que estejam ocupando suas terras é reconhecida a propriedade definitiva, devendo o Estado emitir-lhes os títulos respectivos". Os artigos 215 e 216, por sua vez, foram alocados no corpo permanente do texto constitucional, somando-se a outros artigos que tratam da cultura. O artigo 215 definiu que o "Estado protegerá as manifestações das culturas populares indígenas e afro-brasileiras, e das de outros grupos participantes do processo civilizatório nacional", e o artigo 216 determinou que "ficam tombados todos os documentos e os sítios detentores de reminiscências históricas dos antigos quilombos".

Sobre a distribuição dos artigos no corpo constitucional, é importante lembrar que o ADCT se destina aos dispositivos que são, como o nome diz, transitórios, ou seja, provisórios. A questão territorial foi inserida nessa seção porque o termo "remanescente" sugeria que as comunidades quilombolas descendiam dos antigos quilombos, e, na época do debate constituinte, acreditava-se que havia poucos grupos que pudessem ser considerados quilombolas. Uma vez atendidas tais comunidades, portanto, o dispositivo não se faria mais necessário.

O significado do termo "quilombo" e a maneira como os direitos relativos à cultura e à questão agrária foram tratados na Constituição de 1988 fornecem a munição para as batalhas que se iniciaram a partir da década de 1990, mostrando que o direito não é o começo da paz, mas da guerra. De 1988 até 1995, a aplicabilidade do artigo 68 ficou paralisada diante de uma série de questões. O que é quilombo? O enfoque no direito tenderá ao campo cultural ou territorial? Qual órgão será responsável pela regulamentação das terras? Quais procedimentos serão adotados no processo?

Em 1995, houve a primeira tentativa de regulamentar o procedimento de titulação das terras dos remanescentes de quilombo. Benedita da Silva, então senadora do PT pelo Rio de Janeiro, encaminhou o Projeto de Lei 129/1995, recomendando que a "discriminação e demarcação das terras ocupadas por 'remanescentes das comunidades dos quilombos' fossem efetuadas pelo Instituto de Reforma Agrária" (Congresso Nacional, 1995a).

No texto do projeto, os remanescentes de quilombos foram definidos como descendentes dos primeiros ocupantes dessas comunidades, em cujas terras mantinham "moradia habitual". Definiu-se quilombo como "forma primitiva de organização comunitária, sediada em mata bruta: essas povoações fundavam-se na solidariedade e respeito mútuo, socializando a produção e o trabalho". Como notamos, o conceito de presente no projeto mesclava a concepção tradicional de quilombo com seu aspecto idealizado, deixando de fora a perspectiva mais propriamente cultural.

Essa proposta distanciava-se do Projeto de Lei 627/1995, encaminhado por um grupo de deputados, entre eles Alcides Modesto, do PT da Bahia, que definia quilombo da seguinte forma: "terras ocupadas pelas populações remanescentes de quilombo e bens que fazem referência à identidade, à ação e à memória desses grupos" (Congresso Nacional, 1995b). Esse projeto delegava à FCP a competência de delimitar as terras.

As propostas da senadora Benedita da Silva, de um lado, e as do grupo de parlamentares, de outro, indicam que, na década de 1990, havia ao menos dois conceitos de quilombo em disputa: um que requeria as provas materiais de continuidade histórica do grupo no território, e outro que tendia a demandar provas simbólicas e culturais. Ambos os projetos, porém, concebiam o direito quilombola nos marcos de uma continuidade com os antigos quilombos, ainda pensados como espaços isolados de negros fugidos. Além disso, a concepção de quilombo defendida pela Associação Brasileira de Antropologia (ABA), apresentada em 1994, distanciava-se dessas abordagens que pressupunham continuidade entre as experiências do passado e as comunidades negras rurais do presente. De acordo com a entidade, o quilombo, em termos contemporâneos, "não se refere a resíduos ou resquícios arqueológicos de ocupação temporal ou comprovação biológica".[32]

As duas visões fizeram com que, durante toda a década de 1990, o Incra e a FCP se alternassem na função de delimitação das terras. Em 2000, contudo, por meio da Medida Provisória 2.123-27, a fundação passou a ser responsável pela identificação dos remanescentes de quilombos, realizando o reconhecimento, a demarcação e a titulação de suas terras, bem como promovendo o registro dos títulos de propriedade nos cartórios imobiliários. A transferência da competência do Incra para a FCP gerou insatisfação nas comunidades que reivindicavam o direito, já que a fundação não possuía condições técnicas para lidar com conflitos agrários, tampouco infraestrutura à altura da complexidade da tarefa, considerando limitações no corpo de funcionários e instrumentos disponíveis. Acrescenta-se a esse problema o fato de que o Decreto 3.912 (Presidência da República, 2001) e o Parecer 1.490, ambos editados em 2001 durante o governo de Fernando Henrique Cardoso, atribuíram ao processo duas nefastas modificações, que aprofundaram o problema. A primeira foi passar à FCP e ao Ministério da Cultura a competência para dar cumprimento ao que estipula o artigo 68 do ADCT. Outra foi estabelecer que só poderia ser reconhecida a propriedade sobre as terras que em 1888 encontravam-se ocupadas por

---

[32] Essa definição foi construída durante o Seminário das Comunidades Remanescentes de Quilombo, promovido em 1994 pela FCP e pelo grupo de trabalho da ABA, visando à resolução dos impasses da aplicação do artigo 68 do ADCT da Constituição Federal de 1988. Para mais informações, ver O'Dwyer (1995).

quilombos e que até 5 de outubro de 1988 estavam ocupadas por remanescentes das comunidades dos quilombos.

Embora tais dispositivos jurídicos fossem desdobramentos de um processo que vinha desde 1995, de evitar a desapropriação de terras em propriedades privadas e de delegar à FCP competência exclusiva para dar cumprimento ao artigo 68, é necessário destacar sua deletéria particularidade de criar usucapião especial de cem anos para os quilombolas, quando o Código Civil Brasileiro estipula um prazo de quinze anos, evidenciando que a lei, conforme alertou Foucault (2009, p. 262), é sempre uma composição de ilegalismos que "contribui para estabelecer uma ilegalidade, visível, marcada, irredutível a um certo nível e secretamente útil". Deleuze, no rastro de Foucault, igualmente comenta:

> A lei é uma gestão dos ilegalismos, permitindo uns, tornando-os possíveis ou inventando-os como privilégios da classe dominante, tolerando outros como compensação às classes dominadas, ou, mesmo, fazendo-os servir à classe dominante, finalmente, proibindo, isolando e tomando outros como objeto, mas também como meio de dominação. (Deleuze, 2005, p. 39)

A criação de um usucapião de cem anos e a delegação da competência exclusiva no trato com as comunidades remanescentes de quilombos à FCP exprimem tecnologias de poder da governamentalidade racista, cuja gestão dos ilegalismos opera pela não concessão daquilo que a própria lei promete. Usa-se a lei para excluir, já que grande parte dos grupos que reivindicavam o direito teve processos múltiplos de ocupação em torno da terra, como indicou Flávio dos Santos Gomes:

> Terras herdadas de quilombolas (escravos-fugidos) e seus descendentes da escravidão como aquelas de doações de senhores

ou ordens religiosas a ex-escravos; terras compradas do Estado em troca de participação em guerras; ou ainda inúmeras migrações de libertos e suas famílias no período imediatamente pós-abolição. (Gomes, 2015, p. 129)

O fato de, até os anos 1980, tais grupos não terem recebido atenção da legislação, ou mesmo dos pesquisadores, não significa dizer que não existiam. Nessa direção, o decreto de 2001 punha em funcionamento um dispositivo racista, excludente, que objetivava deixar a terra paras as elites brancas.

Contudo, o poder não apenas exclui, ele também produz. O mesmo conceito que serviu para excluir grupos do acesso à terra produziu uma visibilidade sobre as práticas culturais quilombolas. Isso pode ser depreendido do Decreto 3.551, de 2000 (Presidência da República, 2000), que instituiu o registro de bens culturais de natureza imaterial que poderiam constituir o patrimônio imaterial brasileiro. Por meio dele, manifestações musicais, artísticas e religiosas populares estavam autorizadas a receber o reconhecimento como patrimônio cultural do país pelo Instituto do Patrimônio Histórico e Artístico Nacional (Iphan).

Segundo o decreto de 2000, uma das exigências para os bens alcançarem o status de patrimônio nacional consiste na necessidade de provar sua "continuidade histórica", o que coloca a história como disciplina legitimadora de práticas culturais. Esse requisito, conforme aponta Martha Abreu (2007), favoreceu a inclusão dos bens culturais na discussão de patrimônio e memória por parte dos historiadores, o que, desde 1930, com a criação do Iphan, esteve a cargo dos artistas e arquitetos. O dossiê *Jongo no Sudeste*, inventário publicado pelo Iphan, define o jongo nos seguintes termos:

Forma de expressão afro-brasileira, o jongo integra percussão de tambores, dança coletiva e práticas de magia. Acontece nos quintais das periferias urbanas e de algumas comunidades rurais do Sudeste brasileiro, assim como nas festas dos santos católicos e divindades afro-brasileiras, nas festas juninas [...].
O jongo é uma forma de louvação aos antepassados, consolidação de tradições e afirmação de identidades. Ele tem raízes nos saberes, ritos e crenças dos povos africanos, principalmente os de língua bantu. São sugestivos dessas origens o profundo respeito *aos ancestrais*, a valorização dos enigmas cantados e o elemento coreográfico da umbigada. (Ministério da Cultura, Instituto do Patrimônio Histórico e Artístico Nacional, 2007, p. 14, grifos nossos)

Notemos que a ideia de ancestralidade permeia o conceito de jongo abordado pelo Iphan, definindo a prática por meio de uma relação direta com os antepassados — uma prática que, inclusive em termos linguísticos, exprime cosmovisões ancestrais. O historiador Robert Slenes (2007), por meio de uma análise densa das gravações de jongo realizadas em 1949 pelo historiador estadunidense Stanley J. Stein, em Vassouras (RJ), considerou que o vocabulário jongueiro, cujas matrizes linguísticas estão relacionadas às populações do centro da África, evoca um complexo de crenças em torno dos espíritos territoriais e ancestrais, do fogo sagrado e dos cultos.

Se era difícil provar o pertencimento à categoria quilombola por meio dos dispositivos jurídicos que tratavam da questão agrária, a continuidade histórica de um grupo poderia ser legitimada pela manutenção de determinadas práticas culturais. O principal efeito registrado nesse período foi a folclorização das práticas quilombolas, entendidas como permanências do passado escravista, o que propiciou um esvaziamento, por exemplo, do jongo como possibilidade de oferecimento de valores para o presente.

No estado do Rio de Janeiro, a comunidade quilombola de São José da Serra é um dos grupos ativos no processo de patrimonialização do jongo, tornado referência da manutenção de práticas culturais tradicionais, o que legitima a continuidade histórica do quilombo. O grupo fez usos estratégicos do direito como forma de dar visibilidade à luta pela terra.[33] Os jogos de poder que atravessam esse processo foram descritos por Tereza Gonçalves Fernandes, moradora de São José da Serra. Tereza estava bem longe de aceitar determinadas formas de governo sobre sua conduta: no documentário *Sementes da memória* (2006), ao ser interrogada sobre os usos políticos do jongo como meio de dar visibilidade à luta pela terra para o grupo quilombola, afirmou, de maneira enfática:

> Para ser sincera, eu preferia mais quando era para diversão. Eu dançava com mais liberdade, não tinha que estar buscando nada. Não tinha que estar dançando a troco de nada. Agora você vai com aquele compromisso: tem que provar para alguém que eu sou da minha comunidade, para mostrar que sou gente, lá pro presidente, pra alguém ver e te dar uma coisa que é sua. Muita gente que visita diz: "Nossa, vocês têm que manter isso aqui, a tradição! É bonito uma casa de sapê, bonito

---

[33] O jongo, também conhecido como caxambu ou tambu, é uma dança e um gênero poético-musical característico de comunidades negras das zonas rurais e da periferia do Sudeste do Brasil. Trata-se de dança profana de roda e de umbigada, praticada para o divertimento, mas uma atitude religiosa também pode atravessar a festa. No passado, apenas os mais velhos podiam entrar na roda, e crianças e jovens ficavam de fora. Isso porque os adultos usavam o jongo e seus fundamentos para compartilhar segredos, também chamados de "mirongas". As matrizes culturais da prática estão conectadas à região africana do Congo-Angola e ao grupo étnico Banto (Slenes, 2007). Sobre os usos políticos do jongo pela comunidade de São José da Serra, no contexto de construção da identidade do grupo como quilombo, conferir Abreu (2007).

sem luz". Muita gente falou: "Mas por que botou luz elétrica? Não *devia*". Mas, como só é para manter a tradição, vai ficar passando dificuldade.

O documentário, produzido pelo Observatório Jovem, grupo de pesquisa vinculado ao Programa de Pós-Graduação em Educação da Universidade Federal Fluminense (UFF), tinha como objetivo central narrar o cotidiano de jovens da comunidade de São José da Serra, enfocar as relações entre tradição e inovação cultural e mostrar os conflitos pessoais que os mais jovens enfrentam em relação à continuidade dos estudos e à permanência nas terras da comunidade.

Ainda que o propósito do documentário não fosse focalizar as lideranças femininas, a fala de Tereza, que ocupava um cargo na diretoria da associação da comunidade, chamou-me a atenção pela agudeza da crítica sobre como a governamentalidade racista se expressa por meio de normatizações, seja no campo da lei, seja pela interferência em suas escolhas cotidianas. Note-se que Tereza questiona a operação da lei, que não se destina apenas a conceder ou a negar um benefício, mas também revela que a normatização opera como uma condição para a concessão do direito, já que a representação jurídica se baseia em identidades unificadas. A indignação de Tereza em relação a essa forma de governo não se restringe às práticas jurídicas: abarca a tentativa de governar as condutas quilombolas contemporâneas, com base na noção de tradição como algo imutável, inclusive dizendo para os quilombolas o que eles devem fazer para preservá-la.

Maria Eliane, que hoje exerce a função de agente de saúde no Quilombo de Santana, falou desse processo em termos análogos, lançando uma crítica risonha. Em 1999, momento em que a comunidade de Santana foi reconhecida como quilombola, ela tinha quinze anos. Desse modo, em plena adolescência, teve de lidar com uma novidade: *tornar-se quilombola*, o que, naquela época, pressupunha saber dançar o jongo, como aponta o seguinte relato:

> Quando criança, a gente ia dançando na estrada, depois da missa. Agarrava na saia e dançava. A gente dançava, mas não sabia que era o jongo. Depois que apareceu o nome. E a gente, olhando as fotos antigas, pretas e brancas, viu que a gente já dançava, e não sabia que era o jongo. A gente dava outro nome: cai lelê, saia rodada. Depois que fizeram o estudo como quilombo, as pessoas já estavam parando de dançar. Daí, vinham ensinar o jongo pra gente. Não falei nada. Era uma dança que a gente dançava: saía da missa, a gente dançava; se estava alegre, a gente dançava; se nascesse uma criança, a gente dançava.

Maria Eliane relata o momento em que alguns perceberam que a prática que lhes era apresentada muito se assemelhava ao jongo. E uma circunstância de fato cômica: gente de fora lhes ensinava o que já conheciam. Se os nomes eram outros, como "cai lelê" e "saia rodada", não havia qualquer novidade em termos de coreografia. Naquela época, contudo, era preciso mostrar, por meio das práticas culturais, a "continuidade histórica". As falas de Tereza e Maria Eliane exprimem como um conceito de quilombo construído para provar a continuidade histórica pode reforçar estereótipos racistas, de que o território seria necessário para encenar o passado de forma quase folclórica.

Considerando que um dos efeitos do dispositivo da ancestralidade é a transformação das práticas culturais quilombolas em mercadorias, é inevitável não estabelecer a relação entre ele e a governamentalidade neoliberal, compreendida como uma forma de governar as condutas caracterizada pela generalização da racionalidade empresarial e que, conforme trataram Christian Laval e Pierre Dardot (2016, p. 16), pode ser definida em três direções: pela imposição de um universo de competição generalizada; pela ordenação das reações sociais segundo o modelo do mercado; e pelo estímulo para que os indivíduos se comportem como uma empresa. Nesse sentido, a governamentalidade neoliberal converge com o dispositivo da ancestralidade e o faz não apenas para destruir regras, direitos e instituições, mas também para produzir "certos tipos de relações sociais, certas maneiras de viver, certas subjetividades" (Laval & Dardot, 2016, p. 16). A alteridade construída pelos mecanismos do dispositivo da ancestralidade se transforma em commodity. Assim, quilombolas, como *empresárias de si mesmas*, podem vender seu capital cultural para consumo em um novo mercado, que se abre para o turismo cultural, muitas vezes vampirizado pela transformação do cultural na nova biologia das raças. Essa situação é, de certa forma, criticada por Tereza e Maria Eliane ao expressarem o desconforto que sentem quando o jongo deixa de ser algo praticado por diversão cotidiana para se transformar em um espetáculo encenado para alcançar um direito — direito a algo que já deveria ser delas.

Por tudo que se falou até aqui, a luta pela terra se dá pela necessidade de construir novos significados que superem a abordagem dos textos jurídicos: as perspectivas de lideranças do movimento e das próprias comunidades, durante o processo de construção dos relatórios antropológicos de identificação na década de 1990.

Antes de passarmos às concepções de quilombo criadas por esses outros atores, como as lideranças do movimento negro, os pesquisadores e as comunidades, é importante ver como o tema foi tratado pela historiografia tradicional, a fim de percebermos a ressonância das narrativas históricas nos dispositivos jurídicos, nas práticas dos militantes do movimento negro e na criação das comunidades que reivindicavam o direito.

2.2 Raça e gênero nas narrativas sobre os quilombos

Começarei esta seção retomando a roda de conversa que abriu a seção anterior, no Quilombo da Tapera, quando Denise relatava sua desconfiança, provinda de seu pouco conhecimento do tema, quanto às possibilidades de o termo "quilombo" representar efetivamente o acesso a direitos. A escola, segundo ela, "fala muito pouquinho: 'Ah, são negros que fugiram e montaram uma comunidade de fugitivos'. O nosso não é um quilombo de foragidos, é um quilombo doado".

Até a década de 1980, época em que Denise frequentou a escola, a abordagem que predominava nas narrativas sobre os quilombos era a mesma do período colonial: um lugar isolado para onde os negros fugiam. Além disso, tais narrativas eram construídas por perspectivas masculinas, tornando invisíveis as mulheres.

Essa não era, porém, a única invisibilidade relacionada aos quilombos. Durante a história colonial e imperial brasileira, escravos aquilombados, por serem fugitivos das fazendas, representavam um perigo à ordem vigente. Nessa época, as imagens de marginalidade, isolamento e homogeneidade étnica dos quilombos eram utilizadas para fomentar o medo em relação a esses locais.

Em parte, essa invisibilidade explica o desinteresse sobre o tema entre os historiadores do Instituto Histórico e Geográfico Brasileiro (IHGB), fundado em 1838. Pedro Paulo Funari e Aline de Carvalho (2005) apontaram que o instituto acumulou um dos maiores acervos sobre Palmares, que somente em 1841 foi empregado para construir um relato cronológico, de quatro páginas, escrito pelo diplomata Rodrigo de Souza da Silva Pontes, sob o título *As guerras nos Palmares*, que descrevia os feitos militares dos agentes repressores.

Durante o Império, o texto mais significativo sobre os quilombos veio da literatura. Em 1871, Bernardo Guimarães publicou o conto "Uma história de quilombolas" (Guimarães, 2006). Ambientado nas proximidades de Vila Rica, em 1821, o conto narra a disputa de três homens pelo amor da escrava Florinda. Na história, o escravo Mateus apaixona-se pela "mulatinha Florinda", que, além de não corresponder a seu afeto, se encanta pelo alforriado conhecido como "mulato Anselmo". Paixões, desejos, conflitos étnicos e tensões de gênero entre as personagens são narrados sob a perspectiva do romantismo.

A abordagem do conto favorece a articulação de três elementos. Primeiro, a valorização e a idealização extremas do universo popular. Além disso, a oposição entre o sublime e o grotesco, visível sobretudo por meio das comparações entre a bela e "quase caucasiana" Florinda e a "monstruosa" Maria, negra e mãe. Por fim, ressalta-se a construção da identidade inscrita nos corpos dos heróis.

A leitura do conto permite entrever a lógica hierárquica que toma como padrão o homem branco: a presença de gradações, com negros e mestiços que, à medida que se transformam em heróis, vão adquirindo, igualmente, características físicas ou valores culturais associados aos brancos. A narrativa do autor, que converge com essa perspectiva, tem a preocupação de "humanizar" as personagens, tornando-as cópias do Outro — nesse caso, o homem branco. No texto, as personagens quilombolas, quanto mais próximas da África, mais próximas figuram da barbárie.

Entretanto, se essa era a forma predominante de narrar, pode-se dizer que não era a única. Norma Telles (2012), em uma cuidadosa pesquisa sobre o romantismo, analisa *Úrsula*, o primeiro romance abolicionista escrito por uma mulher negra, Maria Firmina dos Reis, em 1859. A historiadora aponta como a perspectiva da escritora negra questiona a abordagem etnocêntrica presente nas obras dos escritores masculinos e brancos. Na história, o vilão é Fernando, senhor de posses e escravos, que maltrata com afinco e esmero Susana. A mulher preta construída em *Úrsula* não é uma personagem monstruosa, como a mãe Maria, de Bernardo Guimarães. Em sua conclusão, Telles tece reflexões que problematizam a ideia de sujeito universal da literatura. Maria Firmina dos Reis não pinta negros-brancos, analisa a pesquisadora; ela tenta retratar africanos: "Susana é preta, fuma cachimbo, usa saia de algodão grosseiro. Além do mais, retrata a amizade entre um branco e um negro, algo chocante para a época e até o final do século" (Telles, 2012, p. 174).

Sobre a forma racista de abordar os corpos das mulheres negras, Rago (2008) conta a história de Saartjie Baartman, a "Vênus Hotentote", como ficou conhecida. No início do século XIX, Baartman foi capturada na África e levada para a Europa para ser "exibida em circos, parques de diversões e shows de monstruosidade, ao lado de animais estranhos, macacos amestrados e figuras humanas consideradas exóticas" (Rago, 2008, p. 1). Rago aponta que o interesse por Saartjie tinha a ver com suas nádegas muito volumosas e uma pele comprida que recobria seus órgãos sexuais. Após sua morte, seu corpo seria alvo da ciência em busca do elo perdido entre homens e macacos. Falando de como o corpo da mulher negra aparece no discurso racista colonial, Rago conclui que

> o corpo exótico fetichizado e domesticado transforma-se em degenerado; logo, deve ser conhecido, aberto, devassado, exposto e espetacularizado como o corpo da Vênus

Hotentote, dissecado pelo dr. Cuvier. A degeneração moral deve coincidir com a degeneração física, com as doenças que destroem e corroem o organismo e a sociedade, a exemplo da sífilis. (Rago, 2008, p. 14)

Se os europeus pagavam para ver a "barbárie" africana nos shows de horrores, para o antropólogo e médico-legista brasileiro Nina Rodrigues a barbárie estava bem aqui, no solo brasileiro, especialmente nos territórios dos quilombos. Em 1905, o autor publica, no *Diário da Bahia*, "A Troia negra: erros e lacunas da história de Palmares", que inaugura uma das primeiras análises históricas sobre o renomado quilombo (Rodrigues, 1977). Seu projeto consistia em negar que Palmares houvesse sido uma organização original e avançada, pois, para o autor, isso seria impossível, dada a permanência de práticas culturais e organizacionais relacionadas à "África inculta". O quilombo seria concebido, assim, por meio da abordagem biologizante que postulava a existência de raças superiores e inferiores. Em contraposição à ideia de Palmares como uma república, como defendera, por exemplo, Sebastião Rocha Pitta (1878), Rodrigues considerava que Palmares, no sentido organizacional, estava relacionado à "barbárie africana":

> Na cultura e polícia não consta que Palmares fosse além da ordem estabelecida na direção da defesa interna e externa de onde procederam os Zambis, os seus magnatas, auxiliares, mestres de campo e juízes, seus conselhos e assembleias; como não consta na ordem industrial tivesse passado da aplicação agrícola e comercial, estritamente necessária à manutenção do pequeno estado. E tudo isto em nada excede a capacidade dos povos bantus. Antes se pode afirmar que francamente voltaram eles à barbárie africana. (Rodrigues, 1977, p. 93)

Rodrigues confere à noção de ancestralidade um caráter pejorativo, pois relacionado à inferioridade africana, apontando a existência de escravidão dentro de Palmares, como acontecia, segundo ele, na África: "Ali se constitui uma polícia de costumes de que é bom notar não se exclui a instituição da escravidão", e "Palmares nascia desse mesmo ajuntamento de escravos e aventureiros de cor que nem todos eram negros" (Rodrigues, 1977, p. 77). Nesse período, predominava uma concepção evolucionista e linear de história, que projetava como ideal a construção de uma sociedade mais civilizada e, portanto, mais "evoluída". Nessa concepção, o papel dos intelectuais seria o de construir narrativas que corroborassem esse projeto de sociedade, função que Rodrigues desempenha com lamentável determinação (Maio & Santos, 2010).

A partir da década de 1930, no caminho aberto por Gilberto Freyre acerca das contribuições africanas, os trabalhos sobre quilombos mantiveram a abordagem cultural. Tratava-se de pensar os quilombos como permanências africanas no Brasil, mas em termos positivos. Um exemplo é o trabalho de Edison Carneiro (1966), escritor especializado em temas afro-brasileiros que, ao tratar do Quilombo de Palmares, definiu-o como uma reafirmação da cultura e do estilo de vida africanos no Brasil. Os recursos estéticos utilizados pelo autor em *Guerra dos Palmares*, publicado em 1946, resultam em uma leitura permeada por descrições de paisagens e pela destreza dos palmarinos, capazes de fazer com que o leitor se veja dentro do cenário, ao mesmo tempo que evocam a ideia de isolamento geográfico, embora houvesse ali a presença de não negros: "o quilombo não estava constituído apenas de negros, nem somente de escravos" (Carneiro, 1966, p. 29). Em suas palavras,

A floresta acolhedora de Palmares serviu de refúgio a milhares de negros que se escapavam dos canaviais, dos engenhos de açúcar, dos currais de gado, das senzalas das vilas do litoral, em busca da liberdade e da segurança, subtraindo-se aos rigores da escravidão e às sombrias perspectivas de guerra contra os holandeses. Os negros fugiam na calada da noite, embrenhando-se no mato, mas, com o tempo, desciam novamente para as "cabeceiras" dos povoados, a fim de induzir outros escravos a *acompanhá-los e raptar negras e moleques para Palmares*. (Carneiro, 1966, p. 1, grifos nossos)

Para o autor, é fundamental problematizar as abordagens que afirmam que Zumbi teria cometido suicídio e reabilitar a experiência de resistência cultural de Palmares: "rasgar o véu da fantasia, espantar a sombra do silêncio e trazer novamente a vida" ao palácio das liberdades, que é como o autor idealiza o quilombo. Ao longo do livro, embora Carneiro descreva as circulações culturais, étnicas e comerciais que envolviam Palmares, reforça-se a ideia de Palmares como "um pedaço da África transplantado para o Nordeste do Brasil" (Carneiro, 1966, p. 2).

Se, para Rodrigues, a permanência da África no Brasil era um problema, para Carneiro, era valorizada. Por exemplo, diz o autor sobre as relações que os palmarinos estabeleciam com seu entorno: "os negros tinham os seus amigos entre os moradores vizinhos". Essa valorização, porém, não alcança as mulheres. Se, na narrativa de Rodrigues, as mulheres praticamente inexistem, no texto de Carneiro (1966, p. 39) elas aparecem por meio dos atos "heroicos" dos homens, que era como o autor caracterizava os raptos.

A despeito das diferenças, sobretudo no que tange à qualificação das contribuições africanas, ambos os autores pensam os quilombos como a permanência africana no Brasil.

Para eles, a noção de ancestralidade se coaduna à ideia de uma transmissão cultural realizada como reflexo e de forma linear, sem traduções, invenções e deslocamentos. Sobre relações de gênero, as mulheres estão, em ambos, praticamente invisíveis, já que os textos descrevem Palmares por meio da narrativa da guerra.

Da década de 1950 em diante, as abordagens acadêmicas sobre os quilombos sofrem uma inflexão, a partir da corrente de pensamento denominada "materialista", com João José Reis e Flávio dos Santos Gomes (1996). De viés marxista, essa linha tomaria os quilombos como resistência negra à escravidão — uma extensão da luta de classes. Sob essa ótica, a formação dos quilombos passaria a significar, em última instância, não apenas uma resistência cultural, mas também, e sobretudo, uma reação coletiva contra a violência e os maus-tratos da escravidão, ou seja, uma resistência coletiva à exploração da sociedade escravista.

O trabalho de Clóvis Moura, de 1951, também configura um exemplo desse deslocamento, em que se evidencia a abordagem marxista:

> foi o quilombola, o negro fugido nas suas variadas formas de comportamento, isto é, o escravo que se negava, que se transformou em uma das forças que dinamizaram a passagem de uma forma de trabalho para outra, ou, em outras palavras, a passagem da escravidão para o trabalho livre. O escravo visto na perspectiva de um devir. (Moura, 1972, p. 22)

A obra de Moura entra em rota de colisão com perspectivas que tomavam o escravo como passivo no processo histórico. Nos moldes da noção de proletariado marxista, o escravo rebelde é compreendido pelo autor como o elemento de vanguarda que, com sua resistência, dinamiza o processo histórico e nega o sistema escravista. Assim, os quilombolas, na medida em que não aceitaram as configurações de trabalho do sistema escravista, transformaram-se em um dos elementos dinamizadores da passagem do trabalho escravo para o trabalho livre, polos de resistência para os quais convergiam diversos níveis de descontentamento e opressão de uma "sociedade que tinha como forma de trabalho a escravidão" (Moura, 1972, p. 31).

Durante a ditadura militar brasileira, essa abordagem ressoaria em outras práticas culturais. Um exemplo é o filme *Ganga Zumba* (1964), de Cacá Diegues. A voz em *off* que inicia a película, sobre imagens em preto e branco, diz:

> Durante a colonização do Brasil, alguns negros trazidos da África como escravos, não suportando o cativeiro, fugiam para o mato e para as montanhas distantes, onde fundavam grandes aldeias negras chamadas quilombos. Destes, o mais famoso foi o de Palmares, que sobreviveu por quase um século. Por volta de 1640, governava Palmares o rei bantu de nome Zambi, que o transformara num símbolo de paz e liberdade.

A cena que serve de prólogo ao filme mostra negros e negras se aproximando do pelourinho, onde há uma mulher presa, praticamente morta. O diretor oferece um *close* nas marcas de tortura física de suas costas, e, enquanto isso, negros e negras cantam em língua africana e dançam. Sua fisionomia é grave, cerrada. Eles choram. Trata-se de um ritual funerário: "Chora papai, chora mamãe". Para aqueles que sabem ver além da superfície, o canto e a dança expressam uma preparação para a guerra. Não se trata aqui de felicidade, mas de uma forma de convocar para a batalha. Eles fazem isso sob os olhos vigilantes e desconfiados dos capitães do mato. Depois da morte da mulher, os negros tramam a fuga para o quilombo.

Rito funerário. Aviso de guerra. Essa é a escolha estética do filme de Cacá Diegues, estrelado por Antônio Pitanga, Eliezer Gomes, Luiza Maranhão, Jorge Coutinho. O teor é de resistência, que se dá por meio da cultura, da fuga e das revoltas. As mulheres quilombolas aparecem nos ritos culturais, entoando cantos e rezas, sob uma lente que traz também a cultura como forma de resistência à dominação branca. O filme segue, em certa medida, a estética do Cinema Novo, com poucos diálogos e imagens em preto e branco, a reforçar o tom grave da resistência negra. Ao longo da obra, Diegues explora essa dimensão do quilombo como símbolo da resistência negra no Brasil, partilhando, de certo modo, da concepção defendida por Moura, de polo de resistência à sociedade escravista.

Em conjunto, os diversos discursos sobre os quilombos construíram formas de ver esses lugares que, com diferenças superficiais, reforçavam aspectos já identificados anteriormente neste trabalho: os quilombos isolados e marginais, que, pela lógica da barbárie, da exaltação ou da idealização, representavam as permanências africanas no Brasil — e marcados pela invisibilidade, quase inexistência, das mulheres. Esses discursos mimetizam uma África mítica, desconsiderando trânsitos culturais e descontinuidades históricas, a pensar os quilombos como fenômenos do passado escravista.

Em meados da década de 1980 e no início de 1990, essas noções começam a ser questionadas do ponto de vista das reconfigurações de gênero. Leva um tempo, porém, para que sejam incorporadas, já que, apesar dos avanços ligados às relações raciais, nessas abordagens muito pouco se tratou de gênero e sexualidade. O trabalho de Maria Lúcia de Barros Mott (1988), por exemplo, ainda que parta da concepção tradicional de quilombo, inova pelo esforço de ler as fontes da escravidão por uma abordagem feminista, articulando categorias de raça, gênero e classe a fim de narrar as múltiplas experiências de resistências das mulheres na luta contra a escravidão. O livro de Mott foi importante porque trouxe um inventário de mulheres que, por meio de múltiplas práticas, resistiram ao período escravista. O intuito da historiadora era desnaturalizar a imagem de resistência quilombola pensada em termos marxistas e associada exclusivamente aos homens, permitindo que mulheres de classes e raças distintas saíssem do anonimato a que foram relegadas na narrativa masculinista.

Dentre as práticas de resistência das escravas, Mott descreve revoltas quilombolas lideradas por mulheres, fugas isoladas ou em grupo e também abortos e infanticídios, capazes de causar a ruína dos pequenos proprietários que, em grande parte, dependiam do ganho ou do aluguel dos escravizados para sustentar sua família. Entre as mulheres quilombolas, Mott destaca Zeferina, que em 1826 liderou o levante de Urubu; Dandara, que no século XVII atuou como liderança quilombola, lutando ao lado do líder Ganga Zumba; Tereza, que, no século XVII, no Mato Grosso, era líder quilombola; Felipa Maria Aranha, que no século XVII foi chefe quilombola em Tocantins; e Mariana, que, no século XIX, no Rio de Janeiro, liderou uma rebelião escrava (Mott, 1988).

Já na década de 1990, João José Reis e Flávio dos Santos Gomes organizaram uma obra, publicada em 1996, em que sumarizaram as principais mudanças sobre o tema, reunindo artigos de pesquisadores que, a partir da década de 1980, reformularam as concepções construídas anteriormente pela historiografia brasileira sobre os quilombos. O único texto que tratou de gênero foi o do antropólogo Luiz Mott, ativista do movimento gay. Tomados em conjunto, os estudos produzidos para esse livro transformaram a concepção do tema em quatro direções.

Em primeiro lugar, artigos como o de Gomes (1996) e Mário Maestri (1996) defenderam que o isolamento e a marginalidade dos quilombos em relação à sociedade circundante eram mito, descrevendo complexas e variadas redes de sociabilidade nesse circuito. Algumas pesquisas, como a de Reis (1996), inequivocamente destacaram que a organização interna dos quilombos não representava uma alternativa à sociedade escravista, pois havia escravidão dentro dos quilombos. Outras linhas, como as de Funari (1996), Price (1996) e Lara (1996), indicaram que os antigos quilombos não eram formados apenas por negros fugidos, dadas as evidências da presença de outros grupos étnicos naqueles espaços. Essa tese questionava, sobretudo, a imagem de Palmares construída nos anos 1960: um espaço étnico e homogêneo de resistência negra.

Por fim, a centralidade do padrão masculino heterossexual como símbolo identitário foi questionada por Luiz Mott (1996). Em seu artigo, o autor afirma que a região da África de onde Zumbi provinha era "sinônimo de quadrilha de feiticeiros sodomitas", sugerindo que Zumbi poderia ser um desses sodomitas. Naquele momento, a centralidade do padrão masculino heterossexual e da ancestralidade negra estava fortemente articulada ao campo da guerra, portanto o líder quilombola era retratado como viril e masculino. Ao questionar sua heterossexualidade, a pesquisa foi de encontro aos principais símbolos da resistência negra: Zumbi e Palmares. A reação à sua teoria foi raivosa: quebraram o vidro do carro do pesquisador e picharam o muro de sua casa com a inscrição: "Zumbi vive. Filhos de Zumbi".[34] Com heróis não se

---

34 SAMPAIO, Flávio. "Eram eles gays?", *IstoÉ Gente*, n. 43, 2000.

pode mexer, e suas subjetividades jamais podem ser historicizadas, no sentido radical da palavra. Conforme advertiu hooks (2000, p. 47 [2019b, p. 107]), os heróis são geralmente construídos e perpetuados dentro de papéis convencionais de gênero. Entretanto, ainda que informadas pela semântica do herói, havia abordagens do movimento negro desde a década de 1980 que traziam novos significados sobre o tema, rasurando as narrativas sobre quilombos como experiências do passado ou exclusivamente masculinas.

2.3 Ativistas e intelectuais negros: outras concepções de quilombo

Vimos nas seções anteriores que o processo constituinte de 1988 — um marco histórico, tanto no campo dos direitos quanto na emergência de novas subjetividades — propiciou a criação de um novo sujeito político: as comunidades remanescentes de quilombos. Estavam mobilizadas na luta antirracista entidades do movimento negro urbano que buscavam incluir, dentre os princípios constitucionais, a luta quilombola pelo direito à terra e a ampliação do debate sobre as políticas públicas voltadas à população negra.

Desse modo, o direito dos remanescentes de quilombo relaciona-se ao contexto de redemocratização do país e à emergência, no fim da década de 1970, das lutas do movimento negro e das reconfigurações, que ele realizou, a respeito de raça, cultura negra e dos símbolos da luta contra o racismo. Esse movimento construiu sua diferença, em relação aos anteriores, em torno da defesa de três temáticas: a denúncia do mito da democracia racial; a promoção de ações de valorização da identidade negra, pelo incentivo à autoestima, especificamente por meio de traços físicos e manifestações culturais; e a luta em prol de programas de ações afirmativas como forma de reparação aos afrodescendentes (Albertini & Pereira, 2007).

Sobre esse período, Joel Rufino Santos (1985), historiador e ativista antirracista, avalia que as estratégias integracionistas e o associativismo haviam sido a tônica dos movimentos negros anteriores. Em suas palavras, "o movimento parecia acumular energia para o salto que daria" (Santos, 1985, p. 289) no fim da década de 1970, sob influência das lutas pelos direitos civis estadunidenses e dos movimentos africanos de independência. No centro dessa questão encontra-se a noção de raça, compreendida no âmbito de relações sociais, e não biológicas, para romper com a ideia de que a mestiçagem biológica e cultural teria garantido a democracia racial brasileira. Assim, a postura do movimento negro brasileiro foi adotar uma política racial em termos binários — brancos e negros — para denunciar a existência do racismo e se valer de dados que comprovassem que a situação socioeconômica dos pardos e dos mestiços convergia com os constrangimentos sociais pelos quais passava a população declarada como negra. Nesse sentido, seus corpos eram racializados socialmente como negros. Santos define o que é ser negro nesse contexto:

> Ser negro no Brasil já não seria um exclusivo determinismo biológico, mas uma impregnação cultural negro-africana. Quando se diz "negro" aqui, neste momento estaria falando de alguém essencialmente despossuído (não exatamente pobre); alguém, ademais, que se percebe e é percebido pelos outros como tal. Ser negro seria, pois, nessa visão, um fato múltiplo, biológico, antropológico, sociológico e psicológico. (Santos, 1985, p. 192-3)

Era preciso reinventar o que é ser negro, deslocar as imagens pejorativas legitimadas pelas teorias raciais-biológicas do século XIX, perpetuadas na cultura e no senso comum e responsáveis pela invenção da inferioridade, para uma atitude de positividade. Movendo-se nessa lógica, o movimento negro contemporâneo promovia a possibilidade de constituir novas subjetividades em torno do que é ser negro.

Se as inspirações teóricas do movimento basearam-se nas experiências estadunidenses e nos movimentos de descolonização da África, como apontou Santos, o símbolo da luta antirracista foi forjado na retomada do imaginário brasileiro sobre a resistência negra. Palmares é, assim, traduzido como um espaço de resistência negra contra a dominação branca, consolidando-se como mito de origem do movimento negro nascente que, mais tarde, influenciaria as primeiras abordagens sobre as comunidades negras rurais.

Certamente, segundo Alex Ratts (2003), não foi o movimento negro da década de 1970 que inventou o mito de Palmares, cujas mistificações remontam ao período colonial, mas suas organizações lhe conferiram novos sentidos. Considero que um dos principais foi conceitualizar Palmares como espaço onde se exerceu a verdadeira democracia, transformando-o em um *ethos* a ser seguido na luta contra o racismo. Entretanto, apesar do esforço de tornar Palmares e Zumbi símbolos da luta, as formas de aproximação ao tema diferem entre os intelectuais e militantes do movimento negro. Entre eles, destaco o pensamento de três intelectuais e ativistas que enfocaram o modo como raça e gênero foram articulados para pensar os quilombos: Abdias Nascimento, Lélia Gonzalez e Beatriz Nascimento.

Em 1980, durante o II Congresso de Cultura Negra das Américas, realizado no Panamá, Abdias Nascimento definiu o "quilombismo" por meio de dezesseis princípios. Para as finalidades aqui propostas, destaco os itens 1, 2, 3 e 11:

1. O Quilombismo é um movimento político dos negros brasileiros, objetivando a implantação de um Estado Nacional Quilombista, inspirado no modelo da República dos Palmares, no século XVI, e em outros quilombos que existiram e existem no país.
2. O Estado Nacional Quilombista tem sua base numa sociedade livre, justa, igualitária e soberana. O igualitarismo

democrático quilombista é compreendido no tocante a raça, economia, sexo, religião, política, justiça, educação, cultura, enfim, em todas as expressões da vida em sociedade. O mesmo igualitarismo se aplica a todos os níveis de poder e de instituições públicas e privadas.
3. A finalidade básica do Estado Nacional Quilombista é a de promover a felicidade do ser humano. Para atingir sua finalidade, o quilombismo acredita numa economia de base comunitário-cooperativista no setor da produção, da distribuição e da divisão dos resultados do trabalho coletivo. [...]
11. A revolução quilombista é fundamentalmente antirracista, anticapitalista, antilatifundiária, anti-imperialista e antineocolonista. (Nascimento, 1980, p. 275-6)

Tomando Zumbi como fundador do movimento quilombista, Nascimento transforma o quilombismo em *ethos* que atualiza a experiência para uma luta de dimensões bem concretas, já que pressupõe a criação de um Estado quilombista. Palmares é o modelo a ser seguido, entendido como uma das primeiras experiências de liberdade nas Américas. Notemos que a ideia de quilombo se desloca da noção de um lugar isolado de negros fugidos para a de reunião fraterna e livre, como um *ethos* do passado que orientaria as ações dos corpos racializados como negros. Nascimento define raça como

> um grupo humano que possui, relativamente, idênticas características somáticas, resultantes de um complexo de fatores bio-histórico-ambientais. Tanto a aparência física, como igualmente os traços psicológicos, de personalidade, de caráter e emotividade sofrem a influência daquele complexo de fatores que se somam e se complementam: a genética, a sociedade,

a cultura, o meio geográfico, a história. O cruzamento de diferentes grupos raciais, ou de pessoas de identidade racial diversas, está na linha dos mais legítimos interesses de sobrevivência da espécie humana. [...]

Racismo é a primeira contradição no caminho do negro. A esta se juntam outras, como a contradição de classes e de sexo. (Nascimento, 1980, p. 273, grifo original)

De certa forma, Nascimento atualiza a experiência de Palmares para a luta de dimensões bem concretas contra o racismo, que orientaria posteriormente as ações afirmativas e a discussão do direito quilombola. Para o intelectual, os negros deviam lutar radicalmente contra o mito da democracia racial: "*Todo* negro ou mulato (afro-brasileiro) que aceita a 'democracia racial' como uma realidade, e a miscigenação *na forma vigente* como positiva, está traindo a si mesmo e se considerando um ser inferior" (Nascimento, 1980, p. 273-4, grifos originais). Vale destacar que ele já incluía, na luta contra o racismo, a necessidade de abarcar as contradições de classe e gênero, indicando uma postura interseccional.

No mesmo período, as feministas negras brasileiras denunciavam a dupla invisibilidade das mulheres negras, fosse nos movimentos negros, fosse nos movimentos feministas. Lélia Gonzalez, por exemplo, aproxima a experiência palmarina às práticas de resistência das mulheres negras. Em artigo publicado na *Folha de S. Paulo*, em 1981, a antropóloga define o Quilombo dos Palmares nos seguintes termos:

> transformou-se no símbolo da resistência e da luta por uma sociedade alternativa. [...] E não há dúvida de que Palmares foi a primeira tentativa de criação dessa sociedade igualitária, onde existiu uma efetiva democracia racial. Por aí se pode

compreender por que os movimentos negros do período pós-
-abolição tiveram nela e em Zumbi a garantia histórica e simbólica de suas reivindicações.[35]

A autora desloca a antiga noção de democracia racial, pensada em termos de mestiçagem biológica, para a ideia de luta do povo negro, em Palmares apresentada como um modelo societário alternativo que serve como inspiração para todos aqueles que sofrem opressão, aproximando as experiências das mulheres, até então praticamente silenciadas, da noção de quilombo.

Ao longo do texto, Gonzalez conduz suas análises para as formas de opressão, baseando-se nas intersecções de raça, classe e gênero e apontando como, no curso da história brasileira, as mulheres negras tornaram-se o elemento mais "inferiorizado da sociedade" por sofrerem essa tripla opressão. Isso, segundo a autora, poderia levá-las ao abatimento, mas elas permaneceram combativas pela manutenção do que se denominou "espírito quilombola", entendido como guerreiro. Gonzalez constrói, assim, a metáfora da "mulher negra, essa quilombola", que dá título ao artigo. Em outros trabalhos, a feminista negra recupera a narrativa dos quilombos a partir da experiência das mulheres. Ela cunha o termo "amefricanas" para defender que uma organização autônoma de mulheres negras deveria ter como referência as lutas de mulheres como Nanny, líder caribenha que, segundo a autora, alcançou status semelhante ao que recebeu Zumbi dos Palmares no Brasil. As lendas ou narrativas sobre Nanny demonstram, além de sua capacidade

---

[35] GONZALEZ, Lélia. "Mulher negra, essa quilombola", *Folha de S. Paulo*, 22 nov. 1981.

de guerrear, a importância das mulheres na luta das comunidades amefricanas ontem e hoje (Gonzalez, 1988, p. 23-5).

Outra liderança do movimento negro que se ocupou da construção de saberes sobre os quilombos foi Beatriz Nascimento. Nas décadas de 1970 e 1980, ela se destacou como uma das poucas pesquisadoras ligadas aos movimentos negros que, no âmbito da criação do sujeito de direito definido como remanescente de quilombo, já tinham um acúmulo de pesquisa em comunidades negras rurais. Seu estudo enfocava espaços negros entre as décadas de 1970 e 1990, mas sua pesquisa foi interrompida de forma trágica. Em 1995, ela foi assassinada pelo companheiro violento de uma amiga, a qual Nascimento tentava defender. A autora estava entre os ativistas que formaram o grupo de pesquisa André Rebouças, da UFF, mantendo vínculos com movimentos negros, como o Movimento Negro Unificado (MNU), que se formou no fim da década de 1970. No documentário *Ôrí*, dirigido por Raquel Gerber (1989), Nascimento define sua perspectiva de quilombo em aproximação com os movimentos negros brasileiros entre 1977 e 1988. O antropólogo e geógrafo Alex Ratts (2006), em sua sofisticada pesquisa sobre Beatriz Nascimento, transcreveu um trecho do documentário, que reproduzo abaixo:

> *Ôrí* significa uma inserção a um novo estágio da vida, a uma nova vida, um novo encontro. Ele se estabelece enquanto rito e só por aqueles que sabem fazer com que uma cabeça se articule consigo mesma e se complete com o seu passado, com o seu presente, com o seu futuro, com a sua origem e com o seu momento. (Ratts, 2006, p. 63)

Ratts aponta, ainda, como Nascimento mescla a reflexão sobre territorialidade com a corporeidade, valendo-se de uma análise segundo a qual os significados atribuídos aos corpos negros são compreendidos em sua relação diaspórica, tanto na constituição histórica como na redefinição que se dá pela transmigração — da África para a América, da senzala para o quilombo, do campo para a cidade, e assim por diante. Esses corpos, coisificados pelo racismo, proclamam sua condição humana em lugares de referência para culturas negras: sejam eles transitórios, como o baile black ou a escola de samba, sejam duradouros, como terreiros de culto afro-brasileiro ou o quilombo (Ratts, 2006, p. 63-9).

Esta era a motivação de Nascimento: estudar os quilombos como uma forma de ir ao encontro de nossas singularidades históricas como negros e negras brasileiras. Essa ideia se encontra expressa em seu texto "Por uma história do homem negro", de 1974:

> Não podemos aceitar que a História do Negro no Brasil, presentemente, seja entendida apenas através dos estudos etnográficos, sociológicos. Devemos fazer a nossa História, buscando nós mesmos, jogando nosso inconsciente, nossas frustrações, nossos complexos, estudando-os, não os enganando. Só assim poderemos nos entender e fazer-nos aceitar como somos, antes de mais nada pretos, brasileiros, sem sermos confundidos com os americanos ou africanos, pois nossa História é outra, como é outra nossa problemática. (Nascimento, 1974, p. 44)

Ratts conclui que, embora as ideias da historiadora reverberassem dentro e fora da academia, Nascimento, tal como outras mulheres negras intelectuais, não foi considerada uma autora acadêmica. Mesmo contemporaneamente, grande parte dos estudos sobre os quilombos não faz referência a ela. Isso evidencia a dificuldade de reconhecer mulheres, sobretudo negras, como intelectuais (Ratts, 2006, p. 30), situação denunciada em vários trabalhos de feministas negras, como Lélia Gonzalez (1984) e Sueli Carneiro (2004), cujas análises convergem com o relato de hooks sobre seu percurso para se tornar uma intelectual nos Estados Unidos:

> As intelectuais negras trabalhando em faculdades e universidades enfrentam um mundo que os de fora poderiam imaginar que acolheria nossa presença, mas que na maioria das vezes encara nossa intelectualidade como suspeita.
>
> O pessoal pode se sentir à vontade com a presença de acadêmicas negras e talvez até as deseje, mas é menos receptivo a negras que se apresentem como intelectuais engajadas, que precisam de apoio, tempo e espaço institucionais para buscar essa dimensão de sua realidade. [...]
>
> A insistência cultural em que as negras sejam encaradas como empregadas domésticas, independentemente de nosso status no trabalho ou carreira, assim como a aceitação passiva desses papéis pelas negras, talvez seja o maior fator a impedir que mais negras escolham tornar-se intelectuais. (hooks, 1995, p. 468-70)

Apesar disso, Nascimento ousou criar academicamente sobre os quilombos. No contexto de emergência do sujeito de direito quilombola, a pesquisadora já possuía, como dito, uma experiência de pesquisa em comunidades negras, em Minas Gerais, tendo realizado duas viagens à África — uma para Angola, sobretudo para conhecer territórios de "antigos quilombos" africanos, e outra para o Senegal. Quando foi assassinada, realizava o mestrado na Escola de Comunicação da Universidade Federal do Rio de Janeiro (UFRJ). Também fez críticas à historiografia de sua época, que não se interessava pelo tema, tomando os quilombos como experiências do passado (Ratts, 2006).

Nos anos 1980, a ideia de Palmares e dos quilombos como experiência a ser seguida foi traduzida em diferentes linguagens. Para citar um exemplo dessa ressonância, em 1988, ano do centenário da abolição, a atribuição de Palmares como símbolo da resistência negra, tal como defendido pelo movimento negro, foi igualmente utilizada no samba "Kizomba, festa da raça", composto por Rodolpho, Jonas e Luiz Carlos da Vila e apresentado pela escola de samba de Vila Isabel. O enredo constrói Palmares por meio da articulação entre as noções de resistência negra e democracia:

> Valeu, Zumbi!
> O grito forte dos Palmares
> Que correu terras, céus e mares
> Influenciando a abolição
> Zumbi, valeu!
> Hoje a Vila é Kizomba
> É batuque, canto e dança
> Jongo e maracatu
> Vem menininha pra dançar o caxambu
> Ôô, ôô, nega mina
> Anastácia não se deixou escravizar
> Ôô, ôô Clementina
> O pagode é o partido popular
> O sacerdote ergue a taça
> Convocando toda a massa
> Neste evento que congraça
> Gente de todas as raças
> Numa mesma emoção
> Esta Kizomba é nossa Constituição
> Que magia

> Reza, ajeum e orixás
> Tem a força da cultura
> Tem a arte e a bravura
> E um bom jogo de cintura
> Faz valer seus ideais
> E a beleza pura dos seus rituais
> Vem a lua de Luanda
> Para iluminar a rua
> Nossa sede é nossa sede
> De que o "Apartheid" se destrua.

De certa forma, no desfile carnavalesco transmitido pela televisão em rede nacional, Palmares se consagra como grande símbolo de luta do povo negro, e as noções de raça e gênero a ele subjacentes atingem um número bem maior de indivíduos do que as teses de Abdias Nascimento ou os textos de Lélia Gonzalez e Beatriz Nascimento. Construídos em meio ao clima de redemocratização expresso pela consolidação do movimento negro e pela Constituinte, a música e o enredo levados à Marquês de Sapucaí mesclavam os anseios desse contexto, imprimindo um sentido novo à palavra "kizomba", de origem banto, que hoje significa festa, mas que, no passado escravista, era usada pelos colonizadores na acepção de bagunça e confusão. Na letra do samba, a palavra é traduzida como festa democrática da raça, conceito tomado por meio de uma abordagem dualista, como sugere o uso do termo *apartheid*, colocado entre aspas na letra do samba. Dessa forma, sugere-se a importação do termo estrangeiro que, naquele momento, servia como denúncia do racismo dito "à brasileira", negado por amplos setores da sociedade, que argumentavam que a mestiçagem biológico-cultural teria impedido o surgimento do ódio racial típico das situações de segregação dos Estados Unidos e da África do Sul. Outra vez, os elementos da valorização da negritude serviam para construir uma postura de autoestima que favorecia o agenciamento.

Pessoalmente, apesar de reconhecer os discursos idealizadores de Palmares que o samba encerra, ao reassisti-lo para a elaboração deste trabalho, lembranças significativas me foram novamente mobilizadas, porque o desfile disseminou a ideia de que ser negro é algo positivo. Naquela época eu tinha quinze anos e, como qualquer adolescente negra, conhecia de cor o repertório de desqualificação sobre nosso corpo. As aulas de história eram momentos de muita dor, pois as narrativas da escravidão circunscreviam-se aos castigos físicos. A coisificação dos escravizados funcionava como a desqualificação do meu passado. Por isso, a força do discurso da década de 1980 está no fato de ter reinventado a subjetividade negra em outra direção, despertando a percepção de que nossos antepassados não foram apenas mercadorias e vítimas, mas também atuavam pela transformação das condições impostas a seus corpos. Sobre o quilombo como símbolo de resistência étnica e política, Beatriz Nascimento escreveu:

> Durante sua trajetória o quilombo serve de símbolo que abrange conotações de resistência étnica e política. Como instituição, guarda características singulares do seu modelo africano. Como prática política, apregoa ideais de emancipação de cunho liberal que a qualquer momento de crise da nacionalidade brasileira corrige distorções impostas pelos poderes dominantes. O fascínio de heroicidade de um povo regularmente apresentado como dócil e subserviente reforça o caráter hodierno da comunidade negra que se volta para uma atitude crítica frente às desigualdades sociais a que está submetida.

Por tudo isto, o quilombo representa um instrumento vigoroso no processo de reconhecimento da identidade negra brasileira para uma maior autoafirmação étnica e nacional. O fato de ter existido como brecha no sistema em que negros estavam moralmente submetidos projeta uma esperança de que instituições semelhantes possam atuar no presente ao lado de várias outras manifestações de reforço à identidade cultural.
(Nascimento, 1985, p. 124-5)

Na década de 1980, portanto, emergiu uma formação discursiva em torno de Palmares e dos quilombos, elaborada por alguns nomes proeminentes do movimento negro, que orientaria a luta contra o racismo no presente. Nesse discurso, o conceito de "raça negra" distanciou-se das noções biológicas, assumindo contornos sociopolíticos. No bojo disso tudo, a semântica do orgulho foi uma das formas de resistência ao discurso da vitimização: ter orgulho da experiência palmarina era um meio de reconciliação com uma narrativa sobre o passado que nos foi ensinada, em que os escravizados eram retratados como coisas.

Na década de 1980, o movimento deu um passo importante na luta antirracista e, de certa maneira, esteve atento e sensível para pensar as relações de gênero, como fez Lélia Gonzalez e Abdias Nascimento, bem como refletir sobre a conexão dos quilombos com o presente, seja na forma de um *ethos* para a luta, seja na evidência das comunidades negras rurais, tal qual apontou Beatriz Nascimento. Na disputa dos termos também participavam as comunidades, que criavam concepções próprias. Por isso, o item a seguir será dedicado a outros modos de narrar as experiências nos quilombos, presentes em relatórios antropológicos de identificação da década de 1990.

2.4 Os laudos de identificação: as mulheres entram em cena

A partir da década de 1990, os relatórios antropológicos passaram a integrar a documentação do procedimento jurídico que regulariza os territórios quilombolas. Esses documentos, denominados relatórios técnicos de identificação e delimitação (RTID), descrevem as condições históricas e culturais que resultaram na formação do grupo que reivindica o direito quilombola.

No Rio de Janeiro, durante aquela década, os relatórios começaram a ser produzidos por meio de uma parceria entre a FCP, o Instituto de Terras e Cartografia do Estado do Rio de Janeiro (Iterj) e pesquisadores de universidades públicas, com destaque para integrantes do Departamento de Antropologia e História da UFF. Tais parcerias se inscrevem nos marcos das disputas constantes, travadas na década de 1990, entre as agências governamentais sobre as atribuições específicas da FCP, do Incra e dos institutos fundiários estaduais.

Antes de analisarmos os RTID propriamente ditos, proponho observar suas condições de produção no estado do Rio de Janeiro, a fim de situar o contexto em que as mulheres e as práticas femininas emergem nas práticas discursivas. Para isso, recorro à pesquisa de José Maurício Arruti e André Figueiredo (2005).

As primeiras discussões sobre a temática quilombola no Rio de Janeiro ocorreram em 1995, no calor das comemorações pelo tricentenário de Zumbi dos Palmares, mobilizadas por iniciativas de militantes do movimento negro e do movimento pela reforma agrária. Naquele momento, a única comunidade a participar dessas discussões foi a do

Campinho da Independência. Tais iniciativas guiaram-se pela Lei 2.471, de 6 de dezembro de 1995 (Assembleia Legislativa do Rio de Janeiro, 1995), que determinava, em seu artigo primeiro, que o "estado do Rio de Janeiro deverá preservar permanentemente o patrimônio cultural de origem africana". Consideravam-se patrimônios culturais, detalhados no mesmo artigo, "os bens de natureza material e imaterial, tomados individualmente ou em conjunto, portadores de referência à identidade, à ação, à memória de origem africana, formadora da sociedade fluminense".

No artigo terceiro, expressa-se a abordagem do termo "quilombo": "Ficam tombados os documentos, as obras, os objetos e os sítios detentores de reminiscências históricas dos antigos quilombos e antigos terreiros de candomblé". É de notar que, conforme sugeriram Arruti e Figueiredo (2005), na lei os quilombos permanecem mais associados a eventos do passado e a objetos históricos e arqueológicos do que aos grupos de camponeses e trabalhadores negros rurais contemporâneos, deslocamento que se opera nos marcos da chamada "ressemantização" do termo. A lei não se manifesta sobre a posse e o uso da terra pelas comunidades negras rurais existentes no presente, que continuavam invisíveis ao legislador. O único momento em que fala de desapropriações é quando trata das "áreas reconhecidamente de interesse histórico" (Arruti & Figueiredo, 2005, p. 77).

A Lei 2.471/1995 estabelecia ainda, em seu artigo segundo, que a comprovação exigida para o reconhecimento oficial como remanescente de quilombo fosse feita "por declaração conjunta, emitida por qualquer autoridade dos poderes Legislativo, Executivo ou Judiciário legalmente constituídos e por uma organização de comunidades rurais, que se responsabilizarão, perante a lei, sobre as informações prestadas". O MPF solicitou informações sobre esses processos à Secretaria de Estado da Cultura, ao Ceap, ao Serviço Maioria Falante de Comunicação Racial e Popular e ao Instituto Palmares de Cultura Negra (IPCN), mas apenas a secretaria atendeu à consulta. A resposta do órgão apontava para a existência de apenas um projeto, envolvendo ações culturais nas comunidades de Campinho da Independência, Rasa (Búzios), Quilombos dos Cocos e do Carucango (Campos), Maria Conga (Magé), Santana e Manoel Congo (Valença). Surgia, naquele momento, a primeira lista de comunidades quilombolas do Rio de Janeiro. Segundo Arruti e Figueiredo, porém, ela nascia incompleta, dado que constavam apenas os nomes de comunidades e seu município de localização, sem mais informações (Arruti & Figueiredo, 2005, p. 78-9).

A mobilização política da comunidade do Campinho da Independência, que levou à sua inclusão, logo no fim de 1997, na lista das cinquenta comunidades que a FCP prometia reconhecer como remanescente de quilombos em todo o país, foi o que atraiu, finalmente, a atenção do Executivo estadual para o tema. Já em 1998, o Iterj promoveu a primeira reunião para dar prosseguimento à regulamentação fundiária do Campinho, estabelecendo-se um convênio com a FCP para a identificação das áreas. Apesar da precariedade das informações relacionadas às consultas oficiais realizadas em 1999, além do laudo antropológico, a cargo de Neusa Gusmão, outros laudos levaram ao reconhecimento oficial de cinco comunidades: Rasa, Santana, Caveira, São José da Serra e Bracuí (Arruti & Figueiredo, 2005, p. 77-8).

Sobre a distância entre o conceito de quilombo proposto pela Lei 2.471/1995 e as experiências das comunidades, Arruti e Figueiredo, com base nos relatórios antropológicos da década de 1990, afirmam que nenhuma das seis comunidades que reivindicavam o direito originou-se a partir de escravos fugidos. Algumas foram formadas pela desagregação de antigas fazendas, compostas de grupos de ex-escravos que permaneceram em terras abandonadas pelos antigos senhores, como Caveira, Rasa e Santana, e outras foram constituídas por doações dos antigos proprietários, algumas vezes no momento da abolição, caso de Campinho da Independência, Bracuí e São José da Serra (Arruti & Figueiredo, 2005, p. 80).

Os pesquisadores enfrentaram o problema da distância entre a representação dominante de quilombo, como lugar isolado de negros fugidos, e a flagrante multiplicidade de experiências e símbolos que as comunidades negras rurais, na criação de sua etnicidade, passaram a operar. Muitos desses grupos já realizavam, antes desse processo de criação, algumas práticas descritas pelos pesquisadores, mas é nesse contexto que elas ganham contornos políticos específicos.

Alguns RTID produzidos nesse período foram realizados por estudiosos que já vinham trabalhando com os grupos em questão. Cito dois exemplos: o relatório da comunidade do Campinho da Independência, produzido pela pesquisadora Neusa Gusmão, que, desde a década de 1970, ali desenvolvia sua pesquisa pela Universidade de São Paulo (USP), e o relatório da comunidade de São José da Serra, produzido pela historiadora Hebe Mattos, da UFF, em coautoria com a antropóloga Lídia Celestino Meireles. Desde 1994, Mattos vinha desenvolvendo pesquisa sobre a memória dos descendentes de escravos no sul fluminense, em projeto intitulado Memória do Cativeiro (Mattos & Meireles, 1998). No entanto, ainda que o conceito de quilombo proposto pela ABA não estivesse totalmente estabelecido para as definições das políticas públicas — em especial na cabeça dos juízes, já que são eles que "aplicam" a lei —, em minha pesquisa observei que a abordagem da ressemantização permeou a produção dos chamados relatórios ou laudos de identificação. Isso favoreceu a nomeação como quilombolas de grupos muito distintos, com trajetórias singulares, que começaram a manipular e a criar símbolos de sua etnicidade.

A alteridade tem muitas faces. A diferença étnica quilombola na década de 1990 foi construída com base em referências de gênero e raça que estavam em disputa na época. As mulheres entram, então, em cena. Elas e a cultura feminina são selecionadas como os novos símbolos da terra, dado que, na batalha discursiva, reivindicavam-se as relações que se estabelecem com o território — e não somente a continuidade histórica — como definidoras de quem deveria ter o direito à terra.

Analisemos algumas das narrativas por essa perspectiva. Dos seis relatórios produzidos, destaco três que fizeram menção mais direta à presença feminina como forma de produzir significados outros: os de Campinho da Independência, Caveira e São José da Serra.

2.4.1 Campinho da Independência: terra, mãe uterina

Em 1998, Neusa Gusmão, pesquisadora do Departamento de Antropologia da USP, transformaria seu trabalho de quase uma década no RTID da comunidade negra do Campinho da Independência. Sua tese, que fora publicada pela FCP sob o título *Terra de pretos, terra de mulheres* (Gusmão, 1996), usava a denominação "terras de pretos" como os domínios doados, entregues ou adquiridos, que tenham ou não formalização jurídica, a famílias de escravos a partir da desagregação de grandes propriedades.

Orientada pelas categorias de etnicidade, classe e raça, Gusmão (1996, p. 25) afirmou: "Este trabalho não pretendeu tomar por perspectiva a mulher. Foi o trabalho de campo que as descobriu e desvendou sua importância. Este é um trabalho que fala de mulheres". Esse encontro se deu porque, nas memórias de homens e mulheres do então bairro negro rural Campinho da Independência, três mulheres apareciam de forma recorrente na fala de seus interlocutores: vovó Antonica, vovó Luiza e tia Marcelina. Nos relatos de memória relacionados à história da Fazenda de Campinho, consta que a doação das terras teria sido feita pelos antigos senhores a essas três ex-escravas da casa-grande. Além disso, somando-se às três primeiras, Gusmão encontrou mulheres que se destacavam em todas as gerações, lembradas em razão "dos bens e dons herdados", que são as "tias" ou "madrinhas". Segundo a autora,

> Elas ganharam e transmitem os direitos sobre as terras. As filhas de Antonica, Luiza e Marcelina tornaram-se herdeiras por direito comum. Maria Bernarda, filha de Antonica, recebe seus bens. Camila, filha de Luiza, recebe suas terras. Joaquina, filha de Marcelina, recebe da mãe o dom de "rezar os outros" no grupo. A transmissão, por linha materna, acontece, no presente, muito mais em relação aos dons de um campo sagrado ou religioso. Joaquina, que nunca se casou ou teve filhos, deixa em seu lugar, por indicação, uma parente por afinidade. A filha da herdeira de Joaquina, uma descendente legítima, por afiliação e casamento, já comunicou à mãe que depois dela irá "rezar os outros" da localidade. A filha de Paulina, missionária protestante, afirma que, "por estar nessa raiz" (da mãe), continuará a sua missão. (Gusmão, 1996, p. 66)

Apesar de a autora se valer do conceito de "terra de pretos", é por meio das mulheres do Campinho que Gusmão vai construindo a imagem da terra como "uterina": a etnicidade do grupo se define por uma concepção de terra feminina e negra, cujas bases encontram eco no sagrado. Trata-se, nas palavras da autora, de "uma terra uterina onde as mulheres daquela comunidade passam a ser suportes de reprodução da vida camponesa" (Gusmão, 1996, p. 106-8). A terra não é vista, assim, como um espaço que poderia ser transformado em mercadoria, mas como um território concernente à ancestralidade.

2.4.2 Caveira: os filhos da terra

A imagem feminina da terra também foi empregada pelo sociólogo José Paulo Freire de Carvalho para construir o conceito de "filhos da terra", presente no relatório antropológico que produziu em 1998. Sobre a ideia de "remanescente", o autor diz que o termo induz ao erro e busca no passado reminiscências históricas que o justifiquem, já que nem todos os grupos, a exemplo daquele com o qual trabalhou, têm essa trajetória. Lançando mão do conceito de "antropologia do aqui e agora", feita pela observação direta do campo em vez de fontes indiretas, Carvalho (1998, p. 2) encontra sua principal testemunha: Rosa Geralda da Silveira. Será por intermédio de Rosa que o antropólogo chegará a algumas imagens interessantes para a construção da etnicidade do grupo:

> Sentada em frente de sua casa, no tronco oco de uma oca de uma grande árvore, que durante muito tempo serviu de recipiente na casa de farinha, D. Rosa pode descortinar, pela posição mais elevada no terreno, as casas e plantações defendidas por cercas que se derramam a sua direita. Há também cabeças de gado nos pastos na estrada de terra em frente à casa. (Carvalho, 1998, p. 5)

Dona Rosa é tomada como uma "guardiã da ancestralidade" e da memória, que narra e reconstrói as relações de parentesco para o pesquisador. Para a elaboração do conceito de filhos da terra, Carvalho se vale de uma fala proferida por um morador durante uma ação judicial de despejo, em 1996, que imputava ao grupo a condição de invasores: "uma criança quando nasce não invade nada" (Carvalho, 1998, p. 5).

É com base nessa noção, balizada pela metáfora do útero para falar da terra, que os moradores, segundo Carvalho, se definem como uma grande família. Notemos que o autor desse RTID, ainda que não se apoie em grande volume documental, tal como Gusmão utilizou no relatório do Campinho da Independência, também constrói uma etnicidade marcada pela semântica do feminino, valendo-se principalmente dos relatos de dona Rosa, que na época já era respeitada pelo grupo por seu engajamento na luta pela terra, quando atuava no sindicato dos trabalhadores rurais da região.

2.4.3 São José da Serra: os filhos de Mãe Firina

No relatório antropológico produzido em 1998 sobre São José da Serra, comunidade situada no sul do estado do Rio de Janeiro, Mattos e Meireles retratam dona Zeferina do Nascimento, ou Mãe Firina, como uma das principais colaboradoras da pesquisa de construção histórica. Sobre ela, as autoras destacam:

> Dona Zeferina exerce claro papel de liderança na comunidade rural de São José da Serra. As festas de comemoração do treze de maio, a mais importante tradição cultural da comunidade, são feitas em torno da sua casa. Ela consegue reconstituir com impressionante precisão a genealogia de sua família desde

seus avós, maternos e paternos, no que é acompanhada por seu irmão Manoel Seabra [...]. (Mattos & Meireles, 1998, p. 7)

Em termos metodológicos, utilizando o conceito de etnicidade de Barth (2011), as pesquisadoras articulam os relatos de memória aos documentos cartoriais para construir a genealogia do grupo, de onde deriva a principal informação de que todos os moradores de São José da Serra descendiam de dois casais de escravos.

No caso dessa comunidade, gostaria de destacar justamente os efeitos das relações estabelecidas entre pesquisadores e os moradores na produção dessa nova etnicidade. A esse respeito, em 2003, uma fala de Antônio do Nascimento Fernandes, filho de dona Zeferina e presidente da Associação da Comunidade do Quilombo de São José da Serra, em conferência a um grupo de pesquisadores do Laboratório de História Oral e Imagem (Labhoi) da UFF, destaca-se pelo que revela sobre a relação entre identidade e acesso a um direito:

> Parece que a Constituição Federal em 1988, né? Foi publicado uma lei em 88 e 98... parece que a Doutora Hebe e foi mais um pessoal aí. Sabendo da comunidade, ligou para mim. Botamos a ideia de quilombo na cabeça e foi lá e fez esse trabalho na comunidade. Eu falei assim: "nós somos mesmo; aqui a gente só vive da terra mesmo". Ninguém sabia que era quilombo não; que era dos negros mesmo. Aí ela falou: "Vocês são quilombo, mas só com o laudo da comunidade que a gente reconhece o que é da comunidade". (Fernandes, A. do N., 2003)

A fala de Fernandes explicita alguns jogos de verdade e relações de poder que atravessam o processo de *tornar-se quilombola*. Ele cita duas datas importantes: 1988 e 1998. A primeira refere-se à Constituição Federal, que criou o sujeito de direito chamado "remanescente de quilombo". A segunda alude ao momento em que o relatório antropológico de identificação do grupo como quilombola foi concluído. Em conjunto, essas datas e as relações que estabeleceram com os meios acadêmicos, simbolizados pela imagem da "Doutora Hebe", referindo-se à historiadora Hebe Mattos, fizeram com que parte do grupo, segundo Fernandes, "botasse" a ideia de quilombo na cabeça. A abordagem que permeou o texto do relatório da comunidade de São José da Serra coaduna com o conceito que emerge em meados da década de 1990. Essas configurações permitiram o encontro entre os pesquisadores e as comunidades, favorecendo a construção de novos saberes, novas formas de sujeito e novas práticas. Nesse contexto, o jongo e Mãe Firina são transformados em símbolos importantes para a comunidade.

Depois da morte de dona Zeferina, ela se torna um ícone em São José da Serra, sobretudo porque o jongo passou a ser a expressão mais evidente da identidade do grupo. Ali, a configuração do jongo começou a passar por transformações, como a introdução de crianças nas apresentações públicas. Não por acaso, dona Zeferina é apontada por vários moradores da comunidade como aquela que, além de introduzir as crianças no jongo, mudaria as relações de gênero em São José da Serra. Em 2003, em entrevista cedida ao Labhoi, seu filho Fernandes declarou:

> Naquele tempo, a criança e a mulher na nossa comunidade eram submissas. [...] A gente apenas chegava até a fogueira pra pegar o calor do fogo. Mas roda de jongo a gente não participava, não. Uma das coisas que também era pra evitar o perigo, porque a roda do jongo praticamente terminava em briga. Então, o pai também não deixava muito o filho ficar

próximo a roda de jongo, porque com o medo da pancadaria, que quando via já tava pegando no cacete. Então ele pegava também, segurava um pouquinho o filho longe do jongo. Uma porque tinha também aquele que achava que o jongo tinha uma influência também e as crianças podiam abusar de alguma coisa, e sair com alguma força muito negativa dali. [...] Minha mãe, ela contava muita história da comunidade. Então de primeiro quando o pai saía pra fazer compra no sábado, ia em Santa Isabel buscar compra, a minha mãe ficava contando histórias da comunidade, [...] porque antes não tinha esse espaço nem para as crianças e nem para as mulheres. Então, quando a minha mãe assumiu a liderança da comunidade que houve participação das crianças e das donas [...] Antes da minha mãe não tinha essa relação. (Fernandes, A. do N., 2003)

A emergência de um contexto de produção de novos saberes sobre os quilombos permite que a prática de dona Zeferina seja visualizada em termos contemporâneos. Sua atuação dentro da comunidade está ligada à transmissão de saberes — além de sua influência no campo espiritual, já que também era mãe de santo do terreiro de umbanda local. No campo da política, além de introduzir as crianças no jongo, prática até então interditada, ela modifica as hierarquias de gênero na comunidade. Outra dimensão de dona Zeferina refere-se, ainda, à prática da tradição oral, do contar aos mais jovens as histórias dos antepassados.

Sobre isso, Mattos sugere que a emergência da liderança feminina de São José da Serra pode se referir à construção da identidade do grupo como remanescente de quilombo. Segundo a historiadora, entre as décadas de 1950 e 1980 a condição masculina era indispensável às negociações da comunidade com a esfera pública; o surgimento de uma liderança feminina ocorreu simultaneamente à construção da identidade do grupo como quilombola e ao uso do jongo como elemento fundamental da identidade étnica. A emergência da liderança feminina foi crucial para as transformações na prática do jongo, que convergem para o aumento da visibilidade de São José da Serra como uma comunidade quilombola (Mattos, 2004).

———

Nos três relatórios analisados nesta seção, a despeito de diferentes estilos narrativos e escolhas teóricas, é possível ver uma afirmação recorrente dos autores de que os contornos identitários descritos pelo grupo foram produzidos sem sua interferência, o que sugere que havia nesses grupos uma identidade latente, anterior ao contexto jurídico, e que o trabalho do pesquisador seria o de descrever os processos de suas configurações.

O que realmente importa é que esses saberes foram construídos ao longo de mediações constantes, em um contexto que franqueava o acesso ao direito por meio do pertencimento étnico, o que favoreceu tanto a seleção dos conteúdos pelas comunidades quanto os filtros analíticos dos próprios pesquisadores. A seleção das mulheres e das práticas femininas faz parte de um contexto de *feminização* da cultura, que estava em curso desde a década de 1980: um movimento influenciado pelas lutas feministas, que afetaram os valores, os comportamentos e os sistemas de representação (Rago, 2001). A feminização favorece que as novas etnias sejam assentadas em bases femininas, porque, em seu âmbito, as mulheres são selecionadas como ícones de luta para as comunidades. Homem, negro, viril? Essas imagens não convergiam para os novos símbolos que passaram a ser escolhidos pelos quilombolas. De certa forma, as metodologias de pesquisa usadas para a elaboração dos documentos aqui citados colocaram comunidades e pesquisadores em intenso contato, permitindo que os fluxos de saberes, de conceitos e de abordagens fossem constantemente intercambiados.

No Rio de Janeiro, alguns RTID, que compõem uma das peças da prerrogativa jurídica de *tornar-se quilombola*, foram construídos com base na seleção de elementos culturais atrelados ao campo do feminino — em especial, os símbolos que reforçavam a relação afetiva com a terra ou com uma prática cultural específica, a fim de conferir ao grupo um pertencimento e uma trajetória comuns no território reivindicado.

2.5 Novos dispositivos jurídicos: novas burocracias

Conforme já tratado neste capítulo, entre meados da década de 1990 e início dos anos 2000, as querelas institucionais entre o Incra e a FCP, bem como as disputas semânticas em torno do termo "quilombo", propiciaram o caráter moroso e instável da burocracia. Ao mesmo tempo, o movimento quilombola pressionava por mudanças nas políticas públicas. Sua capilaridade era grande e já alcançava diversos municípios e estados, possuindo até mesmo uma representação nacional: a Conaq, criada em 1996. Durante o governo Lula, as pressões do movimento quilombola deram seus primeiros frutos para a reversão das políticas públicas implementadas na gestão de Fernando Henrique Cardoso, como aponta o depoimento de Josilene Brandão, liderança quilombola:

> Então, havia que se derrubar o decreto [3.912/2001] e constituir outro. Aí nasce o Decreto 4.887 de 2003, já no governo Lula. Quando Matilde Ribeiro ainda não era ministra da Secretaria Especial de Políticas de Promoção da Igualdade Racial, a Seppir, o movimento quilombola teve a reunião com ela em Brasília, e nós apresentamos um documento para que ela entregasse ao governo Lula. Ela se comprometeu com isso e depois, já ministra, apresentou ao governo essa demanda. Era urgente, porque não tinha lei que regulamentasse o processo de terra e havia muitos conflitos. Então foi criado um grupo de trabalho interministerial, uns 15 ministérios e mais seis quilombolas que participaram, e a própria Casa Civil. Quem coordenou esse trabalho foi a Seppir, na época, e daí nasceu o novo decreto, o decreto 4.887, que regulamenta

o Artigo 68, e o Incra criou a instrução normativa para nortear os procedimentos administrativos. (Brandão, 2007, p. 315-6)

Brandão detalha os passos iniciais das transformações jurídicas. Um indicativo de como as correlações de forças pendiam, naquele momento, para as pautas reivindicatórias dos movimentos negros foi justamente a criação da Seppir, em 21 de março de 2003, Dia Internacional pela Eliminação da Discriminação Racial. Uma seção dedicada à sua história, na página oficial do órgão, vinculava sua criação à trajetória dos movimentos negros no país (Secretaria Nacional de Políticas de Promoção da Igualdade Racial, 2014).

Em relação aos remanescentes de quilombo, as ações da Seppir trataram da garantia do acesso à terra como condição essencial para a preservação dessas comunidades. Essa política seria uma forma de compensar a injustiça histórica cometida contra a população negra no Brasil, aliando dignidade social à preservação do patrimônio material e imaterial brasileiro. Desse modo, um dos objetivos estratégicos da secretaria era aprimorar as condições de vida nas comunidades remanescentes de quilombos por meio da regularização da posse da terra, do estímulo ao desenvolvimento sustentável e do apoio às associações representativas.

Em 2004, como mencionado no primeiro capítulo, foi criado, no âmbito da Seppir e com a articulação de onze ministérios, o Programa Brasil Quilombola, com o objetivo de consolidar políticas públicas para as comunidades. Assim, desde o momento em que é certificada como quilombola pela FCP, a comunidade já pode recorrer às políticas públicas do programa. A visibilidade das práticas femininas que analisamos nos relatórios de identificação antropológicos da década de 1990 se expressou, de certa forma, nas políticas públicas implementadas a partir de 2003.

Em sua pesquisa sobre políticas para os quilombos, enfocando os âmbitos relativos a terra, saúde e educação, Arruti (2009) analisou o período que compreende os dois governos do PT — os dois mandatos de Lula e o primeiro de Dilma Rousseff —, detendo-se em dois programas: o Brasil Quilombola e o Agenda Social Quilombola, que organizava as políticas governamentais para o quadriênio 2008-2011. Sobre o primeiro, Arruti destaca que, entre os seis objetivos propostos pelo programa, dois diziam respeito a mudanças de postura das próprias comunidades: promoção da agroecologia e da política de gênero.

Arruti destaca que o objetivo da promoção da agroecologia seria racionalizar o uso de recursos naturais, valendo-se de métodos de produção agroecológicos para subsistência e geração de renda, visando ao aprofundamento da competitividade, não apenas como estruturas alternativas de ocupação e trabalho (Arruti, 2009, p. 78-80). Essa política evidencia uma tendência de aproximação com a lógica do mercado, incentivando-se o chamado empreendedorismo.

Sobre a dimensão de gênero, o pesquisador analisou que o objetivo era promover políticas concretas que efetivassem a igualdade e a equidade de gênero. Arruti destaca, ainda, que ambos os objetivos apontam para o fortalecimento e o reconhecimento organizacional das comunidades, expressando uma primeira mudança em relação ao governo de Fernando Henrique Cardoso. Para o antropólogo, a partir de 2003, as comunidades deixam de ser um tema exclusivamente cultural e passam a ser incorporadas na larga variedade de políticas públicas do Programa Brasil Quilombola (Arruti, 2009).

Inaugura-se, então, uma nova fase nas relações entre as comunidades quilombolas e o Estado, com uma secretaria de estatuto ministerial que se dedicava a atender aos interesses do movimento quilombola. Em meio a esse clima, em 20 de novembro de 2003, no primeiro mandato de Lula, aprovou-se o já referido Decreto 4.887, que regulamenta o procedimento para "identificação, reconhecimento, delimitação, demarcação e titulação das terras ocupadas por remanescentes das comunidades de quilombos" (Presidência da República, 2003) — e revoga o Decreto 3.912/2001.

O Decreto 4.887/2003 estabelece novos critérios para a aplicabilidade do artigo 68 do ADCT e define os remanescentes de quilombo nos seguintes termos:

> Art. 2º — Consideram-se remanescentes das comunidades dos quilombos, para fins deste Decreto, os grupos étnico-raciais, segundo critérios de autoatribuição, com trajetória histórica própria, dotados de relações territoriais específicas, com presunção de ancestralidade negra relacionada com a resistência à opressão histórica sofrida. (Presidência da República, 2003)

Essa nova definição institucional converge com a proposta da ABA de 1994, já mencionada neste capítulo. Dessa forma, a autenticidade de um quilombo não seria mais restrita ao registro de reminiscências, como sítios arqueológicos, emblemas ou senzalas, ou a uma ocupação contínua centenária das terras de antepassados, como exigia o Decreto 3.912/2001. A partir do Decreto 4.887/2003, concorreriam também critérios próprios de pertencimento: uso comum da terra e práticas culturais cotidianas. Em 2005, por meio da Instrução Normativa (IN) 20 do Incra, foi reincluída a elaboração do relatório antropológico — ou seja, além da autoatribuição, permaneceu a necessidade de laudo do especialista.

Nesse mesmo período, as disputas jurídicas se acirram, chegando até a ameaçar a continuidade do direito quilombola. Em 2004, o Partido da Frente Liberal (PFL), refundado em 2007 sob o nome Democratas (DEM),[36] entrou com a Ação Direta de Inconstitucionalidade (ADI) 3.239, que questionava a legalidade do decreto de 2003 e do critério de autoatribuição para identificação dos remanescentes de quilombo. Na medida em que o Estado, a fim de realizar a desapropriação das terras pertencentes a particulares, compra as propriedades para titulá-las em nome das comunidades quilombolas, o principal argumento do Democratas é a própria oneração do Estado. A racionalidade neoliberal, que atravessa a ADI 3.239, é construída com base no argumento do que seria um bom governo. Sobre as conexões entre racionalidade neoliberal, governo e mercado, Foucault salientou:

> O mercado é que vai fazer que um bom governo já não seja simplesmente um governo que funciona com base na justiça. O mercado é que vai fazer que o bom governo já não seja somente um governo justo. O mercado é que vai fazer que o governo, agora, para poder ser bom governo, funcione com base na verdade. (Foucault, 2008a, p. 45)

A verdade que orienta a ADI 3.239/2004 foi construída sob a generalização da forma empresa para o campo social. Nesses termos, a missão precípua do Estado não é promover justiça, mas, sim, governar com base na racionalidade de mercado, forjada na ode à eficiência, à competição e ao individualismo. Para a racionalidade neoliberal, o direito quilombola constitui uma aberração, já que o valor dos territórios não reside naquilo que se pode obter de lucro

---

[36] Em fevereiro de 2022, o Tribunal Superior Eleitoral aprovou a fusão do DEM com o Partido Social Liberal (PSL), formando o União Brasil. [N.E.]

e rentabilidade, mas na possibilidade da manutenção de modos de vida assentados em bases comunitárias.

Em 2007, o governo federal passou a negociar com a oposição, aceitando impor limites à aplicação do Decreto 4.887, bem como fazer ajustes nos procedimentos de reconhecimento e regularização fundiária nele previstos (Arruti, 2009, p. 89). Como expressão dessas negociações, ou seja, da "boa" arte de governar, criou-se a Portaria 98/2007, da FCP, que aprovou novas regras para o cadastro geral de remanescentes das comunidades dos quilombos. O dispositivo jurídico previa rever, inclusive, as certidões já entregues às comunidades quilombolas (Ministério da Cultura, Fundação Cultural Palmares, 2007).

O que foi descrito até aqui permite resumir da seguinte forma o que estava em jogo a partir de 2004: no mesmo momento em que as possibilidades de acesso às políticas públicas são ampliadas para as comunidades quilombolas, os procedimentos de regulamentação fundiária ficam excessivamente morosos, com riscos reais de cessação do direito. Não é mera coincidência que a ação de inconstitucionalidade tenha ocorrido no mesmo ano de criação do Programa Brasil Quilombola. Allyne Andrade e Silva (2020) lembra que a ADI 3.239/2004 demorou quinze anos para ser julgada, o que promoveu, segundo a autora, intensa instabilidade jurídica para o Programa Brasil Quilombola, dada a possibilidade, por muito tempo iminente, de ter seu pilar legal declarado inconstitucional. No próximo item, detalharei os procedimentos da governamentalidade racista expressos pela racionalidade burocrática.

2.5.1 Burocracia, racismo e governo

Certificação, demarcação, identificação, titulação: palavras que informam sobre as etapas de regularização fundiária nos territórios quilombolas. A materialidade dos termos alude a uma forma de governar corpos e territorialidade cuja singularidade reside em evitar abertamente a negação do direito, fazendo da racionalidade burocrática o mecanismo pelo qual a governamentalidade racista se legitima. O governo não diz respeito apenas a uma instituição, mas informa sobre uma atividade que consiste em reger as condutas por meio de instrumentos estatais (Senellart, 2008, p. 432). Para evidenciar a relação entre as palavras (termos técnicos da regulamentação fundiária) e as coisas (a naturalização da burocracia), recorro a Foucault, que nos diz que:

> Os códigos fundamentais de uma cultura — aqueles que regem sua linguagem, seus esquemas perceptivos, suas trocas, suas técnicas, seus valores, a hierarquia de suas práticas — fixam, logo de entrada, para cada homem, as ordens empíricas com as quais terá que lidar e nas quais se há de encontrar. (Foucault, 2007, p. XVI)

A violência desse governo está no fato de afetar os corpos pelo cansaço, pela frustração e pelo desânimo. Para fins de visualização de seu funcionamento, descreverei as etapas do processo de regularização fundiária, segundo a IN 57, de 20 de outubro de 2009, do Incra; a Portaria 98, de 26 de novembro de 2007, da FCP; e informações da Comissão Pró-Índio de São Paulo (2020).

A primeira etapa, denominada certificação, relaciona-se à fase em que a comunidade deve encaminhar a solicitação de que se autodeclara quilombola à FCP, juntamente com os seguintes documentos, definidos pela Portaria 98/2007: declaração de autodefinição de identidade étnica; relato sintético da trajetória do grupo (história da comunidade); e ata de reunião da associação, convocada para específicas finalidades de deliberação da autodefinição e aprovada pela maioria absoluta dos membros.

Vale dizer que é na fase da certificação que os grupos constroem narrativas sobre a trajetória no território, criando uma identidade coletiva. Essa configuração segue as orientações da Convenção 169 da Organização Internacional do Trabalho (OIT), que estabelece a autodefinição como critério fundamental para determinação de direitos. Na medida em que quilombo se consolidou no imaginário como algo relativo ao período escravocrata, esse é um processo importante, pois, embora os indivíduos que vivem nos territórios partilhem de uma trajetória comum de exclusão, é preciso elaborar o entendimento sobre o que vem a ser o direito quilombola na contemporaneidade. A própria coletividade deve criar sentidos novos sobre si, inclusive em termos de interesses comunitários.

Em caso de dúvidas com relação aos documentos enviados, a FCP pode realizar uma visita técnica à comunidade, não havendo, no entanto, prazo definido para emissão da certidão. Apesar de ser somente a primeira fase do processo, a certificação ganha destaque com a criação do Programa Brasil Quilombola, uma vez que bastava como requisito para acessar as políticas públicas do programa. Há, em todo o Brasil, mais de três mil comunidades quilombolas certificadas — no Rio de Janeiro, são 41 (Secretaria Especial da Cultura, Fundação Cultural Palmares, 2020).

A segunda etapa, de identificação e delimitação, destina-se à abertura do processo administrativo de regularização fundiária. Aqui, as comunidades já certificadas pela FCP podem entrar com o processo no Incra. O primeiro passo é a elaboração do RTID, que inclui, entre outros documentos, o relatório antropológico.

Sobre o requisito dos relatórios antropológicos, Eliane O'Dwyer (2012) adverte que essa etnicidade construída na relação que se estabelece com o Estado, para fins de aplicabilidade legal, é distinta dos contextos de interação social. É preciso, portanto, levar em consideração a distância entre os ideais de representação jurídica e as configurações cotidianamente assumidas pelas chamadas "comunidades negras rurais", haja vista que a elas costumam ser atribuídos significados pejorativos expressos em estereótipos racistas, com base em noções padronizadas de diferença cultural. Desse modo, segundo a autora, a postura dos antropólogos tem sido evitar a armadilha de definir o que é "étnico", mas, em seus relatórios, estabelecer os vínculos entre os grupos e as terras tradicionalmente ocupadas, com uma noção étnica pautada na territorialidade (O'Dwyer, 2012, p. 14).

Além do relatório antropológico, o RTID inclui os seguintes documentos, segundo a IN 57, de 20 outubro de 2009, do Incra:

i. Levantamento fundiário;
ii. Planta e memorial descritivo do perímetro da área reivindicada pelas comunidades remanescentes de quilombo, bem como mapeamento e indicação dos imóveis e ocupações lindeiros [i.e., que fazem divisa] de todo o seu entorno e, se possível, a indicação da área a ser averbada como reserva legal, no momento da titulação;
iii. Cadastramento das famílias remanescentes de comunidades de quilombos, utilizando-se formulários específicos do Incra;

iv. Levantamento e especificação detalhada de situações em que as áreas pleiteadas estejam sobrepostas a unidades de conservação constituídas, a áreas de segurança nacional, a áreas de faixa de fronteira, a terras indígenas ou situadas em terrenos de marinha, em outras terras públicas arrendadas pelo Incra ou Secretaria do Patrimônio da União e em estados e municípios;
v. Parecer conclusivo da área técnica e jurídica sobre a proposta de área, considerando os estudos e documentos apresentados.

A terceira etapa destina-se à publicação do RTID, que primeiro será submetido à análise do Comitê de Decisão Regional do Incra e somente após aprovação será enviado à Superintendência Regional, para elaboração e publicação do edital. Tal publicação ocorre duas vezes consecutivas, no *Diário Oficial da União* e no diário oficial da unidade federativa onde se localiza o território em questão. Simultaneamente à publicação do RTID, ele é enviado a um conjunto de órgãos para que, em um prazo de trinta dias, apresentem manifestações sobre o documento, caso o território quilombola incida sobre áreas administradas por eles. Os órgãos são: Iphan; Instituto Brasileiro do Meio Ambiente e dos Recursos Naturais Renováveis (Ibama); Secretaria do Patrimônio da União (SPU); Ministério do Planejamento, Orçamento e Gestão (MPOG); Fundação Nacional do Índio (Funai); Secretaria Executiva de Defesa Nacional, do Conselho de Defesa Nacional (CDN); FCP; Instituto Chico Mendes de Conservação da Biodiversidade (ICMBio) e Serviço Florestal Brasileiro (SFB). Além deles, o Incra pode eventualmente enviar o relatório a outros órgãos e entidades, quando verificar repercussão em suas áreas de interesse. Em caso de manifestação contrária, o Incra tem trinta dias para adotar as medidas cabíveis.

A quarta fase do processo é o momento das contestações, ou seja, eventuais interessados têm até noventa dias, após a publicação e as notificações, para contestar o RTID. As contestações podem vir de proprietários ou ocupantes de áreas que ficam dentro dos quilombos, cujas comprovações devem ser submetidas ao Comitê de Decisão Regional da Superintendência do Incra. Vale dizer que, até o julgamento das contestações, o processo permanece parado. Caso sejam acatadas as contestações, o RTID deve sofrer alterações.

A quinta etapa do processo consiste na análise fundiária das áreas pleiteadas. Há uma gama bastante ampla de situações possíveis, e cada uma enseja um caminho específico. Caso as terras identificadas incidam sobre unidades de conservação, aciona-se o ICMBio, a fim de se chegar a uma solução para dar seguimento ao processo de titulação. Se a sobreposição ocorrer em área de segurança nacional ou faixa de fronteira, o Incra deverá procurar a Secretaria Executiva do Conselho de Defesa Nacional. Se houver incidência em terras indígenas, a Funai é acionada. A lista segue — há terras que se encontram em terrenos da Marinha; que estão em posse de particulares, mas pertencem à União; terras de propriedade de estados, do Distrito Federal, de municípios; ou, ainda, terras particulares que, para fins de titulação quilombola, demandam desapropriação.

Importante dizer que, se o Incra e os órgãos implicados não chegarem a uma conclusão sobre as áreas sobrepostas, a decisão da continuidade do processo de regularização fundiária deixa de ser responsabilidade do Incra. Além disso, uma vez observada na área a presença de ocupantes posseiros não quilombolas, o Incra deverá promover o reassentamento desses grupos, pagando, inclusive, por suas benfeitorias, como casas, roças, pastos, entre outras.

A sexta fase refere-se à demarcação, pelo Incra, do território quilombola. A sétima e última fase da titulação consiste no momento em que o órgão fundiário outorga o título coletivo e pró-indiviso à comunidade, em nome de sua associação legalmente constituída, com obrigatória inserção de cláusula de inalienabilidade, imprescritibilidade e impenhorabilidade. Isso significa que a terra não pode ser vendida, dividida, loteada, arrendada ou penhorada.

No Rio de Janeiro, dentre as 41 comunidades certificadas, até a conclusão desta pesquisa, em 2018, apenas três possuíam o título definitivo das terras: Campinho da Independência, Preto Forro (Cabo Frio) e Ilha da Marambaia (Mangaratiba). Existem comunidades que estão há quase vinte anos esperando pela conclusão do processo, como as de Santa Rita do Bracuí, Rasa, Caveira, Santana e São José da Serra.

Os desenhos das políticas públicas e a morosidade jurídica têm sido alvo das críticas de inúmeras lideranças quilombolas. Dentre elas, destaco Laura Maria dos Santos, do Quilombo do Campinho da Independência, que expressa sua insatisfação nos seguintes termos:

> É um salto, o Brasil Quilombola, porque antes não tinha isso. Tinha uma luta. O governo Lula deu possibilidade. Ele criou a Seppir. Isso é concreto, apesar do programa não sair a contento, porque tudo lá dentro é muito difícil. Você cria e aí os outros que estão lá dentro parece que vão minando. Aí você não vê as coisas chegarem nas pontas. Mas você vê algumas comunidades conseguindo acessar coisas, que antes não tinham nada. É que isso, a gente enxerga que é uma migalha ainda. [...] A gente conseguiu construir o restaurante com o recurso da Petrobras. Isso, para ele [governo], é migalha. O governo está trabalhando com as migalhas, mas isso, para nós, é muita coisa. A gente tem consciência que o governo dá muito pouco desse bolo que eles

diziam que iam repartir. A gente está só com uma fatia. [...]
A queda de braço está muito desigual.

A decepção de Laura foi quantificada na pesquisa de Arruti (2009, p. 78-80), que aponta que, nos marcos do Brasil Quilombola, a previsão era destinar às comunidades um bilhão de reais, entre os programas Bolsa Família, Fome Zero e Luz para Todos. A projeção, porém, não se efetivou: entre 2004 e 2007, o programa destinou apenas 32% do orçamento previsto. Em 2008, a perda chegou a ser de 15,3 milhões de reais. A situação é ainda mais grave quando analisamos os processos de regularização dos territórios. Ainda em 2008, o Ministério do Desenvolvimento Agrário (MDA) aplicou apenas 21,75% do orçamento destinado ao Programa Brasil Quilombola. Com base em relatório do Instituto de Estudos Socioeconômicos (Inesc), de 2008, Arruti (2009, p. 78-80) apontou que seis milhões de reais deixaram de ser empenhados na elaboração de RTID. Por último, o autor indicou que os cortes alcançaram cifras ainda mais significativas durante o primeiro mandato da presidenta Dilma.

Retomando a fala de Laura, foi nesse cenário de refluxo progressivo de orçamento, em 2007, que o restaurante da comunidade do Campinho foi inaugurado, com recursos provenientes da Petrobras. Por meio desse acontecimento, Laura descreve o paradoxo das "migalhas". Diante do atraso secular de políticas públicas, o pouco passa a ser percebido como muito. Por isso, Laura não se furta a denunciar: "A gente está só com uma fatia. [...] A queda de braço está muito desigual".

No Rio de Janeiro, o Quilombo do Campinho da Independência é um exemplo de como, mesmo após a obtenção do título das terras, as comunidades quilombolas podem não estar totalmente protegidas. Em 1997, o quilombo foi o primeiro do estado a ter a propriedade efetiva das terras ocupadas. Ainda hoje, contudo, o grupo enfrenta constantes conflitos com os administradores de um empreendimento imobiliário de luxo da região, o condomínio Laranjeiras. Ao privatizar parte do litoral da Praia do Sono, ele impediu o acesso das populações quilombolas, caiçaras e indígenas ao local, onde tradicionalmente esses grupos realizavam a pesca.

Depois depois do golpe parlamentar, em 2016, a extinção do Programa Brasil Quilombola e a destituição dos poderes ministeriais da Seppir foram os primeiros atos do presidente Michel Temer, que ocupou o cargo com o apoio de setores conservadores da sociedade brasileira, como o Grupo Globo, o Movimento Brasil Livre (MBL) e as bancadas parlamentares evangélica e ruralista. Nessa estrutura, a Seppir ficou subordinada ao Ministério da Justiça, perdendo, portanto, orçamento próprio.

—

Os acontecimentos narrados neste capítulo permitem considerar que, a partir do fim da década de 1980, a emergência do discurso jurídico que criou um sujeito de direito denominado "remanescente de quilombo" não logrou resolver a situação fundiária das comunidades negras rurais. Em parte porque, desde o surgimento do artigo 68 do ADCT e dos artigos 215 e 216 da Constituição de 1988, o discurso jurídico procurou, em suas variadas formas, divisar o que era relativo à cultura e o que era relativo à questão fundiária. Conforme vimos, o debate inicial sobre a aplicabilidade do dispositivo jurídico favoreceu que a luta pela terra não pudesse ser dissociada da disputa conceitual, já que as comunidades negras rurais que passaram a reivindicar esse direito não se enquadravam na concepção tradicional e histórica de quilombo, entendido como lugar isolado de negros fugidos, cuja definição remonta ao período colonial, chegando quase inalterada às narrativas históricas e ao imaginário social contemporâneo.

Em um primeiro momento, as políticas públicas delineadas pela definição tradicional de quilombo pautavam-se pela busca de vestígios arqueológicos e materiais, o que dificultava o acesso à terra para os grupos que não se encaixavam em critérios de pertencimento material. Entre 1988 e 1995, nenhuma comunidade foi beneficiada com o ornamento jurídico, pois esse carecia de regulamentação.

Como narramos, a redefinição do conceito de quilombo proposto pela ABA, em 1994, representou um marco ao deslocar o termo do sentido histórico para uma dimensão de pertencimento construído sob aspectos étnicos e culturais. As análises de relatórios de identificação da década de 1990 do Rio de Janeiro nos permitem entrever que as novas etnias estavam sendo construídas em aproximação com práticas femininas, indicando que a nova alteridade quilombola estava sofrendo uma inflexão em termos de gênero. Os territórios são, então, feminizados, e as mulheres ganham destaque como guardiãs das tradições. Ocorre que, conforme vimos, a ênfase nas práticas culturais permitiu que a tradição e a ancestralidade fossem capturadas como dispositivo de poder para legitimar o direito, tal como ocorreu com o jongo no Rio de Janeiro. Contudo, as mulheres e as práticas culturais atribuídas ao campo do feminino emergem como novos estandartes da diferença quilombola.

De certa forma, o processo de patrimonialização do jongo pode ser compreendido como um dos usos estratégicos do direito, já que os textos jurídicos publicados até 2001 seguem modelos temáticos ligados à continuidade histórica, o que, por um lado, dificultava o acesso à terra e, por outro, favorecia a folclorização das práticas culturais. Em outras palavras, se, em dada perspectiva, os símbolos femininos se transformaram em uma das formas de explicitar a relação com o território e a tradição, em outra, as práticas, como o jongo, por exemplo, passaram a conferir legitimidade identitária, por sua continuidade pensada como tradicional em termos de imutabilidade — perspectiva cujas ressonâncias ainda se fazem presentes.

A partir de 2004, o acesso aos programas sociais relacionados ao Programa Brasil Quilombola, coordenado pela Seppir, representou uma transformação importante no que tange às demandas internas das comunidades. Dentre elas, destacam-se as políticas de gênero, que sugerem, por um lado, a emergência de um protagonismo feminino no ativismo quilombola. Por outro lado, a morosidade burocrática no que diz respeito ao acesso à terra continuou dando o tom das práticas, o que exprime como a governamentalidade racista se expressa por meio de inúmeros procedimentos técnicos e jurídicos.

É em meio a essas condições que mulheres quilombolas criam práticas que buscam fortalecer laços entre os indivíduos e os territórios onde vivem, bem como ampliar os espaços de subjetivação que rasurem os efeitos dos dispositivos de raça, classe e gênero que incidem sobre corpos e territórios. Trata-se, portanto, de contracondutas diante da governamentalidade racista. Suas ações protagonizam as análises dos próximos capítulos.

3
Terreiros da reparação: usos das tradições

> Era cada um cuidando de sua vida,
> mas cuidando da vida dos outros.
> — Conceição Evaristo (2013, p. 97)

Terreiro: espaço do sagrado, da ancestralidade, do brincar, espaço do viver. Ao debruçar sobre as camadas de temporalidade e sentido que recobrem a imagem dos terreiros, este capítulo aborda práticas que ampliam os espaços de subjetivação, fazendo uso das tradições religiosas e orais. No centro da narrativa estão os fragmentos de experiências de Terezinha Fernandes de Azedias, 72 anos, do Quilombo de São José da Serra, mãe de santo de um terreiro de umbanda, e Marilda de Souza Francisco, 55 anos, do Quilombo do Bracuí, contadora de histórias e conhecedora das narrativas orais locais. São mulheres que, por meio de saberes e práticas, rasuram os efeitos de sentido dos discursos construídos sob as hierarquias de classe, raça e gênero.

Um dos mecanismos de poder que incidem sobre os corpos de mulheres negras habitantes de quilombos é a idealização de práticas definidas como tradicionais, retirando dessas ações suas potencialidades de transformação no tempo presente. Tornada central por essa abordagem, a ancestralidade, que é fonte de potência para os modos de fazer de práticas culturais identificadas como negras, tem sido capturada para transformar os corpos dos quilombolas em fetiche no mercado da diferença cultural. Corpos exóticos, espetáculos da diferença, que, conforme sublinhou Rago (2008, p. 1), dizem respeito a uma "relação de poder que se apoia, simultaneamente, no reconhecimento e na negação das diferenças raciais, culturais e históricas". No âmbito da diferença quilombola, trata-se de um dos efeitos do dispositivo da ancestralidade, cujos mecanismos de poder enfocam os usos da tradição e da ancestralidade por meio da semântica do resgate cultural como finalidade precípua das práticas políticas, esvaziando seu potencial de oferecer valores para o presente.

Sobre esse esvaziamento da tradição, Walter Benjamin, analisando as transformações da vida moderna, considera que, paradoxalmente à riqueza das inovações tecnológicas, estamos imersos em um tipo de pobreza derivada da incapacidade de transmitir experiências. O filósofo adverte que o vasto patrimônio cultural não garante a construção de laços psicológicos e sociais entre os indivíduos. "Vocês estão todos cansados", relembra Benjamim (1994, p. 118) sobre os efeitos do consumo desenfreado de informações, situação agravada pela reificação dos valores e das relações capitalistas. Tudo isso faz com que não haja tempo para elaborar essas informações. As reflexões do filósofo são elucidativas para pensarmos as formas pelas quais Terezinha e Marilda aprenderam e as razões que as levam a seguir transmitindo saberes ameaçados por esse tipo de pobreza, pela impossibilidade de aprender pelas experiências. Eis um dos efeitos do dispositivo da ancestralidade: as tradições transformam-se em mercadorias, esvaziadas das histórias e das personagens que as construíram. Sobre isso, Benjamin (1994, p. 115) pergunta: "Pois qual o valor de todo nosso patrimônio cultural, se a experiência não mais o vincula a nós?".

A fim de borrar os efeitos de verdade produzidos pelo dispositivo da ancestralidade, nos aproximamos dos saberes criados pelos usos das tradições que fazem Terezinha e Marilda, enfatizando a potencialidade de suas práticas para a criação de espaços outros de subjetivação, como uma atitude que assume função reparadora dos traumas causados pelo racismo. Ao gerarem sentidos renovados para a tradição, elas deslocam ressentimentos e constroem laços. Aqui, o conceito de reparação é tributário da abordagem de Mbembe, cuja análise não se restringe ao viés econômico:

> Para construir este mundo que é o nosso, será necessário restituir, àqueles e àquelas que passaram por processos de abstração e coisificação na história, a parte de humanidade que lhes foi roubada. Nesta perspectiva, o conceito de reparação, para além de ser uma categoria econômica, remete para o processo de reunião de partes que foram amputadas, para reparação de laços que foram quebrados, reinstaurando o jogo da reciprocidade, sem o qual não se pode atingir a humanidade. (Mbembe, 2014, p. 304)

O convite para as próximas páginas é caminhar com Terezinha e Marilda pelos terreiros por elas criados, em seus usos singulares das tradições religiosas e orais.

3.1 Terezinha Fernandes de Azedias: costurando ternuras

Terezinha desenvolveu a arte de receber em sua casa. Seu gesto de acolhimento é muitas vezes acompanhado pelos sabores, já que a mesa da cozinha é um dos lugares onde gosta de conversar com aqueles que a procuram no Quilombo de São José da Serra. Na primeira vez que a visitei, em 2007, comi paçoca e doce de abóbora. Sete anos mais tarde, em agosto de 2014, quando retornei à sua casa para a pesquisa de doutorado, sua fala soava paradoxal diante das urgências de uma agenda cheia de compromissos. Na parede da casa, fotos suas com políticos, artistas e acadêmicos sugerem que ela tem participado de muitos encontros. Naquela tarde, me contou de quando ainda era merendeira na escola da comunidade, de suas atividades no jongo, dos compromissos na associação quilombola e de sua função como sacerdotisa no terreiro de umbanda, cujo legado lhe foi deixado pela mãe, figura central em sua narrativa.

Terezinha nasceu em 1945. É primogênita entre onze filhas e filhos do casal Sebastião Antônio Fernando e Zeferina do Nascimento, ambos netos de ex-escravos da Fazenda de São José da Serra, situada em Valença, sul do estado do Rio de Janeiro.[37] Ela e seus irmãos cresceram em uma casa de pau a pique e piso de terra batida, construída pelo pai. "Jorge, Toninho, Maria Paz, João Carlos, o Vitinho, Atanael, Ana Maria e o Francisco. Neli e Luisinho morreram", nomeia os irmãos, lembrando o sarampo que levou os dois

---

[37] De acordo com a pesquisa genealógica realizada pela historiadora Hebe Mattos (2005), a família de Terezinha descende do casal de escravos Tertuliano e Miquelina.

últimos ainda bebês. No tempo em que seus pais eram vivos, recorda, o terreiro da casa vivia cheio de gente, especialmente crianças, porque Sebastião e Zeferina estavam entre os poucos moradores alfabetizados de São José. Assim, Mãe Firina, como era mais conhecida, costumava reunir crianças da localidade para ensiná-las a ler e contar histórias. Outro fator que favorecia o trânsito constante no terreiro familiar era o fato de ser o local onde sua mãe organizava as festas de jongo e realizava benzimentos (Azedias, 2003).

Terezinha frequentou a escola primária por apenas dois anos. As urgências de sobrevivência e as dificuldades de acesso à escola forçaram a desistência: o deslocamento envolvia caminhar quilômetros; além disso, com oito anos, começou a cozinhar para os irmãos mais novos que ficavam em casa com ela. Entre a lida na roça e os trabalhos domésticos, Terezinha aprendeu outros saberes com os mais velhos. Seu avô paterno, José Geraldo Fernando, por exemplo, ensinou-lhe a deduzir a hora por meio da observação da posição do sol: "Ele mandava a gente olhar a altura que estava o sol. Aí, ele falava assim: mede quantas braças tá o sol fora do morro. Aí, a gente fazia, ele ensinava tudo direitinho e aí ele dizia: 'Então, tá na hora de vocês irem pra casa'" (Azedias, 2003).

Durante a infância e a adolescência, entre as décadas de 1940 e 1960, de maneira análoga às décadas anteriores, as relações de trabalho dentro da Fazenda de São José se modificaram. Antes, negros e negras tinham certa liberdade de plantar naquelas terras. As mudanças vieram quando o pasto para gado substituiu o plantio de café, tornando escasso o trabalho nas lavouras da região. Além disso, o período foi marcado pela dificuldade de se manterem as plantações de subsistência, bem como pelas inúmeras tentativas dos proprietários de retirar os moradores da Fazenda de São José. Na década de 1970, essas transformações foram acompanhadas por um processo mais amplo de recuo das atividades agrícolas no estado do Rio de Janeiro. À época, muitos moradores de São José deixaram a fazenda para trabalhar nas plantações de laranja na Baixada Fluminense ou em serviços domésticos (Mattos & Meireles, 1998, p. 33-5).

Apesar das dificuldades, Terezinha seguiu vivendo nas terras da fazenda, tornando-se, mais tarde, merendeira na escola da comunidade. "Eu era a merendeira deles todos. Agora, todas elas já são mães. Eu fiz merenda para os filhos, os netos, tudo", lembra, acrescentando que já está aposentada da função. As condições em que preparava a merenda também revelam as formas de desrespeito que afligiam a comunidade, já que a constante falta de água obrigava Terezinha e as crianças a carregar água do poço para fazer a merenda, bem como a buscar a pé os ingredientes para essa tarefa.[38]

Como vimos anteriormente, nos anos 1980 o grupo de jongo dos moradores de São José da Serra ganha visibilidade no sul fluminense, e Zeferina, mãe de Terezinha, aparece nos relatos de vários moradores como a incentivadora do uso do jongo pela comunidade em apresentações públicas, levando a modificações nas relações de gênero do grupo. Ancorada em sua autoridade como liderança religiosa, dona Firina questionou as hierarquias masculinas, que, por exemplo, reservavam aos homens o privilégio de serem servidos primeiro nas refeições durante as festas.[39]

No fim da década de 1990, no contexto de reconhecimento jurídico do direito quilombola, a comunidade de São

---

[38] As condições precárias de funcionamento da escola no Quilombo de São José da Serra foram relatadas pelos jovens no documentário *Sementes da memória* (2006).
[39] Os relatos dos moradores de São José da Serra citados neste trabalho (ver p. 385-6) fazem parte do acervo de história oral do Labhoi da UFF e podem ser consultados on-line: http://www.labhoi.uff.br/arquivo-sonoro/2938.

José amplia sua notoriedade para além da região, transformando suas práticas culturais, especialmente o jongo, em um dos elementos que conferiam legitimidade quilombola ao grupo (Abreu, 2007). A partir de 2003, quando morre dona Zeferina, Terezinha passa a estar em maior evidência, assumindo a responsabilidade pelo terreiro de umbanda. Desde então, na função de sacerdotisa da comunidade, durante as festas que ocorrem dentro e fora do quilombo, ela abre a roda de jongo benzendo os participantes. De igual modo, passou a ser procurada por jornalistas, pesquisadores, entre outros grupos interessados nas práticas culturais religiosas.

Na primavera de 2014, encontrei-a sentada à máquina de costura, terminando as saias de suas filhas de santo para a festa de São Cosme e Damião, que excepcionalmente aconteceria em 18 de outubro.[40] Enquanto costurava, também tecia em sua fala uma miscelânea de temporalidades e afetos que compuseram o processo de se tornar uma liderança quilombola e que, na trilha aberta pela mãe, fazem da espiritualidade um tecido político atravessado de ternura. Aos poucos, fui percebendo que o legado de dona Firina não estava restrito à literalidade da prática, mas dizia respeito a uma atitude política que faz dos usos da tradição uma forma de *cuidar de si e dos outros*.

---

40 Nos rituais sincréticos da umbanda, a celebração dos santos gêmeos Cosme e Damião acontece quando esses espíritos infantis se manifestam nos corpos dos médiuns, permitindo que brinquem como se fossem crianças, além de solicitar doces aos que comparecem à cerimônia (Birman, 1983, p. 43-4). Geralmente, na tradição da umbanda, a festa é comemorada em 27 de setembro, dia dos santos católicos, e em 12 de outubro, Dia das Crianças.

3.1.1 "Lugar pequeno pra muita religião"

Entre 2013 e 2017, tive a oportunidade de visitar dezessete comunidades quilombolas, em diversas regiões do estado do Rio de Janeiro, e constatei a presença de templos evangélicos na maioria delas. Algumas lideranças também me informaram sobre a existência de um expressivo número de convertidos às religiões pentecostais e neopentecostais entre os quilombolas.[41]

Nesse cenário, o Quilombo de São José da Serra constituía uma exceção, não somente pela inexistência de templos evangélicos, mas pela centralidade da prática de umbanda no cotidiano da comunidade, conferindo a Terezinha um lugar de prestígio dentro do grupo. Em uma de nossas conversas, perguntei a ela por que não havia templos evangélicos no território. Sobre isso, respondeu:

> Mamãe sempre falava: "Ah! Lugar muito pequeno pra muita religião". Então deixa duas só. A católica e a umbanda. E Toninho falou a mesma coisa: "Se quiser fazer culto, pode vir fazer, não tem problema". Querer vir passear, pode. Só não tem lugar pra fazer outra igreja. Aí, então, é uma coisa que não tem lugar mesmo. Pouca gente, não dá pra dividir. Senão atrapalha.

Notemos que Terezinha atribui a inexistência de templos evangélicos a esforços deliberados de lideranças da comunidade: sua mãe, Zeferina, e seu irmão, Toninho Canecão. Esforços que ela também mobiliza, justificando que o lugar é muito pequeno para mais de duas religiões. Além do terreiro de umbanda, há na comunidade uma capela católica

---

[41] Sobre as diferenças entre as denominações, conferir Montes (1998).

em homenagem a São José, cuja imagem, ao lado da de seu filho, Jesus, foi pintada no interior da edificação, ambas representadas por homens negros.

Outros elementos relacionados às experiências negras nas celebrações católicas em São José da Serra são os cânticos. Em 6 de setembro de 2014, participei da missa na comunidade, quando pude perceber como a temática do racismo se configura nos rituais religiosos do grupo. Todos os cantos foram acompanhados de atabaques, tocados com maestria pelos jovens da comunidade, indicando uma participação ativa de parte do grupo na construção litúrgica. As letras das músicas faziam referência ao racismo, como o canto de entrada:

> Eu vou tocar minha viola, eu sou negro cantador
> O negro canta, deita e rola lá na senzala do senhor
> Dança aí, nego nagô. Dança aí, nego nagô
> Tem que acabar com essa história de negro ser inferior
> O negro é gente como o outro, quer dançar samba doutor
> O negro mora em palafita, não é culpa dele, não
> A culpa é da abolição, que veio e não libertou
> Vou botar fogo no engenho, onde o negro apanhou
> Dança aí, nego nagô. Dança aí, nego nagô

No dia da celebração, havia um expressivo número de moradores da comunidade dentro e fora da capela. Na primeira parte, discutiram problemas que os afligiam, como a falta de assistência médica e o despreparo da escola para trabalhar com temas ligados à história da África e às culturas afro-brasileiras. Assim, "botando fogo no engenho" durante a missa, os moradores de São José expressavam insatisfações com o poder público, indicando o uso político do espaço religioso.

Se hoje, em São José da Serra, é possível denunciar o racismo e falar dos problemas locais em celebrações católicas, essa possibilidade faz parte de transformações recentes das relações entre a igreja local e os moradores do quilombo. No passado, o uso de tambores já foi uma questão polêmica entre os proprietários da terra, os antigos padres e os moradores. O relatório de identificação da comunidade menciona que alguns padres se referiam aos usos desses instrumentos de forma pejorativa, como "coisa de macumba". Antes de construírem a capela, o grupo de São José se deslocava até Santa Isabel do Rio Preto para assistir à missa. Conforme indica o relatório, a construção da capela dentro do quilombo foi resultado de reivindicações dos moradores da comunidade ao proprietário da fazenda (Mattos & Meireles, 1998, p. 17-8).

As configurações atuais das celebrações expressam mudanças que se desenrolaram a partir da década de 1990, por meio de novas relações estabelecidas entre os moradores e os padres católicos ligados à teologia da libertação, cujos princípios voltam-se aos setores mais desfavorecidos da sociedade, e à Pastoral do Negro, que, criada em 1983, passou a desenvolver um conjunto de ações voltadas a essa população. Em São José da Serra, destaca-se a chegada dos padres Medoro de Oliveira e Edilson Medeiros de Barros (Carmo, 2012, p. 70-3).

Terezinha contou-me que foi na década de 1990 que o tema do racismo começou a ser tratado pelo sacerdote. Isso se deu em maio de 1995, na igreja de Santa Isabel do Rio Preto, quando o padre pediu que os indivíduos brancos presentes na missa se ajoelhassem diante dos negros e, em um gesto simbólico, pedissem perdão por seus antepassados. Sobre isso, narrou Terezinha:

> A missa foi tão bonita! O padre Medoro botou os brancos de joelho pra poder pedir perdão aos negros, pelo que os bisavôs deles judiaram dos nossos bisavôs [...] pediu que todo mundo se ajoelhasse e nós levantássemos as mãos pra perdoar [...] foi uma coisa muito encantada, mesmo! Foi uma missa que durou mais de quatro horas, todo mundo na igreja se ajoelhou [...] ele (o padre) pediu que todo mundo fosse, todo mundo da comunidade e daqui de perto. (Mattos & Meireles, 1998, p. 18)

Beleza e encantamento: palavras usadas por Terezinha para expressar seu sentimento diante do gesto de perdão coletivo que aconteceu na missa de 1995. Se, no discurso religioso, a missa é onde os católicos se encontram para celebrar a comunhão cristã, isso não ocorre sem as tensões de raça, classe e gênero. Entretanto, apesar de vivenciadas pelos corpos, essas relações de poder não são enunciadas. Naquela celebração, o espaço ganhou novos sentidos para Terezinha, pois, desde a infância, a missa era um dos lugares onde vivenciava a intrínseca relação entre a hipocrisia e os dispositivos racistas, já que, depois da abolição, negros e negras continuavam ocupando os últimos lugares de subalternidade dentro das missas e fora delas.

Em seu relato, o padre Medoro recorreu ao passado para enfrentar a agudeza do trauma que ainda ressoava no presente. A alegria de Terezinha sugere que aquele gesto permitiu que ela simbolizasse o mal-estar causado pelo silêncio que o racismo impõe. Além disso, exprimia uma vontade de reparação. Esse episódio nos faz pensar sobre uma questão colocada por Mbembe (2014, p. 162-3): como, diante da dor provocada pelo racismo, deslocar-se "de um gesto de ressentimento e nostalgia para um gesto de autodeterminação?". Talvez o sentimento de satisfação da sacerdotisa do quilombo ofereça pistas a respeito da importância dos espaços onde as dores causadas pelo racismo podem ser expressas, assim como a existência de formas efetivas de reparação que integrem a dimensão material ao aspecto subjetivo.

Em São José da Serra, a proximidade com a Igreja católica foi construída pelo reconhecimento do direito dos moradores a se expressar, fosse por meio de atabaques, fosse pelo diálogo sobre racismo e seus problemas locais.

Ademais, as relações da comunidade de São José com as práticas católicas exprimem uma antiga tradição das comunidades negras, que mesclam práticas afro-brasileiras com o catolicismo. Essa tradição remonta ao período colonial, conforme apontou a historiadora Lucilene Reginaldo (2011), cuja pesquisa enfocou as irmandades católicas de africanos e crioulos formadas na Bahia setecentista e fundadas sob influência das irmandades de Nossa Senhora do Rosário em cidades da África. A pesquisadora demonstra que esses espaços funcionaram como locais de elaboração de identidades africanas dentro e fora do continente. Para tanto, ela descreve que, durante os séculos XVI e XVII, centenas de missionários, especialmente da Companhia de Jesus, alcançaram a costa e os sertões do Congo e de Angola, propagando o catolicismo na África Central, o que abriu portas para a irmandade do Rosário, sugerindo que, em Portugal e, sobretudo, nas Américas, a devoção ao Rosário tenha se tornado uma ponte entre as tradições africanas e o catolicismo português. A pesquisa conclui que as irmandades católicas se constituíram como espaços de recuperação de uma humanidade destroçada pela escravização e, principalmente, que a "prática do catolicismo, primeiro africanizado e posteriormente negro, parece ter sido uma das marcas mais importantes desta identidade diaspórica" (Reginaldo, 2011, p. 362). Embora o objetivo deste trabalho não seja percorrer as origens das relações entre os moradores do Quilombo de São José da Serra e as práticas católicas, vale destacar que muitos se definem como católicos, e outros, como católicos e umbandistas (Mattos & Meireles, 1998, p. 15), indicando uma relação mais próxima do grupo com o catolicismo, cuja prática é comum entre as comunidades negras, seja no passado escravista, seja no tempo presente.

Retomando a fala de Terezinha, a mesma relação, porém, não é desejada com igrejas evangélicas. Há preocupação quanto às divisões que a presença dos templos pode trazer. Ela aponta o proselitismo religioso dos evangélicos como elemento desagregador para a comunidade. Exemplifica referindo-se a seu irmão, João Carlos, que é evangélico, e dizendo receber as orações dele de bom grado. "Mas não tem nada que chamar gente para passar para igreja", adverte. A que divisões Terezinha se refere? Não poderiam as igrejas evangélicas funcionar como uma prática que reúna as partes, operando de forma reparadora?

Uma das respostas mais evidentes parece derivar dos processos de branqueamento impostos pelas religiões evangélicas, que demonizam práticas que se referem à África e à cultura afro-brasileira. É uma relação de negação com o passado. Nesse sentido, a cura é oferecida pela amputação da tradição. Na medida em que práticas culturais como o jongo, as rezas e a umbanda fazem parte do cotidiano da maioria dos moradores de São José da Serra, as condutas religiosas evangélicas introduziriam uma cisão entre os quilombolas e suas rotinas cotidianas (Mattos & Meireles, 1998, p. 17).

Outro possível elemento de separação, relacionado à dimensão de gênero, refere-se ao fato de que o monopólio do sagrado nas religiões evangélicas está majoritariamente em mãos masculinas (Montes, 1998). Nas religiões de matriz africana, como a umbanda, há o predomínio de lideranças femininas, cuja transmissão da prática se dá dentro da família (Theodoro, 2008).

Em São José da Serra, Terezinha descreve a linhagem de transmissão feminina das práticas da umbanda: quando pequena, ela presenciava sua madrinha Januária trabalhar em casa, seguida mais tarde por sua mãe Zeferina, tanto que, quando decidiu abrir o terreiro, sua mãe pediu autorização a Januária (Carmo, 2012, p.113). Nesse sentido, seu temor pode estar ligado aos perigos de interromper a transmissão dessa experiência feminina diante dos avanços de um poder pastoral majoritariamente masculino.

Do traçado narrativo que fizemos até aqui sobre as práticas religiosas, ressaltamos que a abordagem adotada sobre os usos da religião distancia-se de perspectivas teóricas que as concebem como ideologia ou mistificação.[42] Trata-se, portanto, de pensar as intrínsecas relações entre religião e política, isto é, as relações de poder que atravessam essas práticas.

3.1.2 Poder pastoral e subjetividade neoliberal

Voltando à fala de Terezinha, a ressalva de que os templos evangélicos não são bem-vindos no território da comunidade sugere uma reação quanto à forma de conduzir os corpos dos sujeitos pelas práticas evangélicas, uma forma que nega e silencia o passado escravista, além de destituir as

---

42 Abordagem semelhante foi utilizada por Foucault em seus trabalhos sobre espiritualidade política. Esse termo figura nas análises do autor sobre a Revolução Iraniana e se relaciona às suas problematizações em torno do governo. Maurício Pelegrini (2015), detendo-se sobre o conceito na obra do filósofo, considerou que não devemos fazer uma análise restrita da espiritualidade política, em uma leitura literal, mas pensá-la como uma perspectiva que aproxima os planos políticos e religiosos. Para o pesquisador, as interpretações de Foucault sobre o tema enfatizam a força contestatória dos usos religiosos e o cerne da espiritualidade política expressa entre os iranianos.

mulheres dos espaços de comando. A proibição dos templos pode ser pensada, então, em termos de contraconduta.

Para situar a palavra, recorro às análises de Foucault, que a cunhou em seus estudos sobre um tipo de poder específico: o pastoral judaico-cristão. O filósofo considerou que a constituição desse poder não pode ser dissociada de reações, enfrentamentos, hostilidades e guerras que o pastorado cristão alimentou, estipulando comportamentos religiosos considerados desviantes. Isso se deu por meio das relações estabelecidas com a salvação, a lei e a verdade, favorecendo a colisão com outras práticas:

> O pastorado está relacionado com a salvação, pois tem por objetivo essencial, fundamental, conduzir os indivíduos ou, em todo caso, permitir que os indivíduos avancem e progridam no caminho da salvação. Verdade para os indivíduos, verdade também para a comunidade. Portanto, ele guia os indivíduos e a comunidade pela vereda da salvação. Em segundo lugar, o pastorado está relacionado com a lei, já que, precisamente para que os indivíduos e as comunidades possam alcançar sua salvação, deve zelar por que eles se submetam efetivamente ao que é ordem, mandamento, vontade de Deus. Enfim, em terceiro lugar, o pastorado está relacionado com a verdade, já que no cristianismo, como em todas as religiões de escritura, só se pode alcançar a salvação e submeter-se à lei com a condição de aceitar, de crer, de professar certa verdade. Relação com a salvação, relação com a lei, relação com a verdade. (Foucault, 2008b, p. 221)

O poder pastoral indica uma forma de governo que se ocupa da salvação dos indivíduos e da comunidade. A salvação vem por meio das leis divinas, cujas verdades estão nas escrituras. O pastor é aquele que, por conhecer a verdade, tem a função de conduzir os indivíduos no caminho da salvação. Nos termos de Foucault, a palavra "conduta" sugere dois movimentos: conduzir os outros e a si mesmo.

> A conduta é, de fato, a atividade que consiste em conduzir, a condução, se vocês quiserem, mas é também a maneira como uma pessoa se conduz, a maneira como se deixa conduzir, a maneira como é conduzida e como, afinal de contas, ela se comporta sob o efeito de uma conduta que seria ato de conduta ou de condução. (Foucault, 2008b, p. 255)

Parece plausível dizer que as igrejas evangélicas atualizam, na contemporaneidade, o poder pastoral, pelo modo como esses grupos se relacionam com a salvação, a lei e a verdade. Consequentemente, há "uma correlação imediata e fundadora entre a conduta e a contraconduta" (Foucault, 2008b, p. 258). Assim, a proibição dos templos evangélicos pelas lideranças do Quilombo de São José da Serra exprime o desejo de "querer ser conduzido de outro modo, por outros condutores e por outros pastores, para outros objetivos e para outras formas de salvação, por meio de outros procedimentos e de outros métodos" (Foucault, 2008b, p. 257).

Passando de São José da Serra para outros quilombos do estado do Rio de Janeiro, verificamos que os temores de Terezinha não são infundados. Entre o fim da década de 1980 e o início dos anos 1990, simultaneamente ao processo de construção da diferença quilombola, muitos moradores dos quilombos converteram-se às religiões pentecostais. Esse processo foi narrado por Olga Maria de Jesus Moreira, de sessenta anos, moradora do Quilombo de Santana. Ela, que durante a infância participava com a família das práticas de umbanda, relatou: "A mãe do meu pai, a minha mãe mesmo, recebia uns espíritos. Eu corria muito, eu ficava com medo, nosso senhor Jesus! Mas aí foi indo, os mais velhos foram morrendo, a mãe da Matilda também, a dona Julia; o senhor divino [...] quando não era da umbanda, era benzedor".

À medida que os mais velhos faleceram, a umbanda também deixou de ser praticada. Na década de 1990, Olga e parte de sua família se converteram à Assembleia de Deus. Durante mais de dez anos, os cultos da igreja foram realizados em sua casa, até 2002, quando foi construído um pequeno templo no território da comunidade. "A igreja começou a vir com a morte do meu irmão. Aqui, não tinha médico, não tinha nada. Aí, o pastor começou a vir. Então a gente começou a procurar o médico de cima, que é Deus", contou Olga. Ela relata como as condições de vulnerabilidade e o poder do pastor de curar os doentes a fizeram aderir à igreja. Se, antes, as curas religiosas eram exercidas por meio das rezas e da umbanda, posteriormente é o pastor quem passa a cumprir essa função.

A mesma situação me foi relatada em 2017 por Landina Antônia Maria Oliveira, 63 anos, moradora do Quilombo Maria Joaquina. Ela, que foi mãe-pequena[43] no terreiro de umbanda fundado por integrantes de sua família, há dois anos frequenta a Assembleia de Deus. Quando perguntei sobre as igrejas evangélicas nas terras da região, Landina contou-me:

> Foram chegando. Aqui, nós só tínhamos uma igreja na Rasa, que era a igreja Assembleia de Deus. Aí, depois veio a católica para Rasa, não tinha igreja católica na Rasa. Chegou a católica,

---

[43] Na hierarquia dos terreiros de umbanda e candomblé, a mãe-pequena é a segunda pessoa mais importante da casa religiosa e pode assumir a liderança na ausência da mãe de santo. É, portanto, alguém que conhece a fundo os preceitos ritualísticos (Maggie, 2001).

e da católica foi rendendo esse monte de igreja. Aí apareceu wesleyana, apareceu Universal, apareceu metodista, apareceu tudo. Não tinha nada disso aqui.

O crescimento de igrejas cristãs (católicas e evangélicas) foi apontado no relatório do CadÚnico como algo que "desvirtuava" a identidade das comunidades: "Nítida a proliferação de práticas religiosas dissociadas da cultura afro. Foram detectadas famílias que se consideravam quilombolas, mas tinham dificuldade em dizer o nome do Quilombo em que moravam. Outras, que viviam em terras quilombolas, não se reconheciam como tal" (Secretaria de Estado da Casa Civil e Governança, Fundação Centro Estadual de Estatísticas, Pesquisas e Formação de Servidores Públicos do Rio de Janeiro, 2010).

Notemos que o relatório do CadÚnico associa o que chamou de práticas "dissociadas da cultura afro" às dificuldades dos indivíduos de se considerarem quilombolas, indicando que gestores das políticas públicas às vezes atuam condicionando o direito ao pertencimento cultural, e não aos múltiplos efeitos dos dispositivos racistas sobre a vida dessas coletividades.

Em meu percurso de pesquisa nos quilombos do Rio de Janeiro, encontrei a presença mais expressiva de igrejas atreladas ao pentecostalismo. Isso porque tais grupos tendem a enfocar os trabalhos de evangelização nas áreas mais periféricas e rurais, atuando em redes sociais, privilegiando relações de parentesco e vizinhança e realizando intenso trabalho social (Abumanssur, 2011). Destaque-se, ainda, que grande parte daqueles que se convertem é oriunda dos cultos afro-brasileiros, sobretudo da umbanda, que é igualmente frequentada pela população mais preta e pobre (Fry & Howe, 1975). Não por acaso, Landina e Olga, mulheres que tiveram experiência na umbanda, hoje se converteram às denominações pentecostais.

A expansão das denominações pentecostais no Brasil está relacionada a três momentos históricos, favorecendo certa distinção entre os grupos. Há o pentecostalismo clássico, das primeiras igrejas missionárias, cujo foco de atuação eram os indígenas, o que as colocava em direta rota de colisão com a Igreja católica. As denominações ligadas a essa primeira onda são a Congregação Cristã do Brasil (1910) e a Assembleia de Deus (1911). Já o pentecostalismo neoclássico, introdutor de práticas como o dom de falar em línguas e a cura divina, tem como destaque as igrejas Internacional do Evangelho Quadrangular (1951), Brasil Para Cristo (1955), Deus É Amor (1962) e Casa da Bênção (1964). Por fim, o neopentecostalismo, cuja expansão começa na segunda metade da década de 1970, é marcado por práticas que se valem de recursos midiáticos de conversão. A principal representante desse período é a Igreja Universal do Reino de Deus (1977), introdutora da teologia da prosperidade, que considera que a posse de bens materiais seria uma expressão da graça de Deus (Souza & Magalhães, 2002).

Apesar das diferenças de formação e da multiplicidade desses grupos, as práticas litúrgicas pentecostais convergem na demonização de elementos das religiões de matriz afro-brasileira, como exus, pombajiras e pretos velhos, bem como os pais e as mães de santo da umbanda e do candomblé. No caminho rumo à prosperidade, entendida como graça divina que se expressa pela posse de bens materiais, é preciso livrar-se das práticas pecaminosas do passado, como os vícios e os cultos às entidades demoníacas (Montes, 1998, p. 120-1). A expressividade desses grupos religiosos é tamanha que hoje pesquisas estudam o fenômeno de pentecostalização que atinge os protestantes históricos e a Igreja católica.

Em termos de arco temporal, a expansão pentecostal nos territórios das comunidades negras rurais se encontra com a emergência de políticas de identificação de quilombolas que enfatizavam o pertencimento cultural. À primeira vista, poderíamos dizer que a conversão dificultaria o processo de autodenominação como quilombola, mas tanto a minha experiência de campo como a leitura bibliográfica sugerem que os grupos tendem a estabelecer uma relação pragmática com os símbolos de pertencimento ancorados nas práticas populares afro-brasileiras.

Um exemplo disso foi a festa Quilombos Unidos em Ação, promovida em 2013 pelo Quilombo de Botafogo. Cantores de música gospel, cruzada evangélica de pastores, concurso de beleza, roda de capoeira, quadrinha, jongo, atividades recreativas e esportivas foram algumas das atrações da quarta edição dessa festa tradicional. Isso exemplifica como as práticas culturais afro-brasileiras, quando apresentadas em forma de espetáculo, podem partilhar o palco com as evangélicas. A abertura da festa contou com uma "grande cruzada evangélica", com o tema Noite de Avivamento da Igreja Pentecostal Fogo Puro, comandada pelo pastor presidente, João Carlos Fernandes Silva, e pelo pastor Jonail Bento Pereira.

A forma como as tradições culturais são utilizadas na festa do Quilombo de Botafogo, além de não constituir caso isolado, é indissociável do contexto de produção da legitimidade quilombola. Como vimos nos capítulos anteriores, se é difícil provar o pertencimento à categoria quilombola por meio dos dispositivos jurídicos que trataram da questão agrária, a continuidade histórica dos grupos tem sido legitimada pela manutenção de determinadas práticas culturais.

Esse processo faz com que muitos quilombolas convertidos às denominações pentecostais tenham uma relação pragmática e flexível com as práticas culturais de matriz afro-brasileira. Pesquisas recentes sobre a expansão pentecostal apontam que parte desse crescimento pode ser explicada pela postura maleável que mantêm em relação às tradições populares, um fenômeno acompanhado de transformações que dialogam com a mercantilização da diferença e com a forma pela qual a tradição passou a ser transmitida.

Um desses trabalhos é o de Javier Alejandro Lifschitz (2006). Pesquisando sobre as novas relações estabelecidas com as tradições no Quilombo de Machadinha, ele cunha o termo "neocomunidades" para tratar do fenômeno da mercantilização da diferença dentro das comunidades tradicionais. Apoiado em trabalho etnográfico, o pesquisador analisa da seguinte forma a participação dos jovens no jongo:

> Hoje esses adolescentes estão interessados em participar do grupo. Atrai-lhes o público e reconhecimento, mas resulta difícil ver um elo que os contate com o jongo dos velhos. Em parte, porque a forma de transmissão tem mudado. Os adolescentes "ensaiam" com mediadores de uma técnica moderna que não precisa de biografia e histórias. Nas neocomunidades, esses elos subjetivos são substituídos pelo "ensaio" e o "palco", que operam como dispositivos técnicos para a "espetacularização" da cultura popular. A transmissão deixa de estar pautada em vínculos subjetivos para exigir compromissos de ensaio, visando atingir a beleza da forma exigida pelo palco, o que implica superar as "falhas emocionais", e as técnicas rudimentares militam contra uma boa "posta em cena".
> (Lifschitz, 2006, p. 75)

À medida que a conversão às igrejas pentecostais nas comunidades quilombolas favorece o estabelecimento de uma relação pragmática com as tradições, outra leitura possível sobre o crescimento das denominações pentecostais e neopentecostais é pensar como valores da teologia da prosperidade estão alinhados com a dinâmica do sujeito neoliberal, que, conforme apontaram Laval e Dardot (2016), não permanece preso a coisas do passado, mas cultiva previsões positivas. Em outras palavras, a gestão neoliberal de si consiste em fabricar para si mesmo um eu produtivo. Assim, o crescimento das denominações pentecostais não pode ser dissociado das subjetividades que o capitalismo cria à sua imagem e semelhança.

Podemos dizer que a relação que se estabelece com a transmissão dos saberes entre as comunidades quilombolas informa um *ethos*, isto é, uma maneira de ser. Ressignificar o passado por meio dos usos potentes da tradição pode ser uma forma de curar as lesões e cicatrizes que impedem a construção do comum, inseparável da reinvenção da comunidade (Mbembe, 2014, p. 305). Por isso, repito o questionamento de Benjamin (1994, p. 115): "Pois qual o valor de todo o nosso patrimônio cultural, se a experiência não mais o vincula a nós?". Parece-me que é essa a divisão percebida por Terezinha quando se refere à presença das práticas pentecostais na comunidade de São José da Serra.

3.1.3 "Se fosse enfrentar sozinha, eu enfrentava"

Em dezembro de 2003, cinco meses após o falecimento de sua mãe, Terezinha concedeu uma entrevista a um grupo de pesquisadores do Labhoi, da UFF. Quase no fim da conversa, quando questionada sobre o processo de assumir a posição de líder espiritual no lugar da mãe, falou:

Porque outros que haviam seguido o terreiro podiam ter pegado esse compromisso, mas eles escolheram eu pra ser a responsável por tudo. Porque eu sempre cuidei, sempre que ela [dona Zeferina] precisava, eu cuidava. Se fosse enfrentar sozinha, eu enfrentava também. Eu trabalhei no terreiro 31 anos seguidos, sem faltar um dia, e resolvia tudo que ela precisava. Que ela falava: "Cuida disso". Aí eu cuidava. Uma coisa que ela mandava e ia me ensinando. (Azedias, 2003)

Sua fala indica três elementos que a fizeram assumir a posição de mãe de santo no terreiro da comunidade: o tempo de aprendizado; o reconhecimento atribuído a ela pelos outros, ao ser escolhida para ocupar o lugar da mãe; e o autorreconhecimento como alguém constituída de saberes acumulados por uma longa experiência com a prática. Foram mais de trinta anos de observação e repetição das práticas da mãe. Sua fala expressa, assim, autoconfiança.

Outro elemento de destaque é que, se o verbo "cuidar", à primeira vista, pode expressar apenas uma ação que se faz sobre os outros e para os outros, na medida em que Terezinha se posiciona como alguém que assumiu a função porque se reconhece como conhecedora dos preceitos, sua fala sugere também a estima por si mesma. Essa estima borra tecnologias racistas, sexistas e classistas que atravessam a semântica da falta, em que processos históricos de exclusão são naturalizados e vistos como indissociáveis das subjetividades das mulheres negras.

A prática da umbanda é um espaço de afirmação da potência feminina em São José da Serra, indicando que a transmissão extrapola a literalidade da prática, pois implica um modo de viver em que determinados saberes e formas de transmissão exprimem o cuidado de si e do outro como prática política, assegurando um espaço de potência ocupado por mulheres. Sobre a dimensão política do cuidado, Salma Muchail, analisando o "cuidado de si" em Foucault, considera que:

> Cuidar-se não é privilégio, nem dever de alguns para o governo de outros, é imperativo para todos. Cuidar-se não se endereça a uma fase específica da vida, é tarefa para todo o tempo, e, se há alguma etapa a que melhor se destina, é a maturidade, principalmente a velhice. Cuidar-se não se circunscreve ao vínculo dual e amoroso entre mestre e discípulo; expande-se aos círculos de amizades [...], de parentesco, de profissão, quer em formas individualizadas (cartas, aconselhamentos, confidências), quer em formas institucionalizadas e coletivas (escolas, comunidades etc.). (Muchail, 2011, p. 76)

Nessa perspectiva, o cuidado de si opõe-se à postura narcisista e individual, porque inclui a abertura e a relação com o outro, que não se restringe aos relacionamentos amorosos, mas engloba círculos de amizade, de parentesco, formas individualizadas ou coletivas. Neste livro, não pretendo mesclar as práticas greco-romanas de cuidado de si estudadas por Foucault às ações das mulheres quilombolas, mas, por meio dos estudos foucaultianos, tenciono pensar a potencialidade política do cuidado em termos contemporâneos, como uma atitude política que se opõe aos espectros da morte física e simbólica que ronda os corpos de pessoas negras e pobres. O cuidar do outro pela cura religiosa confere respeito às sacerdotisas em São José da Serra. Sobre isso, Terezinha disse-me:

> Nove anos os guias prepararam ela [Zeferina]. Até eles [guias] chegarem e curarem ela. [...] Ela, curada, foi e abriu o terreiro, mas atendendo dentro de casa, mas vinha muita gente trazer

criança doente pra ela rezar. [...] Aí, o dono da fazenda pediu pra ela fazer um lugar pra rezar, porque a mulher dele também vinha rezar diariamente. Aí fez o terreiro embaixo. Aí, ela ficou com medo de trabalhar sem tirar licença, foi, tirou licença lá embaixo [Rio de Janeiro] na federação. Aí, nela falecer, ficou eu sendo responsável.

Durante nove anos, os "guias" prepararam sua mãe para exercer a prática religiosa, segundo narra Terezinha. Isso se deu pela cura de suas enfermidades. Em outro momento da conversa, ela conta que isso aconteceu por volta de 1965, quase às vésperas de seu casamento com João Azedias, seu companheiro por cinquenta anos. Importante ressaltar que, na umbanda, os guias são os espíritos de antepassados que morreram, e aqueles que possuem mediunidade podem se comunicar com eles pelo transe espiritual (Birman, 1983).

Em São José da Serra, a primeira tenda só foi erguida na década de 1970, quando a notoriedade de Zeferina fez com que sua casa não comportasse mais o número de indivíduos que atendia, inclusive a dona da fazenda, o que levou os proprietários a construírem uma tenda no território. No entanto, como o terreiro foi construído na área do proprietário da terra, Zeferina não pôde registrá-lo na Federação Espírita Brasileira (FEB). Em 1982, diante do medo de exercer a religião sem chancela institucional, Zeferina achou melhor abrir e registrar um terreiro em um terreno familiar, fora da fazenda, no morro do Cruzeiro, em Santa Isabel do Rio Preto. Sob orientação de Zeferina, os moradores de São José da Serra construíram duas casas de umbanda com o mesmo nome, as Tendas Espíritas São Jorge Guerreiro e Caboclo Rompe Mato (Carmo, 2012).

No relatório produzido em 1998, Mattos e Meireles apontavam, na época, a existência de outro terreiro nas terras do quilombo, pertencente a Manoel Seabra, irmão de Zeferina, e relataram que esse centro, menor, ficava no quintal da casa de seu Manoel, mas ele também trabalhava como ajudante na tenda liderada pela irmã. Por causa da idade avançada, 98 anos, Manoel Seabra não atende por meio de rezas, mas continua frequentando a casa comandada por Terezinha. O terreiro de umbanda construído no território da fazenda permanece sem registro oficial, já que as terras do Quilombo de São José da Serra não foram regularizadas.

A antropóloga Ione do Carmo, em seu trabalho sobre as relações entre jongo e umbanda em São José, considera que a prática de cura da umbanda está entre os motivos que levam muitos à experiência religiosa, como aconteceu com dona Zeferina, o que contribuiu para o crescimento do número de consulentes no terreiro da comunidade, bem como para a legitimidade da mãe de santo (Carmo, 2012). Em virtude dessa legitimidade, Zeferina, quando assumiu as festas de jongo, pôde introduzir novas relações, conforme apontou Terezinha:

> O pessoal do jongo foi embora pra São Paulo. No tempo deles, criança não entrava no jongo, só podia dançar na barraca; chegar dentro do jongo, não podia. Então, eles foram embora, deixou o tambu com papai. Aí veio pra cá, mamãe ficou sendo responsável, e ela ensinou tudo quanto é criança a dançar.

Terezinha alude aos jongueiros da comunidade, na época em que a prática era liderada especialmente por homens adultos. No costume dos antigos, as crianças não podiam dançar, já que se acreditava que, apesar de não se confundir com a umbanda, o jongo também tinha aspectos mágico-religiosos (Carmo, 2012). Depois que Zeferina assumiu, ela operou transformações, e uma delas foi a introdução de crianças nas apresentações públicas. Como dissemos anteriormente, não por acaso, Zeferina é apontada por alguns moradores de São José da Serra como aquela que, além de trazer as crianças para o jongo, mudaria as relações de gênero dentro da comunidade (Fernandes, A. do N., 2003; Seabra, M., 2003; Azedias, 2003).

Assim como as práticas religiosas trouxeram notoriedade a Zeferina, elas igualmente conferiram legitimidade a Terezinha, dentro e fora do quilombo. Isso já resultou em situações inusitadas, como a de ter sido chamada para benzer a abertura do Carnaval em uma cidade vizinha, o que me relatou em meio a sonoras gargalhadas:

> Pediram para eu abençoar o Carnaval em Conservatória. Mais de não sei quantas pessoas na segunda-feira de Carnaval. A gente foi de ônibus. Quando chegou lá, o homem falou: "É para poder abençoar o Carnaval. Igual você abençoa a fogueira, abençoa o Carnaval". Ah, meu Deus do Céu, eu falei assim: não dá. Mas ele falou: "A gente pediu porque quando a senhora jogou água da fogueira na nossa mão, do que eu estava sentindo, eu fui curado".

A situação jocosa narrada por Terezinha ilustra como a prática da cura lhe garante lugar de respeito dentro e fora da comunidade. Naquele mesmo dia, perguntei sobre seus procedimentos: "Eu não tenho força para curar; mas tem as forças que podem curar. A gente pede a Deus, a força a Oxalá, que ilumina todo aquele que vem pedir o remédio e alcançar a cura". Ela diz ser um canal por meio do qual a cura se dá; uma prática que não começou com ela e não se encerra nela. Em outro trecho, Terezinha cita sua filha, Maria Aparecida, que exerce a função de mãe-pequena no terreiro da comunidade:

> A gente tem muito, assim, vibração de conversar com quem já passou [morreu]. Aí, então, quem já morreu vai sempre estar conversando. Falam comigo. Quando não é comigo, falam com a Cida [...] A mamãe [Zeferina] toma conta direto. Até criança que nunca foi daqui, e sempre considerou a mamãe muito, se tiver doente ela chega, sonha, e manda vir aqui para rezar.

"Vibração" é a palavra usada por Terezinha para definir como seu corpo se coloca em disponibilidade para conversar com aqueles que já morreram. Esse trânsito constante entre o mundo dos mortos e o dos vivos é uma das características da umbanda. Pode-se continuar aprendendo com quem já se foi por meio dos caminhos espirituais. Ela menciona sua mãe, que continua prestando cuidados. São os espíritos que detêm o poder de curar, explica, e os benefícios da cura não se restringem aos familiares, tampouco ao mundo dos vivos. Um elemento que se destaca na prática da umbanda de Terezinha é a vivência de uma maternidade estendida, em que a figura materna pode se multiplicar.

A pesquisadora do campo da literatura e linguagem Gizêlda Melo Nascimento (2008) diz que a experiência da escravidão de ontem e os processos de desamparo social de hoje favoreceram a formação de famílias negras fora dos padrões burgueses, idealizados em torno da família patriarcal nuclear. Nascimento afirma como nosso modelo familiar é o extensivo, em que a figura materna se reduplica, migrando para várias mulheres e de forma concomitante. Nas palavras da autora, há sempre a presença de uma irmã mais velha, tia, madrinha ou mesmo vizinha para exercer a função do cuidado. Isso não significa que os homens estejam excluídos. Nesse modelo, os vínculos não se estabelecem somente pelo pertencimento sanguíneo. Essa presença feminina, segundo Nascimento (2008, p. 54), tem a função de atrair o grupo em torno de si, procurando reunir a todos e visando evitar que os laços se afrouxem: "A criança nascida receberá princípios e educação de várias mulheres, suas iniciadoras". Trata-se, então, de um modelo que rasura a ideia de família nuclear burguesa, centrada no indivíduo. Esse modelo familiar ancestral constitui uma das potências para as comunidades negras.

Sobre esse legado, contribui o historiador Robert Slenes (1999), ao analisar a constituição de famílias escravizadas no século XIX, em Campinas, interior de São Paulo. Para o pesquisador, apesar de não representarem uma "brecha camponesa", ou seja, uma autonomia em relação ao domínio senhorial, essas famílias podem ser consideradas um elemento de promoção na melhoria das condições de vida dos escravizados. Segundo Slenes, as famílias cativas constituíam "um projeto de vida" para muitos escravos e escravas, pois por meio delas era possível ganhar maior controle do espaço da moradia, acesso ao cultivo da terra em benefício próprio e à organização de uma economia doméstica. Dados os limites impostos pelo domínio senhorial, essas conquistas não podem ser minimizadas. O historiador aponta, ainda, que a "família cativa" não se reduzia a estratégias e projetos centrados em laços de parentesco; em vez disso, abarcava um mundo mais amplo que os escravizados criavam a partir de suas esperanças e recordações. Nesse sentido, a formação de famílias, inclusive as extensas, compunha uma das estratégias de sobrevivência dentro do cativeiro (Slenes, 1999, p. 49).

Em termos contemporâneos, ante a desagregação causada por desemprego, alcoolismo, prisões e mortes, muitas mulheres negras se constituem como elementos-chave em suas relações familiares, favorecendo a sobrevivência de suas comunidades. Em São José da Serra, o legado feminino se exprime pelo reconhecimento dos saberes das mulheres. Para Terezinha, outro valor da prática da umbanda é não ter vaidade: "Não pode ter vaidade. Tem que ser uma pessoa simples e ser um coração bondoso, para não ouvir nada ruim na pessoa, só ouvir coisa boa. A gente, sendo bom, só recebe coisa boa". Esse preceito atravessa todo o seu modo de viver: "Eu cuidando aqui, dentro de casa, e cuidando no terreiro é a mesma coisa".

Como mencionado, em 18 de outubro de 2014, junto com minha amiga Ana Flávia Magela Gerhardt, acompanhei o festejo de São Cosme e Damião que aconteceu no terreiro de umbanda de São José da Serra. Naquele dia, enquanto ajudávamos no preparo da festa, pude perceber o envolvimento de moradores do quilombo de todas as idades. A organização da cerimônia se transforma em um espaço de sociabilidade alegre da comunidade. Fala-se sobre a vida, e os jovens aproveitam para paquerar, trocar músicas. Terezinha estava assoberbada, dividindo-se entre a atenção aos filhos de santo que vieram de fora do quilombo e o preparo dos doces para a festa. A única advertência que ela me fez foi: "Só não pode fotografar dentro do terreiro, porque os iniciados estão incorporados". Sua fala exprime a busca por proteger a prática de um dos efeitos que as lentes fotográficas podem trazer: a espetacularização.

Às oito horas da noite, a cerimônia começou. Naquele dia, a jira foi dividida em dois momentos e em dois espaços. A abertura, na parte interna do terreiro, durou cerca de duas horas, mesma duração da segunda parte, na área externa. Foi nesse local que os médiuns incorporaram os espíritos infantis. Os iniciados na prática provocavam as outras pessoas presentes, molhando-as de guaraná, lambuzando-as de bolo, distribuindo frutas e doces. O convite era claro: deixar-se afetar pelas brincadeiras e provocações. As boas energias eram evocadas por meio dos jogos e danças. Para isso, era preciso estar com "coração puro", conforme disse Terezinha, ou melhor, deixar-se guiar pelos fluxos da festa. Naquele instante, múltiplas camadas de tempo e significados recobriam os corpos dos indivíduos e o terreiro. Adultos que se fazem crianças, permitindo esquecer o tempo da lida na roça, do subemprego, do trabalho nas cozinhas domésticas, para entrar no tempo da festa, uma celebração que evoca os ancestrais.

As narrativas que ouvi e a experiência a que assisti no terreiro de umbanda convergem com o conceito da série *Assentamento* (2013), construída pela artista visual Rosana Paulino, já que evocam deslocamentos da dor e do trauma em direção a uma potência. O projeto se baseia em fotografias ampliadas em tamanho real de uma mulher escravizada, cuja imagem foi capturada no século XIX durante a expedição do cientista Loùis Agassiz. Para a construção poética, Paulino recortou as fotografias e costurou as partes de maneira desconexa, com uma linha preta. No catálogo educativo da exposição, a artista explica o motivo:

> Penso que estas pessoas tiveram que se refazer ao chegar a um mundo totalmente desconhecido de seu local de origem. Imagine, um dia, estar cercado de seus familiares, amigos, e em outro estar em um navio negreiro, totalmente insalubre, com gente de variadas etnias e que não fala a sua língua. Ao desembarcar em terras estranhas, há ainda o trauma da escravização. Estas pessoas tiveram que se refazer, mas este "refazimento" nunca é completo! Sobram as marcas deste processo de adaptação, marcas estas que, muitas vezes, foram também transmitidas aos seus descendentes. Daí as costuras desencontradas, mostrando que um refazer-se completo é tarefa quase impossível. (Paulino, 2013, p. 1)

Diante da brutal desterritorialização, o assentamento se transforma em uma espécie de cura para a dor. Entretanto, conforme explica Paulino, é um "refazimento" que nunca se completa, pois os traumas do passado ainda ressoam na construção de subjetividades das mulheres negras. O conceito de assentamento da artista se relaciona tanto à dimensão física quanto à espiritual. Em sua perspectiva, uma vez transplantados à força, os africanos e as africanas que aqui chegaram trouxeram seus saberes e "assentaram aqui sua força, seu axé" (Paulino, 2013, p. 4).

O axé, compreendido como a força vital de qualquer ser, animal, vegetal, mineral, humano, está relacionado à cosmovisão africana que, no Brasil, foi traduzida nos terreiros de umbanda e candomblé. Sodré considera que os terreiros litúrgicos são espaços regidos por uma racionalidade que problematiza a razão como força central, já que o axé é o elemento mais importante. Vale dizer que é algo que literalmente se planta em um lugar, para depois ser acumulado, desenvolvido e transmitido, cabendo à mãe de santo realimentar e distribuir o axé (Sodré, 1988, p. 50-1). Para o autor, essas comunidades litúrgicas conhecidas como terreiros são exemplos notáveis de espaços que se mantêm contra os estratagemas das espacialidades construídas pela lógica europeizante, pois suas práticas se orientam por um "entrar no jogo da sedução simbólica e do encantamento festivo, cuja dinâmica não se dá pela dialética regida pela lógica da tese, da antítese e da síntese, mas por meio de uma concepção pluralista de espaço, cujos contrários se atraem por meio de um jogo de afetações mútuas" (Sodré, 1988, p. 50).

Retomando a experiência no terreiro em São José da Serra, momentos antes da cerimônia aproveitamos para visitar o jequitibá, árvore centenária do terreno do quilombo, que também é utilizada para as oferendas espirituais, sendo, portanto, um lugar de axé. Quando chegamos ao alto do morro, era visível a vegetação devastada em torno do jequitibá, mas o fato de a árvore ter crescido enroscada a uma pedreira havia dificultado sua derrubada. A metáfora do jequitibá serve para pensarmos como a prática da umbanda na comunidade de São José da Serra tem sobrevivido à expansão dos modos neoliberais, dos quais o poder pastoral é uma das expressões.

Assim como o jequitibá, os saberes de Terezinha vêm de longe e se expressam por meio de uma ética feminina do cuidar de si e do outro a partir da transmissão de saberes, orientados a ampliar a força e a potência de vida. Por sua disposição, que herdou autoconfiança de sua mãe, essas bases serão transmitidas por muito tempo. "Se fosse enfrentar sozinha, eu enfrentava", lembra a sacerdotisa do terreiro, com a energia de quem é a responsável pelo assentamento.

3.2 Marilda de Souza Francisco: *griotte* risonha

A disposição risonha de lutar pela vida manifestada por Terezinha foi igualmente registrada no Quilombo do Bracuí, em minhas conversas com Marilda de Souza Francisco. Marilda é uma liderança quilombola respeitada dentro e fora da comunidade por ter se constituído como um arquivo vivo das histórias locais, partilhando-as pela oralidade. Atualmente, nos marcos do projeto Passados Presentes, ela recebe pesquisadores, estudantes, entre outros visitantes, narrando histórias relativas ao tráfico de africanos ou a locais de memória do território do quilombo.[44] Por isso, para além de entrevistas, Marilda e eu conversamos como duas historiadoras.

A primeira vez que estivemos juntas foi no finalzinho da tarde de 24 de fevereiro de 2016. Naquele dia, Angélica de Souza Pinheiro, outra liderança do quilombo, levou-me até a casa de Marilda para que eu fizesse os primeiros contatos.[45] No caminho, Angélica mencionou que a irmã de

---

44 O projeto é uma empreitada de turismo histórico-cultural elaborada em 2014 pelos historiadores Hebe Mattos, Martha Abreu e Milton Guran, ligados ao Labhoi da UFF. Participaram de sua elaboração os quilombos de São José da Serra, Bracuí e Jongo de Pinheiral. O objetivo é rememorar o tráfico de africanos para a antiga província do Rio de Janeiro, bem como os movimentos de resistência cultural dos escravizados. Para isso, foi construído um inventário sobre os lugares de memórias existentes nas respectivas comunidades, o que permitiu a sinalização desses locais por meio de placas com informações históricas.
45 Em setembro de 2016, Angélica de Souza Pinheiro, de 35 anos, faleceu por complicações renais. Ela havia se formado na primeira turma de Licenciatura em educação do campo, pela UFRRJ, em 2011. Angélica também era jongueira e uma liderança ativa da associação quilombola — foi ela quem me apresentou a outras lideranças femininas do Bracuí. Em 2017, durante o Seminário Mulheres em Movimento, promovido pelo Sepe e pela Arquisabra, Angélica foi lembrada como uma das mulheres de luta do quilombo.

Marilda, Maria Lúcia, estava hospitalizada e que ela vinha acompanhando-a no hospital. Diante disso, imaginei que o encontro seria breve, apenas para agendarmos uma conversa futura, a ser realizada em momento mais conveniente. Quando lá chegamos, à medida que iniciamos informalmente as apresentações, Marilda começou a contar histórias que envolviam a irmã e outros integrantes da comunidade. Aos poucos, enquanto falava, percebi como o semblante de preocupação dava lugar a uma expressão mais descontraída. Naquele instante, intuí que estava diante de uma contadora de histórias cujas narrativas orais exprimiam, simultaneamente, uma forma de cuidado de si e dos outros, já que contá-las devolveu-lhe a energia.

Curiosa, Marilda é uma dessas pessoas que gostam de matutar e de aprender coisas novas. Para isso, ela foi desenvolvendo uma capacidade de escuta que lhe permite ouvir, atentamente, desde os mais velhos até as crianças da comunidade, passando por indivíduos com pouca ou nenhuma escolarização e pesquisadoras e pesquisadores que chegam ao quilombo com temáticas variadas de investigação. Pelo prazer da escuta e da narração, ela segue construindo e recriando o acervo de histórias que se traduz como uma maneira de conduzir a própria vida.

Marilda nasceu em 15 de fevereiro de 1962, em Angra dos Reis, nas mesmas terras que, em 1878, foram doadas no testamento do comendador José de Souza Breves para o grupo de ex-escravos e escravas da fazenda. Durante a infância nos terreiros do Bracuí, além das brincadeiras e travessuras, ela ouvia a forma como seu pai, Antônio Francisco Ramos, contava histórias — um jeito, segundo ela, cheio de alegria. Aos poucos, Marilda foi desejando recontá-las à sua maneira. Eram histórias do tempo do cativeiro, dos desembarques clandestinos, da doação das terras feita no fim do século XIX, das condições de vida no pós-abolição, das grilagens e das pressões para que seus familiares abandonassem o território. Também eram histórias de fantasmas, assombrações, descoladas da necessidade de semelhança com a realidade.

Para nos aproximarmos dos modos de constituição de si de Marilda, que se fazem pelas práticas de escutar, guardar e redizer, é valiosa a noção de subjetividade corporificada descrita pela feminista foucaultiana Margaret McLaren (2016, p. 113): "noções de subjetividades que começam com o corpo devem levar em conta a diferença cultural e a especificidade histórica; sujeitos não podem ser separados dos contextos nos quais se desenvolvem e operam". No Bracuí, as narrativas sobre o passado estão presentificadas não apenas nas paisagens, mas também nos corpos que recontam essas histórias. Bracuí é terra de *griots* e *griottes*, ou seja, lugar de inúmeros contadores de história.[46] Foi nessa terra que Marilda aprendeu tais histórias, mas foram as condições históricas em torno da construção da diferença quilombola que favoreceram o reconhecimento do valor dos saberes que ela possuía. Naquele momento, ela foi concebendo novos significados para as histórias contadas por seu pai, conferindo-lhes a potencialidade política de criar laços entre as pessoas e o espaço onde vivem, além de concebê-las como algo fortalecedor da autoestima para aqueles que moram no Bracuí. A esse respeito, Marilda explica: "Então a nossa luta

---

46 Embora os termos *griot* (ou griô) e *griotte* sejam usados para fazer referência às oralidades negras em múltiplos contextos diaspóricos, a prática tem sua origem no oeste da África e remonta ao século XIII, durante o Império Mali. No século XIX, viajantes franceses que frequentavam a região do Senegal usaram o termo *griot* para definir contadores de história da região. Segundo Thomas Hale (1994), a atividade, até o fim do século XIX, estava exclusivamente associada aos homens, havendo pouca referência às *griottes*, ou seja, à tradição de contar histórias entre as mulheres. A narrativa dos *griots*, enfatizando apenas os fazeres masculinos, pode ser visualizada em Hale (1994) e Hernandez (2005, p. 29-31).

continua sendo pela conquista da terra e [pelo] fortalecimento da comunidade, das pessoas, tipo educação mesmo, autoestima, porque nós negros temos muita baixa estima pelo que aconteceu nos tempos passados" (Francisco, 2014).

Do enunciado apresentado, destaco a articulação entre a luta pela terra e a necessidade de fortalecimento da autoestima por meio da educação. É uma percepção acurada de que o racismo não implica apenas privação material e de direitos, mas também afeta o que há de mais subjetivo: a capacidade de visualização das próprias potencialidades. Para isso, é preciso elaborar o trauma "pelo que aconteceu nos tempos passados", uma atitude corajosa de enfrentamento da dor. A análise de bell hooks, tratando da dimensão do trauma na experiência negra estadunidense, converge com a percepção de Marilda:

> Em toda a história de nosso país, negros e sociedade como um todo quiseram minimizar a realidade do trauma na vida do negro. Isso tem sido fácil a qualquer um que se concentra nos assuntos relativos à sobrevivência material e vê sua privação como a razão principal da continuidade de nosso caráter coletivo de subordinação, em vez de se situar no tema do trauma e recuperar nossas pautas. (hooks, 2003, p. 23).

Notemos como hooks indica, tal qual Marilda, que a elaboração do trauma deve estar incluída nas agendas de reivindicações da luta antirracista, que as necessidades materiais devem estar entrelaçadas às subjetivas. Para ela, o conhecimento histórico tem sido um dos meios de compreender as injustiças e reelaborar a dor. A exemplificar essa percepção, vejamos um trecho em que a *griotte* do Bracuí narra uma conversa que teve com a irmã:

A minha irmã falava assim: "Poxa, quando eu cresci, às vezes eu me revoltava por ser negra, porque eu não via um negro rico, eu não via um negro com carro. Só via o negro sempre lutando muito para ter alguma coisa. Agora, eu olhava as outras pessoas de cor branca e num instante as pessoas tinham uma casa boa". Aí eu fui falando para ela assim: "Maria Lúcia, até os italianos que vieram depois ganharam terra e plantaram [...], mas, minha filha, eles [os negros] tinham condições de escravos e depois quando eles foram libertos eles continuaram não tendo nada!".

Maria Lúcia Oliveira, irmã mais velha de Marilda pela parte materna, é capelã na igreja da comunidade, ou seja, responsável pelos ofícios religiosos, além de jongueira, sendo alguém por quem Marilda expressa respeito e admiração. No seu dizer, elas desenvolveram uma relação de amizade em que conversas como a que acabamos de ler são frequentes. Ali, Marilda desloca o ressentimento manifestado pela irmã valendo-se do conhecimento histórico para explicar as desigualdades entre negros e brancos. Em sua fala, os negros não podem se sentir mal por aquilo que não receberam — uma abordagem que permite a elaboração dos traumas individuais e coletivos, favorecendo tanto a criação de espaços outros de subjetivação como a denúncia de injustiças. Nessa segunda dimensão, parafraseando Conceição Evaristo (2007, p. 21), as narrativas, para Marilda, não se destinam a "ninar os sonhos da casa-grande, e sim incomodá-los em seus sonos injustos".

Ao mesmo tempo, a quilombola não abre mão de histórias solares, cheias de chistes e gozos. Nos encontros que tivemos, foi comum ouvir causos engraçados sobre o passado. Afinal, como lembrou Foucault, para liberar-se da narrativa da falta, é preciso enfocar o que é positivo e múltiplo.

Marilda milita às gargalhadas, em sintonia com as provocações do filósofo francês: "Não imagine que precise ser triste para ser militante, mesmo se a coisa que combatemos é abominável. É o elo do desejo à realidade (e não sua fuga nas formas da representação) que possui uma força revolucionária" (Foucault, 1991, p. 82-3).

As narrativas orais: eis sua força contestatória. Marilda é uma *griotte* que dá gargalhadas. A fim de percorrermos os processos de subjetivação que se fazem por meio das tradições orais, seguiremos com ela por traçados fragmentados. Primeiro, retomando alguns acontecimentos da década de 1980, quando sua vida pessoal se entrelaça às condições enfrentadas pela comunidade do Bracuí no período que antecede o início do reconhecimento do grupo como quilombola. Segundo, deslocando-nos para o contexto em que ela reconhece, simultaneamente a esse processo, o valor histórico das narrativas. Outro interesse é explorar os conteúdos de algumas histórias, destacando a capacidade que Marilda tem de criar sentidos outros sobre o passado. Por fim, o derradeiro caminho explora os valores éticos da prática de contar histórias, evocando a escuta como uma forma de cuidado de si e do outro.

3.2.1 "Não vou mais lavar os pratos"

Em 1980, quando Marilda completou dezoito anos, precisou interromper o "segundo grau", como era chamado o ensino médio na época. Ela, que entrara na escola com dez anos, já alfabetizada, e até então não tinha repetido nenhuma série, não pôde prosseguir os estudos, pois não havia oferta de ensino desse nível perto do Bracuí — só no centro de Angra dos Reis, no período noturno. Além disso, Marilda teve de começar a trabalhar para ajudar nas despesas de casa. Sobre esse período, diz: "Eu não tinha tempo de parar para estudar, porque, além de trabalhar de doméstica, na cozinha, limpando a casa, ainda tomava conta das crianças da roça, então não dava tempo de estudar, não" (Francisco, 2014).

Nessa época, Marilda trabalhou como empregada em várias casas, tarefa que odiava por conta das inúmeras situações de desrespeito pelas quais passou. Em uma delas, Marilda conta que chegou a ser chutada pela patroa:

> Eu cresci com uma raiva de trabalhar em casa de madame [...] eu fui trabalhar em uma outra casa que eu tinha que dormir lá na casa. Estou eu lá, aí a mulher me arrumou uma cama na sala. Aí eu estou dormindo, quando chega e daqui a pouco eu sinto um negócio na minha costela "puf, puf". Eu falei: meu Deus do céu, o que é que é isso? Acordei com a mulher me chutando: "Acorda, acorda, tá na hora!". Ah! não gostei daquilo não. Eu não nasci para ser chutada não. [...] Não fiquei lá nem uns dois dias.

Não há outro sentimento que não seja ódio para descrever a dupla violência sofrida por ela: ser forçada a parar de estudar pelas dificuldades financeiras e enfrentar o desrespeito daqueles que a empregavam. Se não vivêssemos em um país que demorou 125 anos, após a abolição da escravidão, para conceder direitos trabalhistas às empregadas domésticas, o relato de Marilda poderia até soar implausível.[47] Entretanto, sua fala evoca as ressonâncias

---

[47] Conhecida como PEC das domésticas, a Proposta de Emenda Constitucional (PEC) aprovada pelo Senado em 2013 e sancionada pela presidenta Dilma Rousseff em 2015 estendeu às trabalhadoras domésticas alguns direitos, como jornada máxima de 44 horas semanais e não superior a oito horas diárias, e o pagamento de hora extra, adicional noturno, seguro-desemprego e Fundo de Garantia do Tempo de Serviço (FGTS), entre outros.

da casa-grande e a síndrome de sinhá que ainda pautam as relações entre as trabalhadoras domésticas e as empregadoras. Ao longo da pesquisa, várias mulheres relataram abusos semelhantes.

Outro exemplo foi contado por Ana Cláudia Martins, 41 anos, e Daniele Elias Santos, trinta anos, ambas lideranças do Quilombo do Campinho da Independência. Para elas, nem mesmo os altos salários pagos pelo condomínio de luxo Laranjeiras, famoso na região de Paraty, minimizaram o sentimento de humilhação, agravado pelo fato de que, entre os proprietários, estão banqueiros, empresários, fazendeiros e políticos da bancada ruralista, ou seja, alguns dos principais algozes das comunidades quilombolas. Ana Cláudia trabalhou no condomínio dos dezessete aos 27 anos, um trabalho que define como "continuar à mercê da escravidão", pois, além de extenuante, envolvia humilhações cotidianas e práticas desumanizadoras:

> Uma coisa muito chata e humilhante era servir na beira da praia os aperitivos deles. Você fazia tudo, lavava, cozinhava. Eu servia, tinha que colocar a cama impecável, sem nenhuma dobrinha, e ainda tinha que ouvir o sininho tocar, que tinha que servir na hora tal. [...] Então, isso é muito humilhante, não é? Aí eu pensei: chega disso, vou partir pra minha comunidade.

O barulho do sininho indicava que alguém queria ser servido, e Ana Cláudia se deslocava para atender. Em seu relato, seus patrões eram incapazes de chamá-la pelo nome. Ela conta que suportou o trabalho por dez anos porque tinha uma filha e precisava do emprego para sustentá-la, mas, quando surgiu oportunidade de trabalho dentro do quilombo, Ana Cláudia não hesitou em largar a função: "Vou partir pra minha comunidade".

Já Daniele teve uma passagem mais rápida pelo condomínio Laranjeiras. Foram apenas quarenta dias, em 2010, mas tempo suficiente para nunca mais querer voltar. Segundo ela, a tia morreu aos 32 anos, depois de trabalhar a vida inteira no condomínio e, mesmo conseguindo comprar carro, ter uma casa melhor, não pôde desfrutar desses bens. Do trabalho, Daniele conta:

> A dona Renata, dos Camargo & Corrêa, gostou muito de mim porque eu sou magrinha e bonita, dentro dos valores dela pra ser funcionária. [...] Tinha que andar com aquele cabelinho, com aquela redinha, com aquela roupa horrorosa, com aquela moleca. Ia na praia, tinha que servir, não tinha hora pra sair. Você sai de lá tarde da noite. E eles queriam que eu dormisse lá. E aí quando foi chegando o final, ela disse: "Eu quero te contratar pra você ir pra São Paulo comigo". Eu falei: "Nunca mais você vai me ver. Me dá meu dinheiro aqui". Dali, eu jurei pra mim: nunca mais eu quero entrar nesse lugar!

Daniele enumera as formas da humilhação: seu corpo jovem semantizado como objeto de valor, as roupas que odiava usar, as horas extenuantes de trabalho. Tudo isso para realizar uma atividade que exigia renúncia de si para atender aos desejos dos outros. Os depoimentos de Marilda, Ana Cláudia e Daniele, três mulheres negras cujos testemunhos provêm de temporalidades e gerações distintas, denunciam como seus corpos são consignados pelo racismo, sexismo e classismo nos bastidores de uma forma de trabalho em que devem negar suas singularidades.

Suas falas me evocam sensações semelhantes às provocadas pela série *Bastidores* (1997), de Rosana Paulino, que apresenta seis imagens de mulheres negras com a boca, os olhos, a testa e a garganta costurados. As cenas sugerem o anonimato das agressões que acontecem nos bastidores do trabalho doméstico para muitas mulheres negras. A historiadora Luana Saturnino Tvardovskas (2015), analisando a poética da obra, associa a boca costurada das mulheres negras às máscaras de ferro impostas aos escravos, tortura que os impedia de falar e os fazia comer terra nas inúmeras tentativas de suicídio. Para a historiadora, a obra de Paulino, ao transitar entre as crueldades da escravidão africana no Brasil e a experiência contemporânea da opressão, denuncia as linhas de continuidade expressas nos bastidores da violência doméstica (Tvardovskas, 2015, p. 144-6). As violências contra essas mulheres não estão restritas às casas onde moram nem somente aos homens: elas podem ocorrer nos locais de trabalho.

Marilda, Ana Cláudia e Daniele, e cada uma de modo singular, disseram "não", simbolizando um basta para trabalhos que impunham sublimação dos desejos e da singularização. Como no poema de Cristiane Sobral, "Não vou mais lavar os pratos", elas foram aprendendo a fazer outras leituras de si mesmas:

> Não vou limpar a poeira dos móveis
> Sinto muito.
> Comecei a ler
> Abri outro dia um livro
> E uma semana depois decidi
> Não levo mais o lixo pra lixeira.

Ecoando os versos, Marilda, nos anos 1980, foi ampliando sua leitura do mundo, especialmente nas reuniões de grupos de jovens de que participava na Igreja católica.

A aproximação de moradores do Bracuí com setores progressistas da Igreja se relaciona à tentativa de expulsão da comunidade por duas empresas, a Bracuhy e a Sonial, cujos interesses residiam na indústria do turismo e visavam a investimentos nas terras litorâneas onde vivia parte dos quilombolas do Bracuí. Naquela época, setores progressistas ligados à teologia da libertação funcionavam como aglutinadores de demandas sociais, por meio das Comunidades Eclesiais de Base ou da Pastoral da Terra.

No caso da Fazenda Santa Rita, a assessoria da Pastoral da Terra se deu por intermédio de frei Jorge, um pároco que, à época do conflito com as empresas, em 1978, colaborou com a Federação dos Trabalhadores da Agricultura do Rio de Janeiro (Fetag-RJ) na elaboração da ação que os moradores do Bracuí moveram na Justiça contra as companhias. Em 1981, a comunidade perdeu o processo, o que fez com que muitas famílias se transferissem para a área da fazenda definida como Sertão, onde moravam o pai e a mãe de Marilda (Mattos *et al.*, 2009, p. 66-8).

O projeto desenvolvimentista da ditadura militar se expressou com destaque nas áreas litorâneas, no que Ana Maria Motta Ribeiro chamou de "desagriculturalização", fenômeno manifesto pela marginalização da atividade agrícola no espaço fluminense, em curso desde a fusão dos estados da Guanabara e do Rio de Janeiro, em 1975. Apesar de não apresentar linearidade nem homogeneidade, esse processo foi paulatinamente conformado por planejamentos e incentivos governamentais à vocação para o turismo, uma atividade predominante no estado. Ribeiro considera ainda que uma das principais implicações desse processo foi a emergência de políticas públicas fortemente influenciadas por interesses especulativos do capital imobiliário, que colaboraram para trazer recursos da União para o estado, o que, em última instância, promovia uma valorização das terras do Rio de Janeiro e de seus municípios (2005, p. 158-60).

Essas configurações econômicas afetaram as comunidades negras rurais, tanto pela especulação imobiliária em áreas que passaram a ser valorizadas pelo turismo, como aconteceu nas terras do Bracuí, quanto pela substituição das plantações pela criação de gado, como houve em São José da Serra. Em conjunto, essas ações impossibilitaram que muitos continuassem sobrevivendo como agricultores nas regiões onde estavam estabelecidos (Gusmão, 1996; Mattos & Meireles, 1998).

3.2.2 "Eu me reconheci nelas"

Para Marilda, seu engajamento político teve início nos anos 1980, mas foi o ativismo quilombola que lhe permitiu visualizar a potencialidade das narrativas orais na luta pela terra. No Bracuí, essa aproximação começou na década de 1990, liderada pelo jovem Leandro da Silva Ramos, a partir de seus contatos com lideranças do Quilombo de Campinho da Independência, primeira comunidade a ter as terras tituladas, em 1995. Por meio dessas trocas, Leandro foi compreendendo o direito das comunidades negras rurais e os procedimentos que o grupo do Bracuí deveria realizar. Desencadeou-se, então, um trabalho com a comunidade para que se compreendesse a questão quilombola nos termos jurídicos contemporâneos. Sobre isso, Leandro, que na época tinha 24 anos, narrou, no relatório de identificação da comunidade: "Muita gente não acreditava que aquilo era pra gente! Gente com medo de ser enganada, de ser mais grileiro chegando na região pra tomar as terras da gente! De tão calejados ficaram muito desconfiados. Só com o tempo é que ganharam mais confiança" (Mattos *et al.*, 2009, p. 77).

Marilda estava entre os moradores do Bracuí que rapidamente se engajaram no processo de *aquilombamento* da comunidade, não deixando, portanto, que a confiança calejada do passado bloqueasse as possibilidades do presente. Seu envolvimento derivou tanto do acúmulo de experiência política nas organizações de base da Igreja católica, como do reencontro pessoal com as histórias locais durante sua participação em um projeto desenvolvido na escola da comunidade, onde trabalhava como zeladora. Ademais, a década de 1990 foi um período pessoal atravessado por intensidades, pois foi quando ela e seu companheiro, Valmir Vitorino Pinheiro, tiveram filhos: Marcos Vinícius, nascido em 1990, e Raísa, em 1992. Eles são o orgulho dos pais: Marcos Vinícius formou-se em Agroecologia, em 2011, pela UFRRJ, e Raísa em Pedagogia na UFF.

Em 1992, a diretora da escola, Áurea Pires da Gama, da comunidade de Santa Rita do Bracuí, convidou Marilda para colaborar com o projeto Descobrindo as Histórias Locais, cujo objetivo era levantar as histórias do território onde a escola está situada. O trabalho estava vinculado à Secretaria Municipal de Educação de Angra dos Reis, que, inspirada pela proposta de Paulo Freire, incentivou a construção de práticas pedagógicas que tomassem as experiências dos alunos como ponto de partida. Nesse município, o PT conseguira se reeleger em 1992, o que permitiu a continuidade de iniciativas da área educacional com viés popular. No projeto, Marilda ficou responsável por levar e acompanhar a equipe pedagógica da escola até os moradores mais velhos, a fim de que contassem as histórias locais. Os esforços culminaram com a organização dos livros *Bracuí: conhecer para amar*, produzido mais artesanalmente, e *Bracuí, sua luta, sua história*, que ganhou duas edições, uma em 2000 e a outra em 2004 (Silva, 2004).

Nesse ir e vir pelas casas, Marilda foi construindo sentidos outros para as histórias que ouvia de seu pai: "Na verdade, eu comecei a descobrir que essas histórias tinham valor para a educação", disse-me. No trecho abaixo, ela mesma descreve o processo:

> Fomos no seu Adriano, no seu Manoel Moraes, pessoas mais velhas. Dona Joana, que já faleceu. Aí eu falei assim: meu pai contava muito essas histórias também, e eu sempre gostei de ouvir, sentada na beira do fogão. Aqui não tinha luz, aqui não tinha televisão, não tinha nada, e meu pai gostava de contar as histórias. [...] E, então, foi onde eu descobri que eu lembrava também de várias coisas, de várias histórias que meu pai contava. Então, a gente foi fazendo um apanhado de tudo isso e foi transformando em livro. [...] Muitas histórias que meu pai contava, eu achava que era da cabeça dele. Eu achava que ele tinha inventado, mas não era, não: era história mesmo que aconteceu no local. Várias pessoas contavam a mesma história, com outras palavras ou com outros jeitos, mas era a mesma história. (Francisco, 2014)

Do longo trecho apresentado, destaco o momento em que Marilda começa a intuir que as histórias de seu pai não eram invenção — faziam referência a acontecimentos efetivamente ocorridos naquelas terras. Brincando sobre a decepção de descobrir que seu pai não havia criado aquelas histórias, ela ressalvou: "Toda família contava a mesma história do negro fujão, só que cada família dava o seu final".

A *griotte* do Bracuí, tal como a personagem Antônio Biá, do filme *Narradores de Javé* (2003), de Eliane Caffé, percebe que nas narrativas sobre o passado há sempre espaço para invenções e reelaborações. Com efeito, na trama fílmica, Biá, único que possuía letramento escolar entre os moradores de Javé, encontra-se em apuros ao perceber que cada grupo do lugar recriava o passado colocando seus antepassados no centro da narrativa. Essa situação torna impossível a tarefa de escrever a história do grupo, pois ele, como carteiro, tinha a função de registrar uma narrativa oficial dos moradores de Javé, nos termos do discurso científico, ou seja, a verdade dos fatos contada de forma linear e homogênea, sem desvios ou contradições. No filme, essa narrativa era necessária, já que a cidade seria inundada por uma represa e a indenização aos moradores dependia de mostrarem que o patrimônio cultural do grupo se perderia com a inundação.

Se na ficção a multiplicidade paralisa a escrita de Antônio Biá, Marilda, ao contrário, fez do múltiplo sua potência. As invenções, para ela, significavam a forma que muitos encontraram para se incluir nas narrativas. Igualmente por meio da multiplicidade, ela pôde perceber certas regularidades. De casa em casa, Marilda viu que alguns temas se repetiam, como o desembarque clandestino de escravos no século XIX; a doação das terras da fazenda de Santa Rita do Bracuí aos escravizados, no período que antecede a abolição; as inúmeras tentativas de retirada das terras do grupo no pós-abolição; os atos de ousadia dos negros e das negras do Bracuí, no período da escravidão ou após o fim do regime escravocrata — uma história local que se conecta com a história do mundo:

> Também a história oral do lugar, querendo ou não, está ligada à história do Brasil e está ligada de certo modo à história do mundo. Quando a gente vê um filme do negro da África que foi para outros países, eu fico pensando que é a mesma história nossa [do Quilombo do Bracuí]. O negro

saiu do seu continente e foi para vários lugares e teve os mesmos tratamentos.

Marilda narra como a história oral local se conecta com a perspectiva diaspórica, já que sublinha similitudes entre as experiências negras devido ao tráfico atlântico. Ao assistir em um filme à experiência negra em outros países, ela a conecta com as histórias orais que circulam no Quilombo do Bracuí. Esse processo favoreceu que Marilda enxergasse o que estava debaixo de seu nariz, ainda que opaco: a comunidade do Bracuí tinha uma história que fazia parte da narrativa da escravidão do Brasil e do mundo, e muitos da localidade sabiam contá-la, inclusive ela mesma.

> Eu me reconheci nelas. Algumas histórias que eles contavam, eu sabia também. Pra mim, aquilo não tinha importância. Não tinha. Eu ficava assim: gente, mas como? Eu também sei disso. Já tive a oportunidade de ver, de ouvir essas histórias. [...] Aí eu fiquei assim: eu também sei falar isso. Não foi fácil assim. [Pensava:] "Eu acho que só tem importância porque as pessoas são mais velhas. Se eu falar, não vai ser tão importante. Porque eu sou mais nova". E aí a gente continuou indo nas casas, [por] três a quatro meses.

"Eu me reconheci nelas", diz, aludindo às pessoas mais velhas que ela e o grupo da escola seguiam ouvindo e registrando durante o projeto. Ao ouvir essa frase na varanda de Marilda, as palavras ressoaram em mim como uma poética que indica sua invenção de si como contadora de histórias. Não foi, porém, como ela diz, um processo fácil ou imediato: "Se eu falar, não vai ser tão importante. Porque eu sou mais nova". Notemos que o questionamento não gira em torno da habilidade de contar — "eu sabia também" —, mas das condições de ser ouvida. Os mais velhos estavam autorizados pela tradição. Dado que a transmissão de experiência, de hierarquia e do respeito aos mais velhos está imbricada em práticas das tradições culturais afro-brasileiras (Martins, 2016), eles são ouvidos porque são os mais velhos. Outro elemento que poderia impedir sua enunciação era o medo de contar e ser julgada por não ter formação acadêmica:

> Porque, até então, eu tinha muita vergonha de falar, de achar que estava falando errado, me preocupar muito em estar falando. E aí depois a gente vai deixando isso pra lá. Falei assim: bom, se eu estou falando errado o pesquisador que arrume! Eu sempre falo, os professores de português não têm interesse de estar fazendo as pesquisas sobre a linguística, essa mistura de comunidades diferenciadas, não?

A vergonha de falar "errado", ou melhor, fora dos padrões da norma gramatical, é um temor que a afligiu no princípio. Todavia, no decorrer do processo, ela foi perdendo a timidez, sugerindo, inclusive, que professores de português pesquisem sobre os diferentes falares da língua. Por meio dessa atitude, Marilda aponta que as pesquisas deveriam ampliar olhares, e não trazer constrangimentos e hierarquizações dos diferentes registros de oralidade. De certa maneira, sua postura denuncia o preconceito linguístico que atravessa a linguagem e, como apontou Marcos Bagno (1999, p. 40), se baseia na crença de que a língua portuguesa digna desse nome é aquela "ensinada nas escolas, explicada nas gramáticas e catalogadas nos dicionários", e qualquer prática que escape do triângulo escola-gramática-dicionário é considerada feia, rudimentar e incipiente. Nessa perspectiva, um dos efeitos do preconceito linguístico é a interdição, que, segundo Foucault (1996), compõe um dos procedimentos de exclusão dos discursos, baseada na premissa de que nem todos têm o direito de dizer tudo, em qualquer circunstância e sobre qualquer coisa.

Um dos desdobramentos da interdição sobre os modos de falar de mulheres pobres que não puderam completar a escolarização formal é a própria impossibilidade de terem suas habilidades intelectuais e criativas reconhecidas. Marilda, ao dizer que deixou de se preocupar com os "erros", rasura as interdições de classe, raça e gênero que incidem sobre seu corpo. Considerando o que discutimos até aqui, podemos perguntar: o que mobiliza sua atitude em torno da prática de contar histórias? Em uma de nossas conversas, ela me ofereceu uma possível resposta: "Era uma facilidade que eu comecei a entender que eu tinha, mas nunca assim pra motivo de estudo, nem nada, não. [...] Então, ali contando a história, é quando a gente se sente bem. É gostoso fazer. E eu sempre gostei disso".

O argumento de Marilda é simples: não se trata apenas de cumprir uma missão política ou uma pragmática acadêmica, mas também de ir ao encontro de algo que lhe dá prazer e potencializa sua vida. Com isso, ela problematiza a imagem recorrente sobre mulheres negras, de que o dever é que mobiliza suas ações, concebendo-as como aquelas que estão no mundo para servir aos outros e renunciar ao prazer. Anunciar que faz algo pelo prazer é uma forma de cuidar de si, e, como sublinha Foucault (2010b, p. 271), "não se deve passar o cuidado dos outros na frente do cuidado de si; o cuidado de si eticamente vem em primeiro lugar, na medida em que a relação consigo mesmo é ontologicamente primária".

Priscila Vieira (2013), analisando a concepção de cuidado de si e do outro em Foucault, estabelece uma diferença entre o modelo socrático e a prática dos cínicos. Para a autora, na prática socrática, o cuidado de si e do outro considerava a necessidade de haver uma harmonia entre o discurso e a ação, ou seja, entre aquilo que se diz e o próprio modo de viver. Já entre os cínicos, tratava-se de mostrar a verdade pelo escândalo da própria vida.

Aproximando as análises de Vieira à forma como Marilda se relaciona com as narrativas, é plausível dizer que contar e ouvir histórias não é feito para cumprir uma missão heroica, pois se relaciona ao gozo pessoal de ouvir e recontá-las. Isso converge com sua fala em que ressalta que deve trabalhar a autoestima, já que indica amor-próprio. Aos olhos da normatividade racista e sexista, talvez não haja nada mais escandaloso do que uma mulher negra e pobre que, em um exercício de liberdade, não renuncia à relação de prazer com a vida e reconhece o valor dos saberes por ela construídos.

3.2.3 "Ninguém volta no tempo"

Uma das formas pelas quais a governamentalidade racista incide sobre os corpos e os territórios quilombolas é a romantização de seus saberes, destituindo-os de sua potencialidade transformadora do presente. A ancestralidade é atualizada no presente como potência por Marilda, já que os antepassados que habitaram o quilombo, mais que os conteúdos das histórias, deixaram ensinamentos sobre os modos de viver. Em um relato sobre o aspecto das casas no quilombo, ela demonstra a relação que estabelece com o legado do passado:

> A ideia de quilombo caiu por terra, não é? [...] Tem alguns que logo falam: "A gente idealiza o quilombo com aquelas casas de pau a pique, tudo juntinho". Aí eu falei assim: "Infelizmente,

a empresa de tijolo chegou para a gente e falou: 'Olha, você tem que fazer a casa de tijolo porque a casa de pau a pique traz doença'". Não era porque estavam com coisa da gente ficar doente, eles queriam vender tijolo, cimento e telha. [...] Então, é por isso que nossas casas se transformaram tudo em casa de alvenaria, porque, minha filha, se fosse dar doença, dá na casa de alvenaria, dá na casa de pau a pique, dá tudo. Antigamente a gente tinha casa de pau a pique e ninguém ficou doente.

Aqui Marilda apresenta duas formas de se aproximar do legado do passado, expresso no modo de habitar. A primeira transforma a ancestralidade em um dispositivo que retira os quilombolas do tempo e do espaço do presente, considerando que suas ações devam estar movidas pelo interesse por um passado que se apresenta como estático. A segunda, defendida por Marilda, faz uso da tradição como forma de potencializar a vida no presente. Por isso, ao longo da narrativa, ela problematiza a idealização em torno dos quilombolas, lançando mão do exemplo da casa de pau a pique. A narrativa que romantiza os quilombos preocupa-se com o fim das casas porque ela representa a tradição como invariável. Para Marilda, não se trata de representar ou encenar o passado, mas de mobilizar valores e modos de vida herdados dos antepassados para potencializar o presente. Problematizar as idealizações envolve recuperar as condições históricas que fizeram com que as casas passassem a ser construídas em alvenaria, associando essas transformações à racionalidade capitalista que, com a finalidade de comercializar material de construção, vendeu a ideia de que a casa de pau a pique trazia doenças. Esse discurso ressoa em transformações atuais na própria comunidade, já que inicialmente as construções eram feitas por meio de mutirão. E, com o passar do tempo, foram deixando de habitar dessa maneira.

Valendo-se da contextualização, Marilda mostra como os quilombos são afetados pelas mesmas condições históricas que o conjunto da sociedade: a racionalidade capitalista, que não apenas produz mercadorias, também produz formas de sociabilidade.

Outra maneira de pensar sobre os quilombolas é naturalizar as condições de pobreza como se fossem indissociáveis dos corpos negros. Sobre isso, Marilda, em outro momento, relata:

> "Ah, mas eu achei que o quilombo era um lugar onde tinha aquelas casas de taipa, muita criança e não sei que lá." Às vezes, ainda falam assim: "Aquelas crianças descalças, barrigudas, remelentas correndo pra lá e pra cá ou chorando". Uma vez eu falei para o garoto: "Aquele quilombo, onde tem muita miséria, não é?". Aí quando você chega aqui e vê um sítio, vocês acham que não é um quilombo, não é?

No trecho apresentado, ela questiona como a semântica da precariedade cerca o pensar sobre os modos de vida quilombolas. Daí a necessidade de ir ao quilombo e encontrar "muita miséria", já que essa é a condição naturalizada dos negros. Trata-se de relacionar os quilombos contemporâneos às narrativas de assujeitamento do passado escravista, pensamento que, segundo Marilda, também permeava a comunidade de Santa Rita do Bracuí, antes de que seus membros entendessem no que consistia o direito quilombola:

> O próprio quilombola, mesmo, alguns falaram na época: "Santa Rita vai ser um quilombo. Quilombo é atraso! Vai ter que voltar a trabalhar na roça, não vai poder ter mais nada!". Eu falei: "Gente! Ninguém volta no tempo, não". Aí hoje

estamos com o projeto da horta. As pessoas vêm e perguntam se você quer. Não é obrigado a querer, não.

Ela reforça a ideia de que não é possível voltar no tempo. Recentemente, o companheiro de Marilda e seu filho, Marcos Vinícius, retomaram a horta no quintal. Pai e filho têm articulado os saberes dos mais velhos aos conhecimentos que o jovem obteve na faculdade, no curso de agroecologia. Em uma conversa, ele me disse que um dos princípios da agroecologia é plantar respeitando o tempo das plantas e das pessoas, o que destoa da temporalidade capitalista da eficiência. Tanto na fala de Marilda como na de Marcos Vinícius aparece o incentivo para que outros moradores voltem a plantar, mas não como obrigação. Por meio dos dois exemplos — a casa de pau a pique e a horta —, observamos que não se retomam as tradições para encenar o passado, mas para se aproximar dos valores constitutivos de um modo de transmitir a experiência. E que valores são esses?

> Tem gente que diz que coisa boa é o lugar que tem sua casa murada. O esgoto correndo na rua, mas se sua casa está murada, ladrilhada, isso que é bom. Eu já gosto mesmo de não ter muro, todo mundo entra, passa e olha. Ô, seu danado, você pegou meu cacau! Mesmo que às vezes fica brigando com as crianças, mas eu estou interagindo com as coisas. Agora, a pessoa se esconder atrás de um muro, faz um muro maior do que esse pé de abacate. […] Eu gosto de minha casa sem muro, sem cerca. […] Esse é o meu jeito de ver. Gosto da natureza, mas também eu gosto de ir para a cidade, desde que eu vá à cidade e volte pra cá. (Francisco, 2014)

Para Marilda, habitar de uma determinada forma está ligado a um modo de viver. Não ter muro significa que as crianças, por exemplo, podem entrar em seu quintal e pegar uma fruta, gerando uma maneira de interagir entre os moradores. Em sua ética, o terreiro, a casa e o corpo estão integrados. Vemos que a relação com o território é afetiva. Ao mesmo tempo, não há um juízo de valor sobre a cidade e o lugar onde vive. A certa altura, ela diz que gosta de ir à cidade, "desde que eu vá e volte pra cá".

De certa forma, a fala de Marilda converge com a crítica feita pelo psicanalista Christian Dunker (2015) sobre a lógica do condomínio, caracterizada por uma racionalidade expressa na segregação e pelo confinamento dos espaços. Diante das condições de existência violentadas pelos efeitos neoliberais, busca-se blindar os espaços dos riscos e indeterminações que o tempo presente apresenta. Nessa lógica, os espaços são homogeneizados, os lugares devem ser bem distribuídos e os indivíduos devem ocupar determinadas posições. Trata-se, nas palavras do autor, de uma "topologia da segregação", pois, em seu modo de ver, "há os condomínios de luxo e os condomínios de pobreza, condomínios institucionais e condomínios de consumo, condomínios de educação e condomínios de saúde". Em todos eles, segundo Dunker (2015, p. 78), encontramos a racionalização da segregação e a separação dos corpos materializadas pelas fronteiras, muros, regulamentos e catracas.

Retomando os fragmentos das experiências narrados até aqui, podemos considerar que é contra todos os tipos de muros que o modo de vida de Marilda se levanta: os condomínios da exotização, os condomínios da naturalização da pobreza, os condomínios que não só impedem a criação de laços, como também separam os quilombolas da potencialidade legada por seus antepassados.

Um dos efeitos da modernização narrados por Benjamin (1994) é a impossibilidade de aprendermos por meio da transmissão das experiências. Aquilo que se aprendia de ouvir e estar com o outro não tem mais sentido em uma sociedade estruturada pela técnica da produção em massa, inclusive do conhecimento. Daí, pergunta o filósofo: "Quem encontra ainda pessoas que saibam contar histórias como elas devem ser contadas? Quem tentará, sequer, lidar com a juventude invocando sua experiência?" (Benjamin, 1994, p. 114). Nessa linha analítica, podemos considerar que a forma como Terezinha e Marilda aprenderam suas práticas está em vias de extinção. Um juízo que a *griotte* do Quilombo do Bracuí exprime: "As pessoas não querem mais ouvir". Não por acaso, elas se preocupam com os processos educativos, ou seja, os meios pelos quais as experiências continuarão a ser transmitidas.

Quando associamos esse diagnóstico ao fato de que muitas narrativas são soterradas pela vergonha e pela dor causadas pelo racismo, as práticas de transmissão da experiência, realizadas por Marilda e Terezinha, adquirem uma importância política. Trata-se, afinal, dos quilombolas, para quem o fortalecimento das relações entre as pessoas e o território faz parte da luta política, já que os terreiros construídos por elas colaboram na reparação de lesões e cicatrizes, mobilizando afetos do presente em direção a um devir comunitário, como ensina Mbembe:

> Reparação, há que explicar, porque a história deixou lesões e cicatrizes. O processo histórico foi, para grande parte da nossa humanidade, um processo de habituação à morte do outro — morte lenta, morte por asfixia, morte súbita, morte delegada. Esta habituação à morte do outro, daquele com quem se crê nada haver para partilhar, estas formas múltiplas de enfraquecimento das fontes da vida em nome da raça ou da

diferença, tudo isso deixou vestígios muitos profundos, quer no imaginário e na cultura, quer nas relações sociais e econômicas. Tais lesões e cicatrizes impedem de fazer comunidade. De fato, a construção do comum é inseparável da reinvenção da comunidade. (Mbembe, 2014, p. 305)

4

Campos da parrésia: antirracismo e educação quilombola

> Talvez você consiga ouvir.
> O que eu não sei é se eu consigo contar.
> — Toni Morrison (2007, p. 106)

Para negros e negras, falar sobre espaços institucionais de educação, como a escola e a universidade, pode significar o acesso a dores silenciadas. Isso ocorre porque os dispositivos racistas funcionam pela desqualificação intelectual de corpos racializados como negros, propiciando uma sensação constante de inadequação nos espaços acadêmicos e escolares.[48] Em 2017, essa relação traumática foi evidenciada na

---

[48] A relação entre racismo e educação tem sido tratada em vários trabalhos, por diferentes perspectivas. A vivência do racismo por militantes de movimentos negros, por exemplo, foi explorada por Sueli Carneiro (2005), cuja tese considera que os dispositivos racistas se exprimem por meio de uma espécie de "cídio", ou seja, o extermínio das condições de produção e de circulação do conhecimento, o que a autora, no caminho aberto por Boaventura de Sousa Santos, definiu como epistemicídio. Trata-se, portanto, de uma das formas pelas quais a morte se apresenta para negras e negros. Analogamente, hooks (2013) discute a experiência do racismo nas práticas educacionais estadunidenses, em um trabalho que articula abordagens feministas às discussões sobre educação libertária propostas por Paulo Freire.

rede social Facebook por meio de depoimentos acompanhados das *hashtags* #meuprofessorracista e #minhaprofessoraracista, cujas narrativas funcionaram como uma catarse coletiva sobre o racismo sofrido em escolas e universidades. Nesses espaços, os dispositivos racistas se expressam de maneira singular, pois, mesmo sem o suporte intencional racista, produzem efeitos desiguais entre as pessoas racializadas como não brancas e brancas.[49]

Nas conversas que realizei nos quilombos, falas doloridas sobre os espaços institucionais de educação surgiram em situações variadas: durante as entrevistas gravadas, de forma espontânea ou por ocasião da minha participação em algum evento social na comunidade. Naqueles momentos, meu corpo de pesquisadora negra funcionava como um detonador que, de certo modo, ao suscitá-las, interrompia um silêncio. Algumas delas chegaram a dizer que eu estava entre as raras pesquisadoras negras que foram ao quilombo — em alguns casos, fui apontada como a primeira.[50]

Se a identificação racial pôde facilitar a enunciação das narrativas, a queixa de que boa parte dos pesquisadores e pesquisadoras não retorna com os resultados de suas pesquisas ou desdobramentos era um sinal de que minha condição de acadêmica ainda era vista com certa desconfiança. A crítica recorrente, nesses casos, interpretava que as informações fornecidas haviam tido a exclusiva finalidade de alavancar carreiras acadêmicas.

Retomando as narrativas ouvidas nos quilombos, para aqueles que não conseguiram completar os estudos, especialmente os mais velhos, a ferida se abria pela rememoração

---

[49] Para mais informações sobre o conceito de racismo institucional, conferir Werneck (2013).
[50] Essa percepção foi expressa por Angélica, em 2016, no Quilombo do Bracuí.

da impossibilidade de estudar. Suas infâncias e adolescências são narradas como se tivessem sido roubadas pela necessidade de trabalhar tão cedo para sobreviver. Aqui, o desejo é que os mais jovens possam estudar. Para as mulheres que puderam frequentar os espaços acadêmicos e escolares, sobretudo as mais jovens, a fissura lateja na percepção de que a escola não havia cumprido o papel de incentivá-las para o conhecimento, por conta do racismo institucionalizado e expresso no cotidiano dos espaços escolares e acadêmicos, que punham sob constante suspeita a capacidade intelectual de negras e negros.[51] O desejo, então, é de poder estudar em um lugar onde o conhecimento seja usado para transformar, ou seja, tomado em suas dimensões sociais, políticas e éticas.

Em 2003, um relatório do Fundo das Nações Unidas para a Infância (Unicef) oferece dados que convergem com a percepção daqueles com quem conversei nos quilombos, como o de que 31,5% das crianças quilombolas de sete anos nunca frequentaram bancos escolares. Quando há escolas nos quilombos, em geral os currículos não levam em conta os saberes evocados pelos territórios, e sua localização em áreas afastadas favorece rodízios constantes de professores, o que dificulta a continuidade de processos pedagógicos (Fundo das Nações Unidas para a Infância, 2003, p. 15).

Em função desse diagnóstico, o Ministério da Educação organizou, em 2010, o 1º Seminário Nacional de Educação

---

[51] Nessa linha, menciono as falas de Fabiana Ramos, 31 anos, Quilombo do Bracuí (Angra dos Reis); Laura Maria dos Santos, 57 anos, Quilombo do Campinho da Independência (Paraty); Eva Lúcia Casciano, 35 anos, Quilombo da Tapera (Petrópolis); Marcos Vinícius Francisco de Almeida, 27 anos, Quilombo do Bracuí; Luciene Estevão de Nascimento, 30 anos, Quilombo de São José da Serra (Valença); Ana Beatriz Nunes, 50 anos, Quilombo de Maria Conga (Magé); Rafaela Fernandes de Oliveira, 21 anos, Quilombo Botafogo (Cabo Frio).

Quilombola, por meio da Secretaria de Educação Continuada, Alfabetização, Diversidade e Inclusão (Secadi), com apoio da Seppir e demais parceiros. Nesse contexto, foi instituída uma comissão de assessoria ao Conselho Nacional de Educação (CNE), integrada por quatro quilombolas indicados pela Conaq, uma pesquisadora da educação escolar quilombola e representantes da Secadi e da Seppir.

Ao final dos trabalhos, concluiu-se pela necessidade de incluir a educação escolar quilombola como modalidade da educação básica, composta por educação infantil e ensino fundamental e médio. Além disso, salientou-se que a regulamentação da educação quilombola nos sistemas de ensino deveria ser firmada em nível nacional, seguindo orientações curriculares gerais da educação básica e, ao mesmo tempo, garantindo a especificidade de vivências, realidades e histórias das comunidades quilombolas do país. Daí a importância da construção de diretrizes curriculares nacionais para a educação escolar quilombola, cujo processo iniciou-se em 2011, com a realização de três audiências públicas, no Maranhão, na Bahia e no Distrito Federal. O documento com as diretrizes foi homologado por meio da Resolução 8/2012, que em seu artigo primeiro estipula que a educação escolar quilombola no ciclo básico fundamenta-se, informa-se e alimenta-se da memória coletiva; das línguas reminiscentes; das práticas culturais; das tecnologias e formas de produção de trabalho; dos acervos e repertórios orais; dos festejos, usos, tradições e demais elementos que conformam o patrimônio cultural; da territorialidade. As diretrizes respondem a contínuos questionamentos realizados por diversas lideranças, cujas experiências constituem acúmulos de saberes que orientaram a própria construção do documento.

Em artigo sobre escolas quilombolas no estado do Rio de Janeiro, Daniela Yabeta (2016) descreve que, em 2013, no

Quilombo de Caveira, foi inaugurada a primeira e única escola quilombola com recursos provenientes do Programa Brasil Quilombola. O investimento foi de 1,3 milhão de reais. A unidade escolar foi batizada em homenagem a Rosa Geralda da Silveira, ou dona Rosa da Farinha, como era conhecida a liderança do Sindicato dos Trabalhadores Rurais que atuou na região, além de ter sido, como visto, uma das principais fontes para a elaboração do relatório de identificação do quilombo (Carvalho, 1998). Yabeta também aponta que, no Rio de Janeiro, há escolas estaduais e municipais em territórios quilombolas que sempre atenderam às comunidades, cujas lideranças lutam atualmente para transformar seus currículos. Dois exemplos são o Quilombo de São José da Serra, cuja Escola Municipal Antônio Alves Moreira foi construída há quarenta anos, e o Quilombo do Bracuí, cuja Escola Municipal Áurea Pires da Gama foi inaugurada no início da década de 1970. Em 2015, esta última foi reconhecida pela prefeitura de Angra dos Reis como escola quilombola, resultado do esforço dos jovens Angélica, Luciana, Marcos Vinícius e Fabiana, que, como mencionado, foram os primeiros quilombolas do Rio de Janeiro a concluir a licenciatura em educação do campo pela UFRRJ.[52]

Nos caminhos percorridos para esta pesquisa, encontrei lideranças alertas sobre a necessidade de mobilizar em suas

---

[52] Em 2010, constitui-se o convênio da UFRRJ com o Incra a partir do edital do Pronera de 2009, elaborado em parceria com os movimentos sociais, centrais sindicais do campo e representação dos povos e comunidades tradicionais. O curso de licenciatura em educação do campo foi destinado a sessenta educandos de assentamentos da reforma agrária com duas habilitações: ciências sociais e humanidades e agroecologia e segurança alimentar, em regime de alternância e duração de três anos. Como contrapartida, a UFRRJ ofereceu, para essa mesma turma, dez vagas para povos e comunidades tradicionais, entre indígenas e quilombolas, como consta do projeto político-pedagógico (Universidade Federal Rural do Rio de Janeiro, Conselho de Ensino, Pesquisa e Extensão, 2014).

lutas pela terra o tema da educação quilombola, a fim de que as práticas escolares atendam às especificidades dos grupos. Diante da contundência das críticas, selecionar não foi tarefa fácil. Com efeito, à medida que o interesse deste trabalho focaliza a relação entre crítica e ética, optei por apresentar duas experiências que, a um só tempo, problematizam os caminhos da educação quilombola e propõem estratégias pedagógicas — além de partilharem ressentimentos, vergonhas, encantamentos, alegrias e prazeres envolvidos em suas experiências no campo da educação.

Fabiana Ramos é licenciada em educação do campo pela UFRRJ e militante da educação diferenciada.[53] Em 2013, com outros jovens da comunidade, desenvolveu um projeto para a escola local que oferecia formação aos professores em processos de interação direta com as crianças, por meio de oficinas. Laura Maria dos Santos, liderança do Quilombo do Campinho da Independência, pedagoga, jongueira e militante da educação diferenciada, coordenou o projeto Educando com Arte, desenvolvido no Ponto de Cultura da comunidade com a participação de crianças e adolescentes, bem como o projeto Vivência dos Saberes, financiado pela Organização das Nações Unidas para a Educação, a Ciência e a Cultura (Unesco), que realizou o registro de múltiplas manifestações artísticas do quilombo.

Para as análises das práticas e narrativas de Fabiana e Laura, utilizo a noção de parrésia, discutida por Foucault. Em linhas gerais, trata-se da coragem de dizer a verdade, ainda que se incorra em algum risco por conta desse falar. Foucault chega ao tema da parrésia quando se debruça sobre as práticas de si da Antiguidade grega, inquirindo sobre as

---

53 O termo "educação diferenciada" é empregado pelo Fórum das Comunidades Tradicionais de Angra dos Reis, Paraty e Ubatuba para se referir às práticas educativas das comunidades quilombolas, caiçaras e indígenas.

relações entre o saber, o poder e o sujeito, ou, melhor dizendo, sobre as técnicas de veridicção, da governamentalidade e dos modos de subjetivação. Segundo Vieira (2015), cuja pesquisa aborda a parrésia em Foucault, o termo foi utilizado primeiro na literatura grega, com Eurípedes, por volta do século IV a.C., traduzido como um falar francamente cuja palavra pode ser endereçada ao príncipe, a um amigo, a um discípulo. Vieira (2015, p. 16) afirma que a atitude de risco e de livre escolha é um dos critérios que mostram a veracidade da fala enunciada. Vale destacar, conforme apontou Frédéric Gros (2011), que, nas análises de Foucault, essas três dimensões se conectam: estudar como alguns discursos produzem efeitos de verdade, descrevendo, simultaneamente, sua incidência sobre o governo de si e dos outros; analisar as relações de poder, apontando em quais saberes e formas de subjetividade elas se apoiam; e identificar os processos de subjetivação, compreendendo suas ressonâncias políticas e as relações com a verdade nas quais se sustentam. Não se tratava de estabelecer uma relação consigo mesmo pautada pela confissão, ou seja, pela busca de uma verdade essencial em nossa interioridade, mas de praticar o dizer verdadeiro como uma atitude política e ética. No curso de 1984, intitulado *A coragem da verdade*, Foucault, na primeira aula, expõe sua abordagem sobre a verdade como

> o tipo de ato pelo qual o sujeito, dizendo a verdade, se manifesta, e com isso quero dizer: representa a si mesmo e é reconhecido pelos outros como dizendo a verdade. Não se trataria, de modo algum, de analisar quais são as formas do discurso tais como ele é reconhecido como verdadeiro, mas sim: sob que forma, em seu ato de dizer a verdade, o indivíduo se constitui e é constituído pelos outros […] e aos olhos dos outros, quem diz a verdade, [qual é] a forma do sujeito que diz a verdade. A análise desse

domínio poderia ser chamada, em oposição à das estruturas epistemológicas, o estudo das formas "aletúrgicas". [...] A aleturgia seria, etimologicamente, a produção de verdade, o ato pelo qual a verdade se manifesta. (Foucault, 2011, p. 4)

Em uma espécie de ontologia da verdade, Foucault distingue entre as estruturas epistemológicas e as formas aletúrgicas. As primeiras ocupam-se das condições formais de produção de um discurso verdadeiro. Vale dizer que o filósofo, em seus estudos sobre a arqueologia do saber, já havia escapado das formas canônicas de se aproximar da verdade, tanto as produzidas no campo da epistemologia como as inscritas no campo da história das ciências. Isso é feito por meio da problemática que percorre a arqueologia sobre as condições histórico-culturais que permitiam que determinados discursos fossem considerados verdadeiros, deslocando-se, portanto, da busca por um discurso verdadeiro para os jogos de poder que produzem a verdade. Sobre as formas aletúrgicas, a verdade é situada no campo da ética, ou seja, as transformações que os sujeitos realizam por meio das relações que estabelecem consigo mesmos e com os outros.

Pelo traçado das formas aletúrgicas, Foucault chega ao estudo da parrésia, examinando quatro vertentes na Antiguidade clássica: a parrésia política, da tomada corajosa da palavra pelo cidadão quando se dirige em público a seus pares, expondo-se à ira deles; a parrésia filosófica, relacionada à prática do filósofo, conselheiro de um príncipe; a parrésia ética, estudada pelas práticas de Sócrates, que interrogava cada um para que se ocupasse convenientemente de si mesmo; e, por fim, a parrésia cínica, cuja prática de dizer a verdade se dá de forma mais brutal, agressiva e radical do que em Sócrates. Aqui, conforme salientou Gros (2011, p. 311), Foucault descreve as práticas dos cínicos, citando, por exemplo, Diógenes e Crates como aqueles que iam à praça pública denunciar os compromissos de todos, forçando-os a se interrogarem radicalmente sobre suas maneiras de viver.

À luz das provocações de Foucault, especialmente sobre as experiências dos cínicos, concebo as práticas de Fabiana e Laura como parresiásticas. Elas ousaram romper o silêncio dizendo como as práticas escolares expressam a naturalização dos dispositivos racistas ao desconsiderarem os saberes evocados pelo espaço e pela cultura de suas comunidades. Foram corajosas ao expor as fissuras pessoais. Em nossas conversas, as emoções afloravam sem os subterfúgios dos jargões fáceis ou das abordagens essencialistas, propondo um jogo parresiástico entre nós, a exemplo do que descreve Foucault:

> o verdadeiro jogo da *parresía*, a partir dessa espécie de pacto que faz que, se o parresiasta mostra sua coragem dizendo a verdade contra tudo e contra todos, aquele a que essa *parresía* é endereçada deverá mostrar sua grandeza de alma aceitando que lhe digam a verdade. Essa espécie de pacto, entre aquele que assume o risco de dizer a verdade e aquele que aceita ouvi-la, está no cerne do que se poderia chamar de jogo parresiástico. (Foucault, 2011, p. 13)

A partir dessas provocações, pensaremos as atitudes críticas dessas mulheres quilombolas sobre a educação e sobre elas mesmas como expressões parresiásticas que criam espaços outros sobre seus corpos e nos espaços dos quilombos. Para as análises de suas experiências, enfatizarei duas temporalidades que se entrecruzaram em seus relatos: uma mais distanciada, dada pela rememoração dos tempos como estudantes, e outra mais recente, ligada às experiências pedagógicas recentemente desenvolvidas. Por meio desse arco temporal, serão narrados os *territórios afetivos* construídos por elas. Se quisermos explodir os dispositivos racistas e sexistas, é preciso que, simultaneamente, uns tenham a coragem de dizer e os outros, a coragem de escutar, sem deslegitimar as dores do outro. Entremos no jogo.

4.1 Fabiana Ramos: professora apaixonada

A primeira vez que me encontrei com Fabiana foi em março de 2016, no centro de Angra dos Reis, no cais de Santa Luzia. Naquele fim de tarde, enquanto eu explicava o tema da pesquisa, ela prestava atenção, com olhos atentos. Ao final, disse-me que, por conta da timidez, não gostava de dar entrevistas, mas, como havia se interessado pelo enfoque da pesquisa, sobre usos dos saberes no fortalecimento da luta quilombola, estava disposta a conversar. Seu tom, de início comedido, logo sofreu uma inflexão, e aos poucos, durante a conversa no cais, ela se descontraiu, falando com segurança sobre temas espinhosos, como racismo e sexismo. Uma desenvoltura que pode estar ligada à sua paixão por educação, por práticas de ensino e aprendizagem que a conduziram pelos caminhos de uma educação progressista que, ancorada nos saberes da comunidade, tem provocado transformações individuais e coletivas.

Fabiana nasceu em 10 de maio de 1985, em Angra dos Reis, filha mais nova do casal Roberto Cezar Ramos e Ana Amélia Ramos, que já tinham três meninos. Seu pai, que faleceu quando ela completou cinco anos, era natural das terras do Bracuí, mas, em decorrência de problemas de saúde da avó paterna, a família teve de se mudar para o centro de Angra dos Reis, para facilitar o tratamento. Fabiana, porém, sempre frequentou a localidade do Bracuí, já que parte de sua família conseguiu voltar para esse território, com destaque para seu tio João Ramos, liderança importante do quilombo e mencionado por ela como alguém responsável pelo início de seu engajamento na luta quilombola.

Fabiana foi criada no Morro da Caixa-d'Água, situado no centro de Angra dos Reis, mas, durante a infância, era nos terreiros e caminhos do Bracuí que, ao lado do primo Emerson, praticava toda sorte de travessuras possibilitadas por um espaço com árvores, cachoeira e rio. Como forma de cumprir um dos desejos do pai, de voltar a morar no Bracuí, Fabiana está construindo uma casa nas terras da família Ramos, para onde pretende se mudar com o noivo assim que se casarem:

> Ainda parece que estou meio que sonhando, porque é uma luta para você poder ter uma casa comum. Para mim, vai além, porque a gente sempre sonhou em ter uma casa, um sítio, e meu pai, antes do meu pai morrer, falou: "A gente vai morar lá".

Embora não more no quilombo, Fabiana jamais se afastou do território, nem física nem afetivamente, o que favoreceu mais tarde seu engajamento político. Ela diz, assim, que construir sua casa no território não apenas tem um significado material, mas se conecta com o desejo de cumprir um anseio do pai, cuja família teve de deixar o território em função da precariedade do acesso à saúde — situação similar ocorreu com o acesso à educação.

No Quilombo do Bracuí, onde Fabiana atua, a educação ocupa um lugar central na luta das lideranças, especialmente as femininas.[54] Destaca-se o já referido grupo que, em 2010, ingressou na UFRRJ por meio do Pronera. Após o grupo se graduar, em 2013, um dos efeitos foi a criação de um projeto

---

54 Uma das lideranças femininas do Quilombo do Bracuí que enfatizam a centralidade da educação na luta quilombola é Marilda, cuja trajetória foi discutida no terceiro capítulo deste livro. No relatório antropológico de identificação, também foi relatada a preocupação em torno da educação por parte de outras lideranças (Mattos et al., 2009).

de formação na escola do Quilombo do Bracuí. Juntaram-se a eles na iniciativa Raísa Francisco de Almeida e Marilda de Souza Francisco.[55] Angélica faleceu em setembro de 2016, mas sua presença foi evocada a todo tempo, por ter sido quem incentivou o grupo a se matricular na universidade. Em 2017, quando estive novamente no Bracuí, a dor de sua morte era ainda muito sentida entre alguns moradores com quem conversei.

É inegável, portanto, o protagonismo coletivo das transformações no espaço escolar do Bracuí. No entanto, na medida em que este trabalho sublinha os deslocamentos pessoais envolvidos em tornar-se quilombola, a narrativa enfatizará as experiências descritas por Fabiana, com a intenção de fazer ressoar por meio de seus enunciados o coro de indignação sobre a forma como a educação quilombola vem sendo tratada nos espaços escolares. Outra razão para esse enfoque é a própria monografia escrita por Fabiana ao final de sua licenciatura, na qual reflete sobre os desafios da educação quilombola na escola municipal situada no Quilombo do Bracuí (Ramos, 2013). Nessa escrita acadêmica, é possível entrever uma atitude que denota a coragem da verdade em duas direções: a denúncia dos mecanismos racistas na educação quilombola e a bravura de expor seus afetos. Nos próximos itens, enfocarei as temporalidades de sua fala: o tempo na universidade e o tempo de desenvolvimento de práticas dentro da escola da comunidade.

---

[55] Marilda, conforme visto no capítulo anterior, é respeitada dentro da comunidade por conhecer a história local — por isso, participou ativamente da construção do projeto, sendo sua casa palco das reuniões de planejamento.

4.1.1 Na universidade: da timidez à coragem da verdade

Nas conversas e entrevistas com Fabiana, Angélica e Marcos Vinícius, todos descreveram os três anos que passaram na universidade como um período intenso e alegre. Cada um, a seu modo, narrou que o ingresso naquele espaço propiciou a visualização da riqueza dos saberes que atravessam o território quilombola. Em uma de suas primeiras falas, Fabiana descreve esse percurso:

> Eu lembro que eu era igual bicho do mato, não conseguia falar, supertímida. Até hoje ainda tenho um pouco de timidez, mas consigo me controlar melhor. E aí a gente começou a utilizar esse espaço [da universidade] como espaço também de absorção de saberes, para levar para dentro da nossa comunidade e para fortalecer ainda mais a nossa luta. A gente descobriu várias coisas, a gente também estudava a linha do marxismo. Enfim, e quando a gente se formou, em 2013, em 14 de setembro, a gente podia fazer algo dentro da nossa comunidade.

Do trecho apresentado, destaco as relações que Fabiana estabelece entre as transformações subjetivas e os usos das ferramentas conceituais da universidade para promover mudanças na comunidade. Em termos pessoais, ela ressalta a perda da timidez, o que de certa forma está relacionado ao sentimento de inadequação de estar nos espaços acadêmicos. Superar a timidez significa enxergar-se como alguém que tem o direito de estar na universidade produzindo conhecimento, já que, como ela mesma aponta, "começamos a estudar dentro de uma universidade que foi construída pelos nossos". Uma sensação de exclusão que começou antes de fazer o vestibular: "Quando comecei a fazer a prova, eu achei que não ia passar. Tipo assim: eu não vou conseguir passar na Federal. Na verdade, o nosso psicológico dentro de uma escola pública não é de autoestima. Ele baixa a estima total. Então, assim: a gente não foi trabalhado".

O enunciado "a gente não foi trabalhado" indica como, ao longo da vida escolar, sua autoconfiança intelectual foi minada pelas práticas racistas que, na maioria das vezes, são silenciadas. Infelizmente, Fabiana não está sozinha, uma vez que a situação se inicia desde os primeiros anos de idade escolar, como apontou a pesquisadora Eliane Cavalleiro (2003). Sua pesquisa pioneira sobre as relações raciais na pré-escola sumarizou três aspectos nas relações estabelecidas entre alunos e professores nessa fase que persistem durante toda a vida escolar de negras e negros: expressões verbais explícitas ou implícitas valorativas, elogiosas ou depreciativas; práticas não verbais que demonstram aceitação ou rejeição do contato físico proposto pelas crianças ou professores; e materiais pedagógicos que desqualificam a negritude, como cartazes, livros, revistas e desenhos sobre a variedade étnica brasileira (Cavalleiro, 2003, p. 13-4).

Além da exposição desses aspectos, Cavalleiro apontou como as crianças brancas também assumem atitudes preconceituosas e discriminatórias, xingando e ofendendo crianças negras. Muitas dessas situações ocorrem na presença dos professores, que, de modo geral, optam pelo silêncio. A pesquisadora considera que o silenciamento possa derivar do fato de que esses profissionais compactuam com ideias preconceituosas, considerando-as corretas, e, assim, reproduzem-nas no cotidiano. Diante disso, Cavalleiro (2003, p. 101) chega a três conclusões sobre os educadores da pré-escola que colaboram para estabelecermos certas continuidades na trajetória escolar de negros e negras: primeiro, existem dificuldades para perceber os problemas que podem aparecer nas relações entre alunos de diferentes grupos étnicos; segundo, as crianças em idade pré-escolar já interiorizaram ideias preconceituosas, que incluem a cor da pele como elemento definidor de qualidades pessoais; terceiro, o silêncio do professor, no que se refere à diversidade étnica e às suas diferenças, facilita o desenvolvimento do preconceito e a ocorrência de discriminação no espaço escolar.

Não é por acaso que muitos negros não se sentem motivados com o espaço escolar e acadêmico. Por isso, Fabiana se refere à escola como algo que "baixa a estima total" — pela persistência do racismo no cotidiano escolar que mina a autoconfiança intelectual. A mesma angústia foi narrada por Marcos Vinícius. Para ele, a universidade pública era algo inacessível: "Não é pra gente. Isso é para os brancos que têm mais disponibilidades de estarem lá estudando. A gente tem que trabalhar pra ganhar o nosso dinheiro. Era o que eu pensava e acho que alguns jovens ainda pensam assim, se eu não estiver errado".

O jovem aponta que a universidade era vista como um lugar acessível aos brancos porque, segundo ele, os "brancos que têm mais disponibilidades de estarem lá estudando". Essa premissa é fundamentada pela necessidade que a população negra tem de trabalhar, já que a grande maioria constitui a base mais pobre da sociedade. Brancos pobres certamente também enfrentam a mesma necessidade. Porém, como as universidades públicas são lugares ocupados hegemonicamente por pessoas brancas, naturaliza-se a ideia de que todas as pessoas brancas que lá estudam vêm de classes privilegiadas. Parece-nos que estamos diante de uma das facetas da governamentalidade racista: naturalização das exclusões baseadas nas diferenças raciais sob a chave da meritocracia, tornando o costume "tão verdadeiro como a lei", como diz Toni Morrison (2016, p. 21), que ainda acrescenta:

"e pode ser tão perigoso quanto ela". A fala de Marcos Vinícius descreve, de certa maneira, sua percepção da norma — a exclusão que essa percepção gera é o que a torna tão potencialmente perigosa, já que não precisa sequer de uma interdição legal para se efetivar.

Contudo, tanto Marcos Vinícius como Fabiana, uma vez na universidade, disseram que aqueles foram os melhores anos da vida, por causa das inúmeras transformações pessoais proporcionadas pela vivência acadêmica. Sobre isso, o jovem conta:

> E daí passei [no vestibular] e fiquei na universidade três anos. Foram os melhores três anos da minha vida, porque lá eu pude aprender ainda mais. [...] A gente passou a conviver junto, a gente não vinha pra casa, a gente só vinha pra casa quando finalizava o curso, a gente ficava lá dois meses. Eram dois meses intensos dentro da universidade. Começava a estudar oito horas, de oito às dez da noite direto, sem parar, só parava pro almoço e pra jantar. Esse curso fez com que eu abrisse mais os meus olhos para a ecologia, pudesse ver ainda mais o trabalho na roça.

Os três melhores anos da vida de Marcos Vinícius: é assim que descreve a experiência na universidade. A seu ver, a licenciatura em educação do campo abriu seus olhos para a dimensão política da ecologia, além de tê-lo feito aprender a valorizar o trabalho na roça, ou seja, a cultura camponesa de sua comunidade. Essa percepção está relacionada não somente à dimensão informacional, mas, sobretudo, ao fato de os saberes terem sido construídos em um ambiente onde seus conhecimentos prévios eram valorizados, inclusive fornecendo ferramentas conceituais para enxergá-los, aprofundando o que sabia sobre aquilo que estava no quintal de casa — o que evidencia que a realidade não é transparente, mas mediada pelos conceitos, pela linguagem.

Em parte, essa sensação foi possível pela singular proposta do curso, resultante de uma parceria com movimentos sociais, como o Movimento dos Trabalhadores Rurais Sem Terra (MST), quilombolas, indígenas, caiçaras, movimentos de ocupação urbana, além de sindicatos, como a Fetag. Uma especificidade curricular é a permanência alternada dos estudantes: dois meses corridos no campus universitário, em tempo integral, intercalados por um retorno a suas bases comunitárias. Dessa forma, em cada semestre, a formação se dá parcialmente na UFRRJ e parcialmente nos territórios de origem, de acordo com a chamada pedagogia da alternância, em cujos marcos o conhecimento é construído por meio de uma organicidade entre estudantes, professores e os territórios das comunidades rurais. Trata-se de uma proposta fundamentada nas abordagens de Paulo Freire, que enfocam três aspectos centrais: o diálogo entre saberes acadêmicos e tradições populares; a posição política diante da pesquisa como forma de interferir na realidade; e a formação como instrumento de autoformação (Universidade Federal Rural do Rio de Janeiro, Conselho de Ensino, Pesquisa e Extensão, 2014).

Outro elemento que merece destaque na fala de Marcos Vinícius, igualmente apontado por Fabiana como uma experiência positiva durante o curso, foi o fato de terem professoras e professores engajados na luta dos movimentos sociais. Sobre isso, ela destacou:

> O diferencial do meu curso é que os professores eram militantes. Você não está falando com um cara que viaja. [...] Eles vão pro debate, entendeu? É um cara que não diz: "Ah, eu te respondo depois". Era sempre debate. Para além disso, eram

militantes do MST, eram agricultores. Uma galera viajada. Traziam assim uma outra concepção de educação.

Fabiana descreve como a abordagem do curso não se encerra em um repasse de informações, agregando também uma preocupação com as transformações coletivas e individuais. À medida que as relações estabelecidas entre ministrantes e estudantes desempenham papel importante na forma como os segundos se sentem nos espaços acadêmicos, destaca-se a sensação de Fabiana sobre a disposição e a sensibilidade dos professores para o debate como um indicador de que "eles traziam outra concepção de educação" — atitude que sugere uma abertura para o outro. Sobre isso, hooks, influenciada pela abordagem teórica de Paulo Freire, ao tratar da própria experiência na escola, descreve como os sentidos atribuídos aos conteúdos interferem no interesse dos alunos pelo conhecimento. Ela nasceu na década de 1950, na zona rural do sul dos Estados Unidos, e passou pela experiência de estudar tanto em escolas racialmente segregadas quanto nas integradas. Durante o período segregacionista, a pesquisadora estadunidense conta que, nas escolas negras, as crianças eram incentivadas pelas professoras, também negras, a ter devoção pelo estudo e pela vida intelectual. Essas ações, segundo hooks (2013, p. 35-6), eram um modo fundamental de resistir às estratégias brancas de colonização racista. Valorizar o intelecto por meio de uma prática antirracista era uma forma de descolonizar as mentes.

Na avaliação da autora estadunidense, nesses contextos as crianças negras eram consideradas excepcionalmente dotadas e recebiam atenção especial, já que as professoras negras se empenhavam para que se desenvolvessem intelectualmente. Para ela, naquela época, ir à escola era pura alegria. A felicidade com o espaço escolar desaparece, porém, quando passa a frequentar escolas integracionistas, pois o conhecimento ali começa a se resumir à pura informação, sem ligação com a luta antirracista. A maioria dos professores brancos reforçava estereótipos racistas em suas aulas. A escola, nesse sentido, deixou de ser um lugar onde se praticava a liberdade para se tornar um espaço de apreensão de conteúdo. Essa transição, de uma escola onde as crianças negras eram queridas para uma em que eram tratadas como "penetras", possibilitou que hooks (2013) sentisse a diferença entre a educação como prática da liberdade e a educação que só trabalha para reforçar a dominação.

Embora o Brasil nunca tenha oficializado a segregação racial, ela sempre existiu, sobretudo quando se trata da presença negra nas universidades públicas. Isso só começou a ser revertido muito recentemente, por meio das ações afirmativas nas universidades públicas federais, mas essa reversão ainda é insatisfatória, se pensarmos em como foi longo o período de exclusão e como é majoritário o contingente de negras e negros na composição da população brasileira.[56]

Voltando às experiências pessoais de Fabiana e Marcos Vinícius, notamos que estar em um espaço acadêmico, comprometido com as transformações sociais, não significa que não tiveram de enfrentar conflitos e negociações, especialmente envolvendo as relações raciais dentro do ambiente universitário. Fabiana narra um episódio, a esse respeito, que testemunhou em sala de aula:

---

[56] A Lei 12.711/2012 garante a reserva de 50% das matrículas por curso e turno nas universidades federais e nos institutos federais de educação, ciência e tecnologia a alunos oriundos integralmente do ensino médio público, em cursos regulares ou educação de jovens e adultos. A outra metade das vagas segue destinada a ampla concorrência.

> Eu lembro que a gente estava numa aula em que a professora estava falando sobre a questão de tirar os seus direitos da educação. Aí, ela ficava assim: "Porque 'neguinho' é fogo, pegava as coisas, tirava nosso direito". Ela repetia toda hora a palavra "neguinho". Aí, a Angélica falou: "Nossa, então 'neguinho' está no poder". Ela falou de uma forma para a professora refletir, porque é claro que [n]aquilo que a professora estava explicando "neguinho" não estava no poder. O povo negro não estava no poder, estavam tirando o direito do povo negro. Daí, a Angélica disse: "Que bom que 'neguinho' estava no poder, tantos 'neguinhos' nessa história". A professora parou e ficou refletindo, porque ela mesma estava falando e não estava se dando conta do que estava repetindo. Esse foi um momento marcante: a professora parou e refletiu realmente. Apesar de ser uma excelente professora, as frases racistas muitas vezes são repetidas de uma maneira tão natural e as pessoas não percebem como podem estar falando, e a universidade muitas vezes traz um pouco disso. Mas, como a gente era bem crítico, a gente sempre estava questionando.

A narrativa descreve o momento em que Angélica, aluna negra e quilombola, interfere de forma irônica na fala da professora. Depois dessa intervenção, a professora, segundo Fabiana, parou e refletiu o quanto sua linguagem estava impregnada de racismo, inclusive pedindo desculpas pelo uso do termo.

De todo modo, foi a intervenção de uma aluna negra na sala de aula, com coragem para falar publicamente, que propiciou a reflexão da professora. Essa situação indica que as relações raciais são vivenciadas cotidianamente por meio das práticas, e pela linguagem se expressam os dispositivos racistas. Marcos Vinícius relatou uma situação em que Angélica fez o mesmo tipo de intervenção, dessa vez com outro professor. A materialidade da linguagem aponta como foi preciso discutir o óbvio, ou seja, a carga racista que a expressão "neguinho" exprime. Angélica, em uma atitude parresiástica, foi capaz de construir um "conhecimento relacional, a um só tempo assertivo e prescritivo, e capaz de produzir uma mudança no modo de ser do sujeito" (Foucault, 2006, p. 290). Esse é um tipo de situação que negros e negras enfrentam na vida acadêmica. Nesse sentido, Sueli Carneiro, em sua tese sobre a trajetória acadêmica de militantes do movimento negro, diz:

> Adentrar à universidade, longe de constituir-se em superação dos estigmas e estereótipos, é o momento da confrontação final, no campo do conhecimento, em relação a esses mecanismos que assombram os negros em sua trajetória escolar. Aí, a branquitude do saber, a profecia autorrealizadora, a autoridade exclusiva da fala do branco, são os fantasmas que têm de ser enfrentados sem mediações. (Carneiro, 2005, p. 123)

Os fantasmas não terminam com o ingresso na universidade, pois para negros e negras o acesso sugere novos desafios, já que o espaço foi construído sob a branquitude do saber, cujas formas de pensar são materializadas pela linguagem, pelos gestos e pelos modos como os saberes são construídos. A pesquisadora Lia Vainer Schucman (2014), no caminho aberto pelos estudos da branquitude — em linhas gerais, um lugar de vantagem estrutural que se torna um ponto de vista a partir do qual comumente os brancos se veem —, considera que, para a transformação do tecido social brasileiro, é preciso um letramento racial, ou seja, que os indivíduos reconheçam como o racismo molda sua forma de estar no mundo e suas linguagens, a fim de fazer mudanças nos microlugares de poder e atuação (Schucman, 2014, p. 179).

Nos relatos de Fabiana e Marcos Vinícius, Angélica é apontada como aquela que, por meio de uma prática parresiástica, questionava publicamente as expressões racistas dos professores, correndo os riscos implicados nesse dizer. Afinal, por mais amigáveis que possam parecer, as relações em questão são assimétricas, dado o lugar ocupado por pesquisadores das universidades, suas posições acadêmicas, e o privilégio conferido pela branquitude, o maior deles sendo o de não se enxergar como alguém privilegiado. O risco envolvido em denunciar o racismo é o fato de que a atitude libera sentimentos passionais motivados pelas irracionalidades racionalizadas.[57] Em uma relação assimétrica, como a que existe entre uma professora e uma aluna, Angélica ousou um tipo de dizer corajoso que arrisca a si mesmo e sua relação com o outro. Sobre os afetos que atravessam o racismo, não é de hoje que o tema libera sentimentos que abalam a própria racionalidade, o que dificulta tanto falar sobre ele. Mbembe, tratando da racialização dos corpos como negros, afirmou que:

> Em qualquer lado onde apareça, o Negro liberta dinâmicas passionais e provoca uma exuberância irracional que tem abalado o próprio sistema racional. De seguida, deve-se ao fato de que ninguém — nem aqueles que o inventaram nem os que foram englobados neste nome — desejaria ser um negro ou, na prática, ser tratado como tal. Além do mais, como explicou Gilles Deleuze, "há sempre um negro, um judeu, um chinês, um mongol, um ariano no delírio", pois aquilo que faz fermentar o delírio são, entre outras coisas, as raças. (Mbembe, 2014, p. 11)

---

[57] Alguns autores trataram o racismo, no rastro da abordagem de Foucault, como uma racionalidade construída sob irracionalidades. Dentre eles, destaco Mbembe (2014, p. 11) e Gilroy (2012, p. 17).

Culturalmente, o racismo produz determinadas afecções, e uma delas é o medo de ser associado a algo tão brutal e violento. A negação pode ser também violenta. Foi nesse contexto de debate e de provocações que o aprendizado da coragem de dizer a verdade foi sendo exercitado por Fabiana. A esse respeito, ela narra uma situação em que foi questionada sobre sua identidade quilombola, por causa de sua tonalidade clara de pele:

> A universidade é aquela coisa: ela pode tanto formar quanto deformar. Então, se você entra lá uma pessoa negra, eles podem chamar você de "moreninha". Você pode colocar outras ideias na sua cabeça e mudar totalmente. Eu lembro que uma vez eu até chorei. Uma pessoa falou: "Você não é negra e você não é quilombola". Eu não respondi. Eu ficava muito chateada, porque eu ficava com medo de ofender. A primeira reação que a gente tem é de não ofender. "Eles são mais negros que você." Eu falei: Qual é a diferença? Porque eu não tenho tanta melanina?

Por ter sido afetada na universidade de múltiplas formas, Fabiana expressa sentimentos conflitantes sobre o espaço: "ela pode tanto formar quanto deformar", sumariza. As relações raciais oferecem o conteúdo dessa flutuação. Similar percepção foi descrita pela pesquisadora Janaína Damasceno Gomes (2008), em sua pesquisa sobre estudantes negras na Unicamp. Para a autora, embora as estudantes expressassem incômodo com os estereótipos sexistas e racistas que incidiam sobre seus corpos, quando questionadas sobre as coisas de que mais gostavam na vida universitária, as respostas indicavam três direções: a diversidade de pessoas e de modos de pensar; o conhecimento e o aprendizado dentro da universidade, que, segundo as estudantes, não seria encontrado em outro lugar; e o espaço de acolhida, que parecia mais solto (Gomes, 2008, p. 111-2). Com efeito, as situações de desconforto estão relacionadas ao racismo, confirmando a percepção de Fabiana.

Filha de mãe branca e pai negro, Fabiana possui a pele clara e os cabelos cacheados. Por conta disso, o seu tornar-se negra assume nuances mais complexas, já que, no ideal de branqueamento da sociedade brasileira, ela poderia autodeclarar-se morena. A negritude, usada por ela, informa sobre esquemas de ações que respondem a uma situação histórica de desvalorização.[58] Trata-se de uma atitude política, especialmente considerando que ela integrava o Conselho Municipal de Igualdade Racial antes mesmo de seu ingresso na universidade.

Fabiana poderia ter optado pela imagem de "moreninha", pois sua tonalidade de pele permite esse eventual deslocamento, mas, em seu modo de ver, a universidade pode deformar ou formar ao mesmo tempo. A deformação a que ela se refere seria deixar de se identificar com aqueles que foram vítimas das piores tentativas de desumanização, além de permitir o apagamento de sua história.

Entrar na universidade pelo programa de ação afirmativa para quilombolas, somado ao fato de possuir a pele clara, será apontado por Fabiana como um fator de desconfiança sobre ser quilombola, enquanto os colegas Marcos Vinícius, Angélica e Luciana têm a pele negra escura e, por isso, não passaram por essa situação. Em seu relato, Fabiana

---

[58] No que tange às diferentes abordagens sobre negritude, conferir o trabalho de Kabengele Munanga (2009, p. 57), que, em linhas gerais, distingue duas aproximações ao tema. A primeira, definida como mítica, toma as heranças negras e africanas de forma idealizada, almejando um retorno às origens para revitalizar essa herança, perturbada pela intervenção ocidental. A segunda, definida como ideológica, propõe um esquema de ação, um modo de ser negro, impondo uma negritude agressiva ao branco como uma resposta a situações históricas e psicológicas.

fala da dificuldade inicial de responder a esse tipo de questionamento em função do medo de ofender os outros, contestando a naturalização de que negros e negras são todos iguais. Nos quilombos do Rio de Janeiro, se a população negra é majoritária, não podemos dizer, em razão disso, que não haja quilombolas brancas ou de etnias indígenas, por exemplo. Fabiana narra que, no final, problematizou a ideia de que ser quilombola está relacionado à quantidade de melanina, prática necessária quando se busca um antirracismo construído em bases não essencialistas.

Sobre as experiências de negros de pele clara, Sueli Carneiro[59] considera que uma das características do racismo é a maneira pela qual ele aprisiona não brancos em imagens fixas e estereotipadas, enquanto reserva para o grupo racialmente dominante o privilégio de ser representado em sua diversidade. Enquanto os brancos são tomados como individualidades múltiplas, complexas e multicromáticas, a negritude padece de todas as indagações. A pesquisadora destaca que, independentemente da miscigenação de primeiro grau, como é o caso de Fabiana, as famílias negras apresentam grande variedade cromática em seu interior em razão de miscigenações passadas, historicamente utilizadas para enfraquecer a identidade racial dos negros. Assim, os negros de pele clara podem acessar as múltiplas classificações de cor, como a de morenos, por exemplo. Na visão de Carneiro, em termos práticos, essas classificações se prestam à desqualificação da política de cotas. Tratando-se da experiência narrada por Fabiana, o questionamento de sua negritude coloca em suspeita sua presença em um curso cuja vaga foi destinada às comunidades quilombolas. A desconfiança é construída sobre dois equívocos: pensar que

---

59 CARNEIRO, Sueli. "Negros de pele clara", *Correio Braziliense*, 2 jun. 2004.

todos os quilombolas são negros e que os negros são monocromáticos. Se a pele de Fabiana era clara demais para ser quilombola e acessar um direito, ao longo de sua vida ela foi negra o suficiente para fazê-la considerar que a universidade pública não era para ela, bem como para fazê-la passar pelos processos de desqualificação intelectual em função de seu fenótipo e de seu gênero, disparadores dos dispositivos racistas e sexistas.

Para Fabiana, aceitar a definição de "moreninha" era uma forma de negar a negritude, cujo aprendizado se deu por meio do movimento negro e potencializou sua posição política como educadora e quilombola, um caminho que passou pela aceitação do próprio corpo, conforme Fabiana descreve:

> Eu já alisei o cabelo. Minha mãe tem o cabelo superliso. Ela passava cerveja, fazia permanente para deixar cacheado. Aí, de certa maneira, falei assim: cansei, sabe? Antes, ia atrás desse discurso. Cansei, toda vez tem que alisar isso, foi ficando uma coisa chata! Muito chata! Aí cortei, não ficou alto. Ah, sabe de uma coisa, vou deixar crescer, vou viver livre.

A repetição da palavra "cansei" sugere que a pressão para seguir modelos estéticos normatizados pelo padrão de beleza branca era algo exaustivo. "Vou viver livre", finaliza Fabiana. Para algumas mulheres negras, tornar-se negra informa sobre um posicionamento político, passando muitas vezes pela libertação do uso de produtos químicos nos cabelos. Nilma Lino Gonçalves (2008), antropóloga e ex-ministra da Seppir, em pesquisa pioneira nos salões de beleza da cidade de Belo Horizonte frequentados por negros e negras registrou que o cabelo foi transformado, pela cultura, em uma marca de pertencimento étnico-racial, visto como um sinal diacrítico que imprime a marca da negritude no corpo. Gomes (2008), de igual modo, indica que a mesma parte do corpo que é objeto de constante insatisfação, principalmente para as mulheres, também pode ser usada como símbolo de identidade, que extrapola o indivíduo e atinge o grupo étnico-racial a que se pertence. Dessa maneira, falar de cabelo envolve, muitas vezes, acessar afetos contraditórios — afetos que são também descritos por Fabiana: o cansaço de se submeter aos produtos químicos, a angústia sobre a dúvida de como ficaria o cabelo sem química e, por fim, a sensação de liberdade.

A garota tímida que ingressou na universidade foi deslocando a vergonha em direção à coragem de enunciar as injustiças. Nessa direção, o "cansei" ressoa em outras experiências. Ela escreve, em seu trabalho de conclusão de curso, denunciando exclusões na primeira pessoa do plural:

> Fomos excluídos da sociedade e os nossos direitos nos foram negados. Isso porque a elite racista que dominava nos negou a educação. Um povo negro sofrido tendo que trabalhar, sem ter o direito a ler e a escrever, dentre outros direitos que nos foram negados. [...] Escrevo um breve resumo do que foi o processo de exclusão para um povo que luta até hoje para que seus direitos sejam respeitados. A maioria dos jovens não consegue terminar o ensino médio: para de estudar para trabalhar e sustentar sua família. Os poucos que conseguem chegar ao nível superior dependem, muitas vezes, de alguma ajuda de custo para poder se manter no nível superior. Falo por experiência própria, pois só consegui me manter dentro da universidade através de uma bolsa e pelo acesso através do Pronera, fruto das lutas dos movimentos sociais. As políticas de incentivo para que o aluno negro permaneça na universidade ainda são muito fracas. (Ramos, 2013, p. 20)

Fabiana faz uso da escrita acadêmica como forma de denunciar uma das facetas mais perversas da governamentalidade racista: a negação do direito à educação. Descreve, assim, as dificuldades de acesso e permanência nos espaços acadêmicos, indicando que o incentivo para que negros e pobres permaneçam ainda é precário. Ela reforça a importância de ter recebido uma bolsa para se manter durante o curso. Na medida em que certo anti-intelectualismo e a tripla desconfiança sobre a capacidade intelectual das mulheres negras são narrativas que afetam o corpo de Fabiana, escrever torna-se um ato de abertura que, ao se deslocar da semântica da falta, cria um espaço de expressão política. Sobre isso, hooks, tratando dos Estados Unidos, colabora para pensarmos a experiência de Fabiana:

> Vivendo numa sociedade fundamentalmente anti-intelectual, é difícil para os intelectuais comprometidos e preocupados com mudanças sociais radicais afirmar sempre que o trabalho que fazemos tem impacto significativo. Nos círculos políticos progressistas, o trabalho dos intelectuais raramente é reconhecido como uma forma de ativismo; na verdade expressões mais visíveis de ativismo concreto (como fazer piquetes nas ruas ou viajar para um país do Terceiro Mundo e outros atos de contestação e resistência) são consideradas mais importantes para a luta revolucionária que o trabalho mental. É essa desvalorização do trabalho intelectual que muitas vezes torna difícil para indivíduos que vêm de grupos marginalizados considerarem importante o trabalho intelectual, isto é, uma atividade útil. (hooks, 1995, p. 464)

Valendo-se dos conhecimentos construídos durante a formação, Fabiana articula a pesquisa à sua experiência como professora, produzindo análises sobre a situação da escola da comunidade do Bracuí. Nas conversas e entrevistas com Fabiana, Angélica e Marcos Vinícius, testemunhei um dos efeitos mais potentes da formação, pois transformador das subjetividades, e que ressoa nas práticas políticas: cada um, a seu modo, narrou como o ingresso na universidade favoreceu a visualização da potencialidade dos saberes que atravessam o território quilombola.

Suas narrativas convergem com o que hooks, tratando de sua experiência pessoal com a educação durante os anos 1950 nos Estados Unidos, afirmou: "Educação era nosso caminho para a liberdade. Educados, nós não necessariamente poderíamos mudar o modo como o mundo branco nos via, mas poderíamos transformar a maneira como nós mesmos nos enxergávamos" (hooks, 2003). Foi transformando a maneira como viam a si mesmos que, ao final da graduação, Marcos Vinícius, Luciana, Angélica e Fabiana juntaram-se a Raísa e Marilda e propuseram mudanças pedagógicas para a escola da comunidade.

4.1.2 Tempo da prática: redescobrindo o Bracuí

Em abril de 2017, quando me encontrei pela segunda vez com Fabiana, nossa conversa se deu após minha participação no seminário sobre protagonismo das mulheres quilombolas, indígenas e caiçaras, ocorrido no Quilombo do Bracuí e promovido pelo Sepe e pela Arquisabra. Nessa ocasião, o luto pelo falecimento de Angélica perpassou sua fala, especialmente pelo fato de reconhecermos que a morte da amiga de infância e companheira de luta, aos 32 anos, fora propiciada pela demora no atendimento médico. Angélica faleceu não apenas porque era paciente renal, mas também por ser uma mulher negra e pobre que encontrou a faceta da morte dos dispositivos racistas. Havia na fala de Fabiana um ar de tristeza, pois, além do luto por Angélica, até aquele momento o projeto político-pedagógico da escola ainda não havia sido reestruturado, incorporando as proposições desenvolvidas durante a formação.

Fabiana lembra que seu envolvimento político com a educação se deu simultaneamente à formação universitária. Ela passou a frequentar discussões e fóruns, com destaque para o tema da educação diferenciada, promovido pelo Fórum das Comunidades Tradicionais de Angra, Paraty e Ubatuba, um espaço de luta constituído por representantes das comunidades quilombolas, caiçaras e guarani. Da fala de Fabiana, enfatizo ainda como a construção de um projeto para a escola da comunidade está relacionado ao desejo de partilhar com a comunidade os saberes aprendidos, além de simbolizar a continuidade de uma luta que os antecede. Em vários momentos de nossa conversa, ela destacou que seu caminhar está inserido numa luta ancestral do povo negro:

> Quantos dos nossos morreram para que a gente tivesse um espaço de debate ou um espaço? Quantos corpos foram jogados no oceano? Quantos morreram por questão de terra nesse país? [...] Eu até hoje penso muito: que bom que eu consegui através do quilombo e através da cultura. Então, eu espero ter muita saúde, muita vida, para poder estar passando, estar refletindo, estar ainda estudando.

A percepção é a de que a possibilidade de ir para a universidade deve-se bastante ao fato de muita gente ter lutado e morrido lutando. Daí o desejo de devolver para a comunidade. O projeto Redescobrindo o Bracuí visava oferecer formação para os professores, além de promover atividades diretamente com os alunos. O projeto se desenvolveu entre 2014 e 2015, tendo de ser interrompido por alguns meses, por causa de uma greve dos professores da rede municipal de Angra dos Reis. O objetivo da ação foi a promoção de atividades que despertassem tanto a atenção para os saberes provocados pelo território, como o reconhecimento de que aquele espaço possui uma história que precisa ser aprendida pelas crianças da escola.

Para tanto, Fabiana, Marilda, Luciana, Angélica, Marcos Vinícius e Raísa se reuniam toda semana, no dia anterior à oficina, para discutir as atividades. Destaca-se a parceria com duas professoras: Marília Lopes Campos, do curso de licenciatura em educação do campo, da UFRRJ, e Rosilda Nascimento Benácchio, do Departamento de Educação da UFF. Elas ofereceram orientações e realizaram discussões com o grupo, mas as configurações do projeto foram delineadas pelos quilombolas. Em função dessa parceria com a universidade, foi possível conceder, ao final da formação, um certificado de curso de extensão para os professores que participaram das oficinas, que ocorreram semanalmente entre o fim de 2013 e o início de 2014.

O nome — Redescobrindo o Bracuí — foi escolhido porque, de certa forma, retomava a ideia do projeto da década de 1990, do qual Marilda havia participado, que propunha o registro das histórias locais, como vimos no capítulo anterior. Tal como o trabalho da década de 1990, a proposta da década de 2010 destacava a necessidade de inserir as experiências dos alunos como conteúdos legítimos nos programas curriculares e práticas escolares. A grande diferença é que, na primeira iniciativa, o movimento partia de dentro da escola em direção à comunidade, ao passo que, agora, era o grupo quilombola que oferecia formação para os professores.

Todos os participantes do projeto com quem pude conversar destacaram as transformações pessoais proporcionadas pela prática, uma forma de redescobrir suas potencialidades, já que o projeto se pautava pela educação diferenciada. Nesse processo, foi fundamental a discussão sobre esse conceito que parte do grupo já havia realizado dentro do Fórum das Comunidades Tradicionais de Angra, Paraty e Ubatuba. Fabiana narra como nessa região a luta dos quilombolas, caiçaras e Guarani tem se articulado para enfrentar os problemas da especulação imobiliária, os serviços precários de saúde e as práticas educativas que não levam em conta suas especificidades.

O diagnóstico realizado por Fabiana acerca da situação no Quilombo do Bracuí, durante a elaboração de seu trabalho de conclusão de curso, destacou o desconhecimento, por parte dos alunos da escola, especialmente os não quilombolas, sobre o que era o quilombo. Era comum entre os estudantes associações pejorativas ao termo "quilombo", como o uso da palavra "macumba". As práticas com as crianças tinham, portanto, a função de desconstruir preconceitos, fazendo-as percorrer o território do quilombo. Fabiana descreve uma experiência que exemplifica a proposta:

> A gente [Fabiana e Angélica] fez uma caminhada, mas, antes da caminhada, a gente pediu para a escola fazer algumas perguntas para eles [alunos], porque a gente queria ver as respostas escritas. Nesse dia, era a escola toda, e todos os professores vieram. Então, uma turma ficou com a Angélica e outra turma comigo. Eles tinham que caminhar desde a escola, andar aquele percurso até aqui, na casa da dona Marilda. Então foi muito bacana, a gente ia contando a história e as crianças: "Essa história eu sei". Aí eu falava: "Então conta, se você não souber eu te ajudo". Bacana, a criança falar da

história do local, então valeu a pena esse trabalho todo, e foi feito com alegria.

Eis as imagens que Fabiana mobiliza: uma prática solar, realizada ao ar livre, provocadora da construção coletiva do conhecimento; prática nômade de criação que promove a construção de vínculos entre as pessoas, as histórias locais e o território. Aqui, a dimensão política não está dissociada de uma estética, e não por acaso Fabiana relata que a atividade lhe proporcionou alegria. Não é trivial, quando pensamos como as práticas escolares são cada vez mais burocratizadas em razão de conteúdos e formas de aprender e ensinar que não consideram a necessidade de transfigurar o mundo. "O mundo não é. O mundo está sendo", provocou Paulo Freire (1996, p. 30-1), convidando-nos a matutar: "Em favor de que estudo? Em favor de quem? Contra que estudo? Contra quem estudo?".

No rastro dessas perguntas, Fabiana descreve a construção das oficinas e a realização das atividades com os alunos como algo que a transforma radicalmente em duas direções: a primeira, relacionada ao tempo, diz respeito a uma noção de eficiência vinculada à rapidez, enquanto a segunda, relativa ao plano político, diz respeito ao fato de ela deixar de ser uma professora apenas criativa, passando a ser aquela que usa a criatividade para provocar politicamente os alunos.

Ainda sobre a questão do tempo, ela conta que, por causa do primeiro emprego como recepcionista, acabou incorporando a mesma noção de eficiência daquele âmbito na construção das práticas pedagógicas. Nesse posto, realizava simultaneamente múltiplas tarefas. Assim, quando o grupo do projeto se reunia para organizar as oficinas, Fabiana tinha pressa e queria que terminassem logo, com rapidez. Essa marca de urgência, atrelada à autocobrança e à busca por perfeição, levou-a a um quadro de depressão e ansiedade. Sua narrativa exprime como a governamentalidade neoliberal não apenas destrói regras e precariza relações de trabalho, mas, sobretudo, produz formas de sujeito. O neoliberalismo, conforme indicaram Laval e Dardot (2016, p. 16), "produz certos tipos de relações sociais, certas maneiras de viver, certas subjetividades", que, antes de serem uma ideologia ou uma prática econômica, são, "em primeiro lugar, uma racionalidade, que como tal tende a estruturar e organizar não apenas a ação dos governantes, mas até as condutas dos governados". Uma das formas de governar as condutas é estabelecer a relação entre o tempo e a eficiência, ou seja, quanto mais rápido concluir a tarefa, mais eficaz e competitivo o indivíduo se mostra.

Aos poucos, seus colegas lhe ensinaram que o processo de construção das oficinas não poderia se valer da lógica de tempo e eficiência neoliberal. Era preciso respeitar o tempo dos aprendizados. Isso não se deu sem conflitos, porém. Ela relata que, depois de vários debates, Marcos Vinícius foi um dos companheiros de oficina que mais a ajudaram a compreender a necessidade de ficar atenta à racionalidade neoliberal na produção do conhecimento. Durante as reuniões, foi preciso a intervenção de um dizer franco, que fez Fabiana reavaliar a forma como estava se governando. Note-se que não havia mais chefe ou patrão para vigiá-la, mas o dispositivo interno de controle já estava implantado em sua derme, em sua subjetividade.

Sobre o tempo e a racionalidade liberal, resgatemos mais uma contribuição de Laval e Dardot (2016, p. 328-30), quando analisam que o tempo gasto na produção de mercadorias e serviços é o elemento encarecedor, levando à ideia de que, nas sociedades capitalistas neoliberais, o que varia não é o valor das mercadorias, mas o preço do tempo. Em termos de serviços, o preço do tempo de uma secretária não é o mesmo que o de um médico. O preço do tempo de uma mulher negra que exerce a mesma função que um homem branco não é o mesmo.

Além das transformações relativas ao tempo, Fabiana também narrou como sua aproximação política com a luta quilombola transformou os conteúdos de suas práticas pedagógicas. Ela diz que sempre foi uma professora criativa, mas percebeu que não bastava ter uma criatividade despolitizada: era preciso que os conteúdos questionassem o racismo. Esse processo veio de vivências: seja frequentando reuniões sobre as questões quilombolas, seja conversando com os mais velhos do quilombo, como seu Zé Adriano, que conhece histórias e tradições do lugar. Ela avaliou que, por meio das práticas escolares, o racismo institucional mostra seus dentes de forma mais perversa e silenciosa, tentando destruir o que há de mais subjetivo: a autoconfiança intelectual. Daí sua compreensão de que ética e estética deveriam caminhar juntas em um projeto de educação progressista. Em termos teóricos, essa percepção se dá igualmente pela aproximação com o trabalho de Paulo Freire. Tanto em suas falas como no texto de monografia, Fabiana relaciona sua abordagem teórica ao pensamento do filósofo, cuja proposta visa à construção da autonomia, frisando que ensinar exige pesquisa, respeito aos saberes dos educandos e criticidade, que se traduzem em uma ética que também é estética. Ao incluir o racismo em suas preocupações pedagógicas, ela manifesta o desejo de transformar suas práticas pela articulação de "decência e boniteza", que, segundo Freire, se expressa quando:

> Mulheres e homens, seres histórico-sociais, nos tornamos capazes de comparar, de valorar, de intervir, de escolher, de

> decidir, de romper, por tudo isso nos fizemos seres éticos. Só somos porque estamos sendo. Estar sendo é a condição, entre nós, para ser. Não é possível pensar os seres humanos longe, sequer, da ética, quanto mais fora dela. Estar longe ou, pior, fora da ética, entre nós, mulheres e homens, é uma transgressão. É por isso que transformar a experiência educativa em puro treinamento técnico é amesquinhar o que há de fundamentalmente humano no exercício educativo: o seu caráter formador. Se se respeita a natureza do ser humano, o ensino dos conteúdos não pode dar-se alheio à formação moral do educando. Educar é substantivamente formar. (Freire, 1996, p. 18)

Foi esse exercício, de se formar no fazer, que Fabiana experimentou. A prática pedagógica torna-se uma atitude política. Sobre isso, a pesquisadora em educação Givânia Maria da Silva, em sua dupla experiência, como educadora e como quilombola da comunidade de Conceição das Crioulas, situada no sertão de Pernambuco, considerou:

> Fazer educação naquela conjuntura e com as condições que se tinha era reinventar o exercício do magistério, pois a tarefa não era apenas de fazer com que as pessoas tivessem acesso aos conhecimentos, era também investir para que elas acreditassem nos seus saberes e na sua cultura e os colocassem à disposição das novas gerações. Esse trabalho exigia uma formação não oferecida pela escola. (Silva, 2012, p. 23)

Educar é, em essência, formar eticamente. No caso da educação quilombola, isso se articula à potencialidade da transmissão dos saberes para a construção de laços nas comunidades, conforme descreveu Silva. Por isso, é preciso buscar outras bases epistemológicas. Para a última pergunta que fiz para Fabiana, na tarde de abril de 2017, sobre como as relações estabelecidas por ela com o território e com os moradores do quilombo influenciaram sua formação enquanto liderança e professora, obtive como resposta, em meio a risos e lágrimas:

> Que pergunta difícil! Eu vou falar a verdade, eu não me vejo como liderança como as pessoas falam. [...] Talvez eu faça pouco, mas o pouco que eu faço a gente tenta não deixar a peteca cair, não deixar morrer as coisas, porque a gente vê que as mulheres, a dona Marilda, tia Olga, a Marília [...] são mulheres fortes. [...] Às vezes a gente fica triste, mas é normal, isso aí é o ser humano, a gente não é máquina. Tem gente aí que eu sinto muita falta [referindo-se a Angélica]. Jogar tudo no lixo e virar as costas é bastante difícil pra quem já está com o bichinho da luta, porque, se a gente parar, eu acho que isso daqui será engolido. Você quer saber que a terra que seus avós andaram, a terra onde as pessoas lutaram, foi por água abaixo? É muito triste. Como a vida faz, você dá voltas, voltas e voltas. Você para para analisar tudo que você já fez, mas eu acho que é por eles, tanto os vivos como os que já se foram.

Fabiana, como outras quilombolas com quem conversei, expressa incômodo com a palavra "liderança", termo rejeitado por algumas delas. Uma explicação possível é que seu sentido, muito usado nos circuitos empresariais, apresenta dissonância com práticas baseadas em projetos de construção coletiva. Outro motivo de relutância pode vir do fato de que o lugar de liderança sempre foi uma posição masculina. Daí que, por timidez ou por perceberem dentro do movimento quilombola as relações de poder baseadas nas hierarquias de gênero, muitas rejeitem essa posição, mesmo quando são engajadas na luta quilombola. De todo modo, o desconforto nos coloca diante da necessidade de usarmos os termos das próprias pessoas, antes que se atribua a elas, *a priori*, um rótulo. Mesmo relutante, ela cita as mais velhas, que considera como verdadeiras lideranças. Sua fala sugere a ciência de que parte do conhecimento que construiu foi possibilitada pela partilha de experiências com as mais velhas.

As lágrimas chegam à sua face quando se refere a Angélica, amiga e companheira falecida em 2016. Na introdução de *Amada*, livro que conta a história de Sethe, ex-escrava que convive com o fantasma de seu bebê morto pelas condições brutais da escravidão, Toni Morrison (2007, p. 13) afirma desejar, com aquela narrativa, "que a ordem e a quietude da vida cotidiana fossem violentamente dilaceradas pelo caos dos mortos carentes; que o esforço hercúleo de esquecer fosse ameaçado pela lembrança desesperada para continuar viva". Essa última conversa com Fabiana me fez lembrar das palavras de Morrison. Naquela tarde, o luto por Angélica não a deixava esquecer de todos aqueles que antes dela caminharam e morreram lutando por aquele território. Esse é um uso potente da ancestralidade, já que aprimora a luta no presente.

4.2 Laura Maria dos Santos: em uníssono com a vida

Laura Maria dos Santos, 57 anos, é uma liderança quilombola respeitada na região de Paraty, Angra dos Reis e adjacências. Parte de seu reconhecimento vem da militância pela educação, que teve início nos anos 2000, quando retorna às terras do Campinho da Independência, em Paraty. Hoje ela é uma das diretoras da Associação de Moradores do Campinho (Amoc), que colaborou com a criação da Associação das Comunidades Remanescentes de Quilombos do Estado do Rio de Janeiro (Acquilerj). Além disso, Laura é pedagoga, cantora, jongueira, umbandista e apaixonada pelo conhecimento e pela literatura.

Quando nos encontramos, em fevereiro de 2016, chamou-me a atenção como as dimensões ética e estética defendidas por ela se exprimem em outros aspectos de sua vida, inclusive pela arquitetura de sua casa: uma construção de alvenaria, sem paredes internas, com janelas amplas que permitem o contato visual com o exterior. Um modo de habitar que não se circunscreve à casa, mas integra o terreiro, a cachoeira, as árvores, o caminho, os animais que a circundam. Minha percepção se intensificou quando, em dado momento da conversa, ela interrompeu sua fala para prestar atenção aos pássaros que pousaram na árvore. Fizemos silêncio para escutar seus cantares.

Naquelas horas, Laura falou francamente de sua relação com a escola e o conhecimento em diversas fases de sua vida. A maneira como narrou seus deslocamentos sugeriu que seu mover é uma forma de estar em uníssono com a vida, parafraseando a canção de Caetano Veloso, "Sou seu sabiá"

("É só ter alma de ouvir/ E coração de escutar/ E nunca me farto/ Do uníssono com a vida"). Para acompanhá-la, daremos saltos em três temporalidades oferecidas por sua narrativa. A primeira vai de sua saída do quilombo, com quatro anos, até a infância no Rio de Janeiro, quando passa a morar com a tia no Morro do Turano, favela na periferia da cidade. O segundo momento está ligado à redemocratização, quando Laura rememora sua militância nos movimentos sociais na cidade carioca. A terceira temporalidade, a partir de 2004, é quando retorna a Paraty, depois de tomar conhecimento da luta quilombola em que seus parentes estavam envolvidos.

4.2.1 Ditadura militar: escola, o espaço interdito

Anos 1950, Paraty. Lá nas terras onde hoje se localiza o Quilombo do Campinho da Independência, em 1959, nascia Laura Maria dos Santos. Os desdobramentos sociais do projeto desenvolvimentista levaram à expulsão maciça de trabalhadores rurais, do campo para os centros urbanos. Naquela multidão sem rosto por causa do racismo e da pobreza, estavam ela e parte de sua família. Uma de suas tias, embalada pela crença de que na cidade grande as condições seriam melhores, levou a menina para a cidade do Rio de Janeiro, justificando: "Ela precisa receber educação". Quando a ditadura militar se instaurou, a promessa de educar a menina não pôde ser cumprida, porque o desejo da tia tropeçava no mesmo projeto político que os empurrou do campo para a cidade: terra para agronegócio, escola para poucos. Por isso, Laura cresceu vivenciando todas as humilhações e os constrangimentos dessa racionalidade, em que a escola era concebida como um privilégio.

Aqueles que nasceram e cresceram nas "terras de preto" ou nas favelas urbanas durante a ditadura militar vivenciaram as perversas tecnologias de poder mobilizadas pelos dispositivos racistas e sexistas, sobretudo mulheres negras que desejavam objetos e espaços interditados aos seus corpos: os livros e a escola.

No regime militar, a especificidade da violência está ligada ao discurso da democracia racial, uma forma nefasta de governar as condutas que impedia a enunciação dos conflitos atrelados às diferenças étnico-raciais. Vivíamos relações de poder baseadas na racialização dos corpos, mas não era possível enunciá-las, sob pena de sermos acusados de importar um conflito que não era nosso. Além disso, o modelo desenvolvimentista da ditadura envolveu as condições de vida das populações camponesas, especialmente aquelas que viviam nas terras de pretos nas áreas rurais ou em suas extensões urbanas, nas favelas, em níveis desumanos de violência e exclusão. O modelo econômico favoreceu a intensificação da grilagem e dos avanços violentos das fronteiras agrícolas, entre outras formas de violência contra negros e pobres.

No Rio de Janeiro, o modo como esse projeto afetou os camponeses pobres ocorreu por meio da desagriculturalização (Ribeiro, 2005, p. 158-63), processo comentado no terceiro capítulo deste livro e que diz respeito, em linhas gerais, ao recuo progressivo das atividades agrícolas em terras fluminenses. Essas configurações econômicas comprometeram os modos de vida daqueles que habitavam as comunidades negras rurais, fazendo com que vivenciassem ameaças violentas de perda de seus territórios. Entravam em cena a especulação imobiliária em áreas que passaram a ser valorizadas pelo turismo, a substituição das plantações pelo gado, o assédio dos proprietários de terras e a consequente impossibilidade de seguir vivendo como agricultores nas regiões que ocupavam (Mattos & Meireles, 1998; Gusmão, 1996).

Na região litorânea, especialmente em Paraty, onde Laura nasceu, esse processo fez com que muitos camponeses acabassem deixando a terra em busca de oportunidades de trabalho na cidade de Paraty ou nos grandes centros. Foi assim que parte de sua família, sem poder viver da agricultura, deixou o Campinho rumo ao Rio de Janeiro.

Em Paraty, o processo se tornou mais agudo durante a construção e a inauguração da rodovia Rio-Santos (BR-101), na década de 1970, trazendo a reboque a valorização das terras da região da Costa Verde, que inclui os municípios de Angra dos Reis e Paraty, e a eleição do turismo como o motor do desenvolvimento local. Nesse período, o grupo do Campinho, que estava assentado às margens da BR-101, começou a sofrer pressões externas, de interessados em se apropriar das terras. Para fazer frente a isso, já em 1970 os moradores do Campinho entraram com uma ação de usucapião na Justiça por meio do Sindicato dos Trabalhadores Rurais de Paraty (Gusmão, 1996; Alves, 2014).

Eles reivindicavam a posse da terra porque, em termos de formação histórica, filiavam-se por parentesco às três escravas cujas histórias estão vinculadas à formação do bairro negro do Campinho. No fim do século XIX, depois da decadência do regime escravocrata, vários proprietários de terra da região, incapazes de manter as fazendas como unidades produtivas, abandonaram ou doaram as terras. Foi nesse contexto que o antigo proprietário fez uma doação verbal de parte de suas terras para três escravas da casa-grande: Antônia, Marcelina e Maria Luzia. Não há nenhuma documentação que prove esse fato; entretanto, as terras foram abandonadas pelos antigos donos, e, até a década de 1970, o grupo não teve grandes problemas em lá permanecer — situação que muda com a construção da BR-101, em plena ditadura militar.

É nesse contexto que aos cinco anos, em 1964, Laura foi levada por sua tia Francisca para o Rio de Janeiro. Acompanhar a tia se fez necessário porque sua mãe biológica, com problemas mentais, já não podia responder por seus atos. Em entrevista concedida à pesquisadora Edileia Alves, em 2014, Laura diz: "Naquela época, a situação estava muito difícil, minha mãe era solteira, eu hoje é que faço essa análise, entende? A vida era muito difícil para ela, ela sofria preconceito, muita discriminação, não é? Então a gente passava muita dificuldade sozinha, era explorada" (Alves, 2014, p. 129).

Nessa entrevista, Laura realiza um exercício de reelaboração do passado, indicando as possíveis causas dos problemas mentais de sua mãe biológica: mulher e mãe solteira, sendo alvo de exploração. Ao posicionar sua mãe, por meio da crítica de gênero, em uma dimensão histórica, ela produz novos significados sobre o passado, podendo se deslocar do afeto do abandono infantil para uma postura crítica que situa como sua mãe também foi vitimada pelas condições de desamparo social.

De acordo com Laura, a tia, percebendo a situação de fragilidade em que se encontrava a menina, levou-a para morar no Rio de Janeiro, mais especificamente no Morro da Matinha, que hoje se chama Morro do Turano, situado na zona norte da cidade. Tia Francisca, que Laura por várias vezes chama de mãe, tomou essa decisão afirmando que a menina precisava estudar, dado que no bairro negro do Campinho não havia escola.

Já no Rio de Janeiro, as dificuldades para estudar evidenciam a larga distância entre a promessa de escolarização que a tia imaginava oferecer e a realidade da cidade. Laura passa sua infância vivenciando todas as humilhações e constrangimentos de uma racionalidade na qual a escola era concebida como um privilégio de classe, raça e gênero: "É, eu lembro que fui para a delegacia tirar atestado de pobreza. Eu me lembro que eu saí da delegacia chorando porque a minha mãe teve que contar a minha história. Ela falou que não era minha mãe". Laura adorava ler, amava a escola, mas aquele espaço era um lugar interdito para ela, sendo franqueado apenas quando já tinha nove anos:

> Eu fui para a escola só com nove anos de idade. Eu adorava estudar. Meu primeiro dia na escola é o dia que eu mais me lembro. Eu me lembro que eu gostava muito de ler. Lia tudo. Então eu lia aqueles livros todos. Eu me lembro que eu me escondia no porão para ler, porque, se minha tia me pegasse lendo, ela me batia. Na verdade, quando ela disse "Eu vou dar educação para essa menina", ela queria me ensinar as prendas, mas eu não estava nem aí pra isso. Esse foi o meu primeiro ato de resistência: não querer aprender aquilo que minha mãe queria que eu aprendesse. Apanhei muito. Você imagina uma criança, no lugar que a gente morava, numa periferia, o que eu tinha era o quintal. Uma menina presa, aquela educação muito rígida. [...] Ainda bem, o quintal era grande, tinha amendoeira, tinha mangueira, goiabeira.

Até aqui, percebemos que o corpo e os desejos de Laura são constantemente ameaçados por perda, exclusão e violência, dentro e fora de casa. Não havia lugar seguro. Na delegacia, é preciso se humilhar para conseguir ingressar na escola. Sobre isso, a psicanalista Maria Lúcia da Silva (2017, p. 85) considera que os relatos de humilhação, tais como o descrito por Laura, são precedidos de vergonha, e que a escola tem sido lócus preferencial para a emergência desse sentimento para negros e negras.

O desejo pelos livros e pela leitura igualmente gera a violência dentro de casa. As surras que a tia lhe dava eram para que cumprisse seu destino de corpo negro e feminino: aprender "prendas domésticas", a fim de cuidar do marido ou trabalhar na casa dos outros. Por isso, ela diz: "Esse foi o meu primeiro ato de resistência: não querer aprender aquilo que minha mãe queria que eu aprendesse":

> Minha cabeça não era, até hoje não é, isso. E eu me lembro que ela tinha um assoalho. Aquelas panelas dela brilhavam, era uma exímia dona de casa e ela queria que a gente aprendesse aquilo. [...] Então eu detestava aquelas coisas, eu tinha que fazer angu pros cachorros. Botava aquelas pelancas de carne. Eu detestava fazer aquilo. Então eu não gostava, ela não entendia, não aceitava.

Os livros, o porão, o quintal, a amendoeira são narrados por Laura como se fossem contraespaços, ou seja, espaços outros que a protegiam do que limitava e mortificava seu desejo de expansão por meio do conhecimento e da leitura. Quando criança, ela se vale do universo simbólico infantil rico em propor contraespaços. Sobre a dimensão heterotópica desses jogos infantis, Foucault descreve:

> É o fundo do jardim, com certeza, é com certeza o celeiro, ou, melhor ainda, a tenda de índios erguida no meio do celeiro, ou é então — na quinta-feira à tarde — a grande cama dos pais. É nessa grande cama que se descobre o oceano, pois nela se pode nadar entre as cobertas; depois, essa grande cama é também o céu, pois se pode saltar sobre as molas; é a floresta, pois pode-se nela esconder-se; é a noite, pois ali se pode virar

fantasma entre os lençóis; é, enfim, o prazer, pois no retorno dos pais, se será punido. (Foucault, 2013, p. 20)

Foucault adverte, entretanto, que os contraespaços não são invenções apenas infantis: são os adultos que também os inventam para as crianças. No caminho dessa provocação, poderíamos dizer que, em uma reflexão posterior, Laura atribui significados aos atos realizados, permitindo que surjam, em sua narrativa, os livros, o porão, a amendoeira e o quintal como lugares de resistência. Não se trata de se perguntar se, quando criança, esses espaços existiam ou não, mas de enfocar os significados que eles adquirem no tempo presente. De certo modo, em sua narrativa, ela se coloca como alguém que, desde criança, buscava construir espaços outros. Não interessa aqui questionar a veracidade dessas ações, mas de reconhecer a coragem de enfrentar o passado a fim de reescrever a própria vida, de enxergar valores positivos que fissuram práticas desqualificadoras dos corpos.

Enquanto Laura enfrentava os problemas na cidade, o grupo que na década de 1970 ficou em Campinho também estava buscando saídas possíveis contra os dispositivos racistas que incidiam sobre seus territórios, aproximando-se do Sindicato dos Trabalhadores Rurais e da Igreja católica. Em 1975, mesmo diante dos limites legais, o grupo articula-se com a assessoria jurídica da Comissão Pastoral da Terra e move uma ação de usucapião a fim de se defender das constantes invasões de seu território, especialmente depois que se concluiu a construção da Rio-Santos. Ante a necessidade de construir fronteiras entre "eles" e "nós", a narrativa das três escravas ganhou força como arma simbólica: vó Tonica, vó Marcelina e vó Maria, que receberam a doação das terras no fim do século XIX (Gusmão, 1996). Laura, em uma entrevista para o documentário *Quilombo do Campinho — Conectado!* (2011), se situa: "Minha raiz é Maria Luzia. O maior legado delas foi a visão que elas tiveram de ter visto, naquela impossibilidade, a possibilidade de recomeçar. Aí, então, começar a história delas".

4.2.2 Trabalho, educação e os movimentos sociais

Fim dos anos 1970. Rio de Janeiro. Entre o trabalho na fábrica têxtil e a lida com os filhos, Laura termina o ensino médio no supletivo. Nesse ínterim, engaja-se na luta social em movimentos de esquerda, participando ativamente do processo de redemocratização e atuando nas CEB. Em meados da década de 1970, ela vai trabalhar em fábricas de roupas, um trabalho ao qual não conseguiu se adaptar, como aponta:

> Que eu, até então, trabalhava em fábrica de costura e não me adaptava em nenhuma delas, que eu achava tudo muito injustos, as condições de trabalho, mas eu era uma pessoa alienada, não entendia. Aí, eu ficava mudando de fábrica. Na Rua Assis Lobo, hoje é um polo têxtil. Ali era tudo fábrica. Então eu saía de fábrica e ia para outra, achando que a outra sempre seria melhor. Aí, eu não entendia minha insatisfação com aquele trabalho e eu não entendia por que era tudo igual.

A rotina das fábricas, com seus horários, regras e códigos que objetivam a construção de corpos dóceis, trazia desconforto para Laura, que, na época, não possuía conceitos para nomear essa forma de violência que lhe afetava o corpo. Com quinze anos, ainda muito jovem e sob uma educação rígida, ela buscou no casamento a possibilidade de se livrar dos constrangimentos dos trabalhos nas fábricas e dos problemas de relacionamento com a tia, que, na época, se agravavam. Ela conta como foi o processo:

> Eu, na verdade, não queria nada daquilo [casamento], eu estava desiludida, tinha tido um namorado, mas aquela pressão de homem, e eu muito boba, enfim, aceitei. […] Meu primeiro marido me ajudou muito, ele não me atrapalhava a fazer as coisas. Eu tive liberdade para fazer as coisas que eu queria fazer: ingressei em movimento social, […] retomei meus estudos pra terminar o primeiro grau, que eu ainda não tinha terminado. Terminei a oitava série, concluí o segundo, tudo no supletivo. No primeiro ano do segundo grau, eu engravidei e não terminei. Aí, para eu ir pra faculdade, já não dava mais.

O casamento como uma experiência imperativa às mulheres foi uma narrativa que, durante muito tempo, estabeleceu-se como ordem discursiva, mesmo para aquelas que, como Laura, desejavam estudar. Ela viu no casamento uma brecha para se livrar das opressões no trabalho e das relações autoritárias com a mulher que a criara. Contudo, as dificuldades financeiras e o nascimento do primeiro filho adiaram seu desejo de continuar os estudos e ir para a universidade, um sonho antigo que ela realizou apenas em 2018, cursando pedagogia na Universidade Estácio de Sá. Quando mais jovem, a militância nos movimentos sociais passou a ser o espaço para o qual Laura canalizava a raiva diante das injustiças sociais. No entanto, o casamento foi se desgastando, e a tristeza, mesclada à revolta, fez o corpo adoecer:

> O meu casamento já tinha ido para o beleléu, mas ainda havia o respeito. Então, a gente foi segurando as pontas. Mas aí eu comecei a ficar doente, eu tive consciência que a minha doença

era isso. Que eu tinha que me libertar, já estava dando a hora de me libertar. Eu me lembro que o meu companheiro falou: "Poxa, não separa agora, não, se trata primeiro". Eu disse: "Filho, eu vou usar o seu plano de saúde todo e não vou conseguir me curar". Então, quando eu tive essa consciência, eu já estava fazendo terapia, mas já tinha feito uma hepatite por conta da raiva que eu absorvi da minha mãe [tia]. Graças a Deus, já perdoei ela. No centro, aprendi a perdoar, graças a Deus. Então, eu fui me libertando de todas essas coisas e continuo por esse caminho aí, de libertação. A gente vai só superando. Tem muita coisa para a gente se libertar.

Laura descreve questões que ela precisava resolver, já que o adiamento estava adoecendo seu corpo, levando-a a desenvolver um quadro de hepatite. Primeiro, a crise no casamento, que culminou com o processo de separação. Depois, a noção de que a relação conflituosa com a tia intensificava a raiva que sentia no presente. Em sua narrativa, essa percepção foi possível por meio do trabalho terapêutico e por intermédio da umbanda, onde ela aprendeu a perdoar. De certa forma, Laura aproxima a terapia e a umbanda a práticas de cuidado de si, que proporcionam o estabelecimento de uma relação de transformação consigo mesma. No caminho aberto por Espinosa, o estado melancólico, ou seja, um afeto triste, diminui a potência de agir. Já os afetos alegres, como o contentamento, são momentos em que a mente passa por um estado mais pleno. Assim, "durante todo o tempo em que a mente imaginar aquelas coisas que aumentam ou estimulam a potência de agir de nosso corpo, o corpo estará afetado de maneiras que aumentam ou estimulam sua potência de agir" (Espinosa, 2013, p. 179). A tristeza profunda adoeceu o corpo, mas narrar sobre o aprendizado do perdão mobiliza, no presente, o sentimento de contentamento, que oferece combustível para a luta.

4.2.3 Vivência dos saberes: educação e o devir quilombola

Anos 2000. Rio de Janeiro e Paraty. Laura descobre que seus primos de Paraty estavam no Hotel Glória, participando de um encontro das comunidades quilombolas. Movida pelo afeto de encontrar seus familiares, decide: "Eu vou lá ver meus primos, nem sabia do movimento quilombola". Naquele dia, ela recebe uma informação que a levaria de volta para Paraty. Seus primos dizem: "Você é quilombola". Perplexa, ela repete: "'Eu sou uma quilombola?'. Aí eu fico sabendo que meus primos eram do movimento quilombola. Eu nem sabia que existia esse movimento. Aí eu falei: 'Caraca! Que legal, o pessoal está antenado!'".

Naquele dia, seus primos solicitaram que ela representasse o Quilombo do Campinho da Independência em uma reunião que aconteceria no Rio de Janeiro, no dia seguinte, e da qual eles não poderiam participar. Embora Laura desconhecesse o movimento quilombola, a experiência em movimentos sociais levou seus primos a pedir sua ajuda. No dia seguinte, Laura compareceu e começou a se inteirar sobre o movimento quilombola: "Eu estava, sem perceber, voltando", rememora. Embora, na época, estivesse coordenando um projeto com crianças do Grupo Recreativo União e Lazer, sua situação financeira ia mal: "Eu estava fazendo pedagogia, já estava com dois meses de aluguel atrasado". Por isso, o pedido de seus primos para que ela voltasse para o quilombo ressoou em seu desejo, provocando-lhe uma miscelânea de sentimentos: a vontade de voltar para Paraty e a responsabilidade de ficar no Rio de Janeiro, por conta do projeto que coordenava. Ao final, ela se decidiu: "Vou voltar para minha terra e eu acho que é isso que eu preciso fazer mesmo".

Em 2004, Laura mudou-se em definitivo para o quilombo. Em 2005, como sempre se identificara com o trabalho voltado a crianças, passou a atuar com esse grupo no Ponto de Cultura e também no projeto de turismo da comunidade. Em seguida, veio a decisão de construir a casa:

> Eu pedi a meu tio para fazer minha casa aqui. Tem outras histórias, até eu chegar. Essa casa pertenceu à minha bisavó, ela estava com outra pessoa. A outra pessoa desistiu e aí eu pude vir. Tem toda uma história, que até o astral prepara tudo, vai preparando a escolha do lugar. É, eu moro aqui sozinha, você pode ver aqui do outro lado, que é o lado norte, que é o lado que todo mundo mora, mas eu moro aqui por conta da cachoeira. E tem toda uma história por conta disso. A questão da espiritualidade. Eu sempre fui filha de Iansã, desde os meus doze anos de idade. Mas aí eu precisava me acalmar, essa cachoeira aqui me preparou, sabe? E hoje eu sou filha de Oxum. Como é que a gente muda, os padrões nossos vão mudando, e aí a minha mãe [Iansã], que era mãe de frente, está hoje nas minhas costas,[60] me amparando, e Oxum está de frente, para eu conseguir dar conta da minha missão: senão, não dá. Essa coisa de você fazer diversos tipos de enfrentamentos, isso me desgastou, mas também eu encontrei a espiritualidade, depois de adulta, fazendo terapia ainda no Rio. Eu tive que fazer terapia. Eu fiz terapia reichiana.

---

[60] Nas religiões de matriz africana, como a umbanda, as pessoas iniciadas têm filiações espirituais. Por isso, Laura refere-se aos orixás femininos como suas mães. [O orixá de frente (cabeça) corresponde à entidade de apadrinhamento cujas características incidem em aspectos mais racionais. O orixá adjunto (de costas) atua no emocional, harmonizando-se com os atributos do santo de cabeça. Ambos regem a encarnação presente — N.E.]

A escolha do local da casa expressa a tessitura afetiva em que muitos fios se conectam: a casa que fora da bisavó, que também era da umbanda, perto da cachoeira, um lugar que a acalma, já que sua mãe espiritual de frente agora é Oxum, rainha das águas doces. De igual modo, a trama familiar tecida extrapola os laços sanguíneos, evocando a espiritualidade. Sobre isso, ela diz que desde os doze anos era filha de Iansã, mas, na idade adulta, sua mãe de frente passou a ser Oxum. A respeito das mães espirituais citadas por Laura, as análises de Werneck (2010) são valiosas para pensarmos no legado oferecido pela mitologia dos orixás, da tradição iorubá:

> [a tradição iorubá —] dos povos africanos subsaarianos, especialmente aqueles que vieram de onde se localizam hoje Benin e Nigéria a partir do século XIII — disponibilizou-nos diferentes exemplos. Não deve ser coincidência estes mitos terem resistido à travessia transatlântica nas condições sub-humanas em que suas portadoras vieram, resistindo ao regime de aniquilamento e terror racial, às investidas do eurocentrismo cristão, à violência patriarcal, sendo preservados (e, é claro, transformados, pois se trata de culturas vivas) na tradição afro-brasileira do século XXI. (Werneck, 2010, p. 11)

A mitologia dos orixás femininos descrita por Werneck compõe-se de narrativas concebidas pela autora como "ideias-forças-organizativas" que, a partir da década de 1970, têm influenciado a singularidade do antirracismo feminista das mulheres negras, especialmente aquelas que tinham experiência com as práticas religiosas de terreiro, tais como a umbanda e o candomblé. Werneck define que há diferenças entre as práticas religiosas de tradição iorubá, como o candomblé, e as influenciadas pelas tradições banto, como a umbanda. Sobre esta última, a autora salienta que tais tradições religiosas também oferecem modelos de mulheres fortes, guerreiras, sensuais, muitas delas com os mesmos nomes e atributos das divindades iorubás (Werneck, 2010, p. 12). Levando em conta a maneira como a tradição mitológica dos orixás fornece modelos de feminilidade para as mulheres negras, a pesquisadora sumariza a mitologia dos orixás femininos. Leiamos sobre Iansã e Oxum, descritas por Laura como suas mães espirituais:

> *Iansã:* é a senhora dos ventos e dos raios. Uma força guerreira, perigosa, insubordinada. É ela que, desobedecendo à regra que vedava às mulheres a participação no culto dos mortos, obteve o poder de penetrar suas cerimônias e dançar com eles. Compartilha seus mistérios. E, ainda, é aquela que, apropriando-se dos poderes destinados ao rei — Xangô, seu marido —, adquiriu o poder de cuspir raios e soltar fogo pela boca. Iansã é também a mãe que abandona os filhos, que serão criados por Iemanjá.
>
> *Oxum:* travou uma disputa com Orixalá, o rei, por seus poderes. Dessa disputa saiu vitoriosa, tornando-se a senhora do ouro e da riqueza. Como Nanã, é chamada de Ialodê, a que fala pelas mulheres. Está ligada à fecundidade, à menstruação e ao futuro. E à instabilidade simbolizada pelo curso dos rios. Uma das características mais expressivas de Oxum é sua sensualidade, sua sabedoria em relação às artes e delícias do sexo. (Werneck, 2010, p. 12)

Notemos que, como sintetizado por Werneck, na mitologia iorubá, os orixás femininos apresentam contradições e desejos humanos. Desafiam os orixás masculinos. São mães, sem perder a força erótica. Em virtude disso, essas narrativas problematizam os modelos de feminilidade cristã e burguesa, oferecendo, sobretudo para as mulheres negras dos terreiros, modelos outros de potência feminina. Laura se vale dessa simbologia, vinculando a força explosiva de Iansã à raiva que encorajava sua luta nos movimentos sociais e que, segundo ela, afetou sua saúde. Mais recentemente, depois de passar por um processo terapêutico, ela se fortalece nas águas de Oxum, que passa a ser sua mãe de frente. No olhar de Laura, as mães espirituais mudam porque os indivíduos se transformam. Em seu processo de mudança, Oxum se transforma em sua mãe de frente para ensinar a ela uma forma mais calma de se expressar na luta. A cachoeira, simbolizando as águas de Oxum, faz parte do aprendizado de Laura, de dar outros fluxos para a raiva que lhe consumia o corpo. Ela se vale dessas filiações espirituais para construir novas ancoragens no momento de retorno para o Campinho: a espiritualidade e os afetos femininos são elementos importantes no processo de voltar para casa. Sua narrativa aponta como os sentimentos de raiva em relação às injustiças sociais e aos ressentimentos pessoais mortificam o corpo, causando-lhe doenças. Por isso, em um exercício de cuidado de si, ela vai buscando espaços para elaborar a dor. Dentre esses espaços, ela destaca o centro, referindo-se à umbanda, e as sessões de terapia.

Sobre as religiões afro-brasileiras, Helena Theodoro afirma que essas, como a umbanda, por meio de suas irmandades religiosas, possibilitam a construção de vínculos sociais que muitas vezes substituem a referência familiar. De acordo com a autora, tais religiões imprimem estruturas de relações sociais por meios próprios de organização e hierarquia, estimulando a vida comunal, estabelecendo padrões estéticos e formas específicas de comunicação, com um riquíssimo universo simbólico. Segundo Theodoro (2008, p. 82-3), esses valores vão permear as práticas dos iniciados. Laura, em certa medida, vale-se desse *ethos* como forma de amenizar as ressonâncias da dor em seu corpo.

Outro espaço de reflexão que colaborou para a reelaboração das dores foi a terapia. Interessante falar sobre essa busca, já que, para as populações negras e pobres, os espaços terapêuticos não são acessíveis. Uma questão digna de nota diz respeito aos discursos racistas, construídos sob a crença de que negros e negras suportam heroicamente as opressões, o que leva ao estranhamento e à desconfiança com o ato de procurar ajuda psicológica. Sobre isso, apontou bell hooks:

> Ignorando o fato de que o contexto de bem-estar psicológico frequentemente tem estado ausente em nossas vidas, a noção de que o povo negro, de maneira heroica e mágica, triunfou por gerações de ataques genocidas e racismo cotidiano continua a prevalecer, diante de toda a evidência que sugere o contrário.
> (hooks, 2003, p. 22)

À luz dessa perspectiva, hooks salienta que, mesmo os livros escritos na década de 1950, como *Pele negra, máscaras brancas*, de Frantz Fanon, e *Black Rage* [Raiva negra], dos psiquiatras William Grier e Price Cobbs, que teceram análises sobre as experiências negras valendo-se de uma perspectiva psicanalítica, não encorajaram a comunidade negra a considerar que a saúde mental faz parte da luta antirracista. Tratando do tema no contexto brasileiro, o psicanalista Jurandir Freire Costa afirma:

> A violência racista pode submeter o sujeito negro a uma situação cuja desumanidade nos desarma e nos deixa perplexos. Seria difícil encontrar o adjetivo adequado para nomear esta odiosa forma de opressão. Mais difícil ainda, talvez, é entender a flácida omissão com que a teoria psicanalítica tratou, até

então, este assunto. Pensar que a psicanálise brasileira, para falar do que nos compete, conviveu tanto tempo com esses "crimes de paz", adotando uma atitude cúmplice e complacente ou, no melhor dos casos, indiferente, deve conduzir-nos a uma outra questão: Que psicanálise é esta? Que psicanalistas somos nós? (Costa, 1983, p. 16)

O que Costa chama de "flácida omissão" da teoria psicanalítica brasileira está relacionado à forma como o racismo estrutura a produção de conhecimento no Brasil, que tende a tomar negros e negras como destituídos de complexidades e singularidades. Laura, em seu processo de cuidado de si, ao articular a dimensão espiritual à terapia, demonstra não aceitar a naturalização de que determinadas formas terapêuticas são privilégios que devem estar circunscritos às pessoas brancas e de classe social privilegiada. O espaço terapêutico ganha uma dimensão política que, como analisou a psicanalista Neusa Santos Souza, envolve simultaneamente, de um lado, o saber-se negra e o reconhecimento dos traumas causados pelos dispositivos racistas, e, de outro, a capacidade de recriar as potencialidades:

> Saber-se negra é viver a experiência de ter sido massacrada em sua identidade, confundida em suas perspectivas, submetida a exigências, compelida a expectativas alienadas. Mas é também, e sobretudo, a experiência de comprometer-se a resgatar sua história e recriar-se em suas potencialidades. (Souza, 1983, p. 17-8)

"Eu já cheguei aqui dizendo que eu era umbandista. E aí já sofri todos os preconceitos de cara, né? Mas eles me respeitam", contou-me Laura. Ela alude aqui às negociações que precisou fazer ao retornar às terras do Campinho, especialmente como alguém que integraria a luta política. Como a maioria das comunidades quilombolas do estado do Rio de Janeiro, Campinho da Independência conta com um número expressivo de católicos e evangélicos. O respeito que afirma ter conquistado é fruto de conflitos e negociações constantes, já que Laura construiu uma perspectiva progressista de vida que se expressa na forma como ela pensa as práticas políticas e a educação. Isso não pode ser lido de maneira maniqueísta: ela *versus* as outras lideranças, pois seu posicionamento progressista é igualmente partilhado por outras lideranças do Campinho, mesmo aquelas que se autodeclaram evangélicas e católicas.[61] É dentro dessa rede política que as práticas de Laura em torno da educação floresceram. Ronaldo dos Santos, liderança do quilombo, em depoimento ao vídeo *Quilombo do Campinho — Conectado!* (Formação Gesac, 2011), sintetiza a linha central das lideranças da comunidade:

> A linha central do nosso trabalho é discutir que modelo de sociedade nós sempre tivemos, para onde as transformações têm nos levado e o que de fato nós queremos. O consumismo que a televisão prega é um problema, porque faz as pessoas acreditarem naquilo que não é realidade.

[61] No Campinho da Independência, tive a oportunidade de gravar entrevistas e conversar com outras lideranças. Em 2014, por meio do projeto Cozinha dos Quilombos, entrevistei Vagner do Nascimento. Em 2016, gravei entrevistas com Daniele Elias Santos e Ana Cláudia Martins, além de conversar informalmente com Sinei Martins para explicar a pesquisa e, assim, poder entrar em contato com outras lideranças do quilombo. Em 2017, em encontro de mulheres quilombolas ocorrido em Cabo Frio, conversei informalmente com Ronaldo dos Santos, além de ter tido a oportunidade de gravar sua fala na mesa de abertura do evento. Em todas essas ocasiões, o que me chamou a atenção foi o posicionamento político dessas lideranças, cuja luta quilombola extrapola a questão da terra, articulando-se a uma crítica antirracista e anticapitalista. Nas lideranças femininas, foi possível perceber a crítica ao machismo, já que falam de suas experiências como mulheres.

A fala de Ronaldo aponta como, no Campinho da Independência, as lideranças estão atentas ao fato de que a luta pela terra se articula à crítica aos modelos neoliberais de sociabilidade. Daí a importância que as lideranças dão às práticas educativas. O desenho de um projeto de educação idealizado pelas lideranças do Quilombo do Campinho está associado à criação, em 2005, do Ponto de Cultura Manoel Martins. Ronaldo fala sobre as transformações nos modos de transmitir a experiência, destacando a importância desse espaço:

> Antigamente, as pessoas trabalhavam na roça. Nas casas de farinha. As pessoas buscavam taquara para fazer artesanato. Então, o lidar com o outro, que é o vizinho, que na verdade é o primo e o sobrinho, era um processo natural do dia a dia. Hoje, não. As pessoas estão no mercado de trabalho. Então, a própria relação da mãe com o filho, do pai com o filho, ela começa a ficar um pouco mais complicada. Então, você precisa construir momentos de a comunidade estar junto. Então, o Ponto de Cultura é um momento desses.[62]

O Ponto de Cultura Manoel Martins se transformou em um espaço de partilha de experiências. No local, foram desenvolvidas práticas educativas em torno de seis atividades: jongo, capoeira, percussão, construção de tambor, cerâmica e cestaria. Por conta da experiência anterior em projetos

---

[62] O programa Pontos de Cultura foi criado pela Lei 12.343/2010, nos marcos do Plano Nacional de Cultura, e definido como uma entidade ou coletivo cultural certificado pelo Ministério da Cultura. Os projetos contemplados no programa destinavam-se a ser uma base social com poder de penetração nas comunidades e territórios, em especial nos segmentos sociais mais vulneráveis, visando à construção de ações educativas em espaços que estivessem às margens dos circuitos culturais e artísticos convencionais.

socioeducativos no Rio de Janeiro, Laura assumiu a coordenação do espaço. Ali, percebeu que era preciso transformar as práticas escolares:

> Foi a partir do Ponto de Cultura que a gente viu como as crianças conseguiam se relacionar com a arte. Até dentro da própria escola. Que, antes, elas faziam desenhos sem movimentos, sem expressão, sem cor. A partir do Ponto de Cultura, elas começaram a dar cor e movimento nos seus desenhos. E a nossa proposta de educação, que é a roda. Todos os espaços são de educação. A criança está aprendendo o tempo todo. Nós trouxemos os *griots* para a sala de aula. Sabe as crianças que estavam sentadas? Começam a chegar perto. Por isso, saíram tantas histórias das *griottes* de cuidado, de andar no mato. (Formação Gesac, 2011)

A fala trata das transformações que as atividades educativas do Ponto de Cultura promoveram dentro da própria escola e da busca por uma educação que elege a roda como forma e conteúdo de um modelo de aprendizado. Em outro momento, Laura aborda a coragem da verdade de tratar das questões escolares, já que as críticas em geral tendem a ser pensadas como individuais, e não como análises direcionadas a um sistema escolar que não atende a especificidades do grupo: "A gente não quer brigar, mas a professora acha que a gente quer brigar com ela. A gente está falando da Secretaria de Educação, a professora acha que a gente está falando dela. Então é assim, cria um embate".

Uma vez que se percebe que o conteúdo ensinado na escola não converge com uma proposta que leva em consideração os saberes evocados pelo território e pela cultura, o conflito é inevitável. Os embates com as escolas dentro do quilombo não são um acontecimento exclusivo do

Campinho da Independência. No Quilombo de São José da Serra, conversei com Luciene Estevão do Nascimento, trinta anos, liderança que desempenha muitas tarefas: primeira secretária da associação da comunidade, agente de saúde, mãe de três filhos e atuante na Igreja católica e nas atividades do terreiro de umbanda, vivendo também alguns embates. Ela cursou a formação de professores no ensino médio, atividade que pretende desempenhar no futuro, depois que se graduar em pedagogia. Luciene narra os questionamentos que fez ao poder público da cidade, cobrando das autoridades o cumprimento do ensino de história da África e da cultura afro-brasileira, determinado pela Lei 10.639/2003. Indignada, diz:

> Viemos da África, nossos antepassados vieram, mas as nossas crianças estão por fora dessas histórias. A escola não trabalha com isso. Foi uma cobrança feita para o prefeito. O prefeito ainda não conhecia essa lei dez mil e alguma coisa, que no momento não sei te falar o número certinho. Ele também não sabia sobre essa lei, e a Secretaria de Educação nem se importou, e é uma coisa que foi questionada com eles, entendeu? Achando que trazer o melhor brinquedo para o quilombo vai ser bom. O melhor, hoje em dia, a gente tem. A gente quer o melhor, sim: o melhor ensino para as crianças.

No trecho apresentado, percebe-se que Luciene, ao questionar a ausência, no currículo escolar, do ensino de história da África, igualmente coloca a questão da liberdade de o grupo decidir quais conteúdos na formação de suas crianças devem ser considerados para a construção do currículo escolar. Trata-se de uma decisão que deve passar pelas necessidades estabelecidas pelo próprio grupo, e não pela pretensão autoritária do poder público de decidir o que é melhor para eles.

Daí a necessidade de construir perspectivas próprias. Foi essa a conclusão das lideranças do Campinho. Laura defende que a perspectiva educativa parta da premissa de que todos os espaços são educativos, o que provoca a escola. No projeto que desenvolve, nota-se a importância de levar os *griots* da comunidade à escola para contar histórias para as crianças, ensinando-lhes sobre os cuidados para andar no mato, entre outras coisas, com um aprendizado que se dá na roda, compreendida como espaço de partilha e circulação de saberes, sem hierarquizações. A roda expressa um valor importante das práticas culturais afro-brasileiras, ou seja, a base comunitária. Sobre esse aspecto, Allan da Rosa, educador que desenvolve propostas educativas nas periferias de São Paulo, cujas ações se valem dos valores da matriz afro-brasileira, enfatiza:

> Esta estrutura latente é de base comunitária, pois partilha bens e busca antes o bem-estar social e a continuidade da roda. É matriarcal, sensível às figuras simbólicas da grande mãe, da sábia, da amante. Sensível aos atos de juntar e mediar, de religar, partilhar, cuidar e à pertença da reciprocidade. Integra à filosofia o desejo, a libido e as sensações. Estrutura que ainda apresenta o seu caráter coletivo, organizando-se a partir da colheita dividida e de relações harmônicas e fraternais com a natureza e o meio ambiente para garantia da subsistência. (Rosa, 2013, p. 66)

Nas abordagens de Laura e Allan da Rosa, forma e conteúdo estão conectados para transmitir gestos, pensamentos, modos de vida. Não se trata de idealizar as práticas culturais, mas de ficarmos atentos aos valores que exprimem, já que, em tempos de capturas neoliberais, a diferença cultural tende a ser tratada, pelo mercado, como espetáculo esvaziado, inclusive na escola, em que os conteúdos são expostos para serem consumidos. Laura reitera sua crítica a esses processos:

> Para lidar com essa questão da escola, agora o meu projeto é a universidade, onde a gente acredita que é exatamente isso. O papel do mestre, do doutor, do professor é olhar para o território e ver de que forma que ele vai contribuir, com a formação que ele tem. Então ele vai preparar aquela criança. Ela está aqui, o adulto está aqui. Ela tem que ter esse horizonte. [...]. E ela tem que ser respeitada. Ela tem que ser perguntada. Ela vai mudar várias vezes, ela experimenta. Ela tem a vida dela para experimentar. E a escola tem que contribuir para isso. A escola não pode negar a vida dela. A escola tem que olhar para o território e ajudar a partir do território. O território faz parte da cultura dela, do saber dela, aí ela vai crescendo. Ninguém está falando que a gente quer virar uma bolha.

É no caminho de construir propostas educacionais singulares que aparece o desejo de criar uma universidade no território. Laura destaca o papel da cultura e a relação com o território como espaços de experimentação que devem favorecer a formação integral dos estudantes. Com base em suas palavras, não se trata de isolamento, mas da construção de relações significativas de aprendizagem que passam pelas relações estabelecidas com território e cultura, os quais, para ela, mais do que arquivos, são espaços para experimentações. Nessa direção, a educação pode contribuir como devir quilombola, compreendido como transformações nas subjetividades que favorecem a construção de laços comunitários potentes. Sobre isso, Laura conclui:

> Tem tanta possibilidade de você estudar sobre a sua própria cultura. Isso aí, você está reconhecendo, você está

valorizando, você está, poxa, trabalhando ser quilombola. Aí, daí, do que você for falar mais, poxa! O ensino não tem limites; o céu é o limite, haja vista que nem o céu.

―

Fabiana e Laura, em seus processos de *tornar-se* quilombolas, foram se envolvendo na educação, transformando ressentimentos, gerados pelas dificuldades de não poder estudar de forma digna, em potência de luta, criando concepções pedagógicas singulares. Outro aspecto corajoso em suas práticas está no fato de que ambas tiveram a coragem de falar do passado de dor e ressentimento. Em um mundo cada vez mais maquiado pela felicidade virtual, expor fissuras causadas por racismo e sexismo é um ato de coragem, especialmente em uma sociedade como a brasileira, que tenta minimizar os traumas causados pelas opressões de raça e gênero, desqualificando aqueles que denunciam.

Mesclando gestos, pensamentos, modos de vida evocados pelos territórios quilombolas e aqueles proporcionados pelos conceitos acadêmicos, elas colaboram na criação de um novo campo teórico: a Educação Quilombola, cuja singularidade Givânia Maria da Silva narrou ao descrever as práticas educativas das mulheres do Quilombo Conceição das Crioulas (PE). Para a pesquisadora, os modos de transmitir conhecimento das mulheres do quilombo pernambucano expressam um pensar "quilombola e feminino", abordagem que pode ser aproximada aos anseios de Laura e Fabiana:

> [...] lutar pela sua autonomia, não só em relação ao direito à terra, mas também pelos processos educativos que

organizam a vida da comunidade. Esse pensar "quilombola e feminino" tem sido constante e se alimenta no ato da resistência de um povo que, mergulhado num mundo real de exclusão, consegue "fincar", contrariando as lógicas postas, no seio da história oficial, sua própria história de encanto e desencanto, de encontro e (re)encontro, a fórmula que tem animado a caminhada por tanto tempo. (Silva, 2012, p. 57)

5

Tranças políticas: o direito aos espaços seguros

> Eu e você, nós temos mais passado que qualquer um.
> Precisamos de algum tipo de amanhã.
> — Toni Morrison (2007, p. 360)

Trança. Palavra que, na memória de inúmeras mulheres negras, pode evocar um dos raros momentos em que o cabelo, parte de seu corpo tão violentada pelo racismo, recebe toques de cuidado. Tempo de intimidade, que sugere a criação de uma topofilia, um espaço feliz, como descreveu Bachelard (1993), por seu valor de proteção. Ao tomar a casa como referência, o autor diz que ela é nosso canto no mundo. Em sua abordagem, a vida inteira, nas suas coisas mais miúdas, torna-se objeto de exploração, sugerindo-nos um olhar poético sobre os espaços, evocado pelos detalhes das coisas. Para um exame das possibilidades dos espaços felizes, Bachelard (1993, p. 20) propõe o que chama de topoanálise, que trata da dimensão emocional e afetiva dos lugares íntimos.

Nessa perspectiva, topofilia converge com a noção de espaços seguros (*safe spaces*), discutida por Collins (1991 [2019]), que considera que a transmissão de saberes entre as mulheres negras ocorre em lugares em que elas se sentem seguras e protegidas dos dispositivos racistas e sexistas. É sobretudo nesses espaços que elas têm acumulado, ao longo da história, recursos cognitivos e afetivos essenciais na luta antirracista.

Quando relacionamos o valor afetivo que atravessa os territórios quilombolas aos ataques sofridos por aqueles que neles vivem, podemos dizer que o direito à topofilia, tal qual pensada por Bachelard, é também algo pelo que se luta. Nas experiências quilombolas, o território tem valor simbólico, afetivo, histórico e existencial. Por isso, a perda dos laços comunitários é o primeiro passo para o enfraquecimento do grupo. Torna-se, assim, fundamental a manutenção de espaços de troca para que determinados modos de viver e determinados afetos sejam partilhados.

Tranças políticas enfocam duas experiências. A primeira vem de Denise André Barbosa Casciano, 33 anos, liderança do Quilombo da Tapera, em Petrópolis. Acompanhando um movimento coletivo da comunidade da Tapera, Denise engaja-se na luta quilombola, desenvolvendo uma sensibilidade política antirracista. Isso se deu após perder sua casa em uma enchente, quando viu o filho e o marido quase morrerem, arrastados pela lama, em janeiro de 2011.

Outra experiência se refere à Oficina Nacional Tecendo Protagonismo e Empoderamento das Mulheres Quilombolas, coordenada por Rejane Maria de Oliveira, do Quilombo Maria Joaquina, em Cabo Frio, que ocorreu em março de 2017. Essa atividade contou com a presença de quilombolas oriundas de todo o estado do Rio de Janeiro, além do apoio do Coletivo de Mulheres da Conaq. Embora Rejane já tivesse experiência acumulada na militância política, ela destaca a importância de seu encontro com as mulheres do Coletivo da Conaq, que, tornadas amigas, têm atuado como âncoras afetivas valiosas no enfrentamento das múltiplas práticas de violência.

5.1 Denise André Barbosa Casciano: "Tapera é longe, mas é nosso lugar"

Denise vive no Quilombo da Tapera com seu companheiro, Adão Casciano, e seu filho, Douglas. Os últimos seis anos foram radicalmente transformados em um processo que mescla o agravamento das condições de vulnerabilidade do grupo e o processo de tornar-se quilombola, que passa pela construção de uma imagem positiva sobre o que é ter um corpo negro em um mundo dominado pela governamentalidade racista.

Em 13 de março de 2016, fui até o Quilombo da Tapera para conversar com o casal. Para chegar lá, passa-se por dentro do condomínio Boa Esperança, próximo à BR-495, no distrito de Itaipava, município de Petrópolis. Na entrada há uma cancela, sendo necessário identificar-se para chegar ao quilombo. Tanto o vale onde foi construído o condomínio, como a serra onde vivem os quilombolas integravam as terras da Fazenda Santo Antônio, onde, no século XIX, os antepassados dos moradores da Tapera trabalhavam como escravizados. No pós-abolição, os descendentes que permaneceram na região continuaram trabalhando nas lavouras. Quando esse trabalho escasseou, passaram a sobreviver principalmente como prestadores de serviço em condomínios, hotéis e haras da região de Itaipava e Petrópolis (Alvez, 2010). Conforme recordam os mais antigos da Tapera, as terras abrangiam uma área muito mais ampla, que incluía o vale onde hoje está o condomínio Boa Esperança, próximo à BR-495.

Em 2010, dadas as condições de precariedade a que o grupo da Tapera estava exposto, o MPF interveio, pressionando pela implantação de políticas públicas envolvendo a imediata instalação de energia elétrica, a melhoria do transporte escolar e o reconhecimento formal do grupo como comunidade remanescente de quilombo, além da regularização fundiária do território (Alvez, 2010, p. 1).

Sobre a questão fundiária, o MPF procurava frear ilegalidades que cercavam as terras doadas aos antepassados dos moradores desde o pós-abolição. Conforme consta do relatório de identificação, desde pelo menos 1852 os ancestrais dos atuais moradores do quilombo viviam na área conhecida como Tapera (Alvez, 2010, p. 14). Naquela data, o antigo proprietário, Agostinho Goulão, destinou aquelas terras em testamento para "moradia, uso e gozo vitalício de seus antigos escravos e libertos". Apesar dessa evidência jurídica, os moradores da Tapera, de tempos em tempos, são ameaçados de expulsão. Como já tratamos no segundo capítulo, em relação aos quilombolas, a governamentalidade racista tem se expressado por meio de dispositivos jurídicos cuja finalidade não é conceder direitos, mas, sim, colocar em funcionamento processos de normatização. Nesse sentido, todo e qualquer mecanismo legal que proponha a concessão de um direito efetivo, que possa melhorar as condições materiais de existência para negros e negras, será burlado, fraudado ou burocratizado, sugerindo o que diz a psicanalista Maria Beatriz Costa Carvalho Vannuchi:

> Até a instituição do Direito, que teria a função de regular os excessos e assegurar a igualdade, não alcança a inclusão de todos. Em primeiro lugar, porque a interdição à satisfação dos impulsos destrutivos nunca chega a eliminar sua pressão, pois o que é reprimido retorna. Em segundo lugar, porque quem faz as leis deixa sempre como resíduo a marca do exercício de dominação, que persiste como elemento irredutível nas

> relações humanas. Sempre uns têm mais proteção e pertença em detrimento de outros, e isso gera, como consequência, a designação daqueles que valem e dos que não têm valor para o grupo, tornando-se estes últimos seus bodes expiatórios. (Vannuchi, 2017, p. 61)

Em 2011, fortes chuvas na região de Petrópolis afetaram os moradores da Tapera, aumentando o desamparo social. A enxurrada, que desceu as montanhas e arrastou as casas, obrigou-os a sair de suas terras. Naquele momento, a Jacarehi Empreendimentos Imobiliários e Agropecuários, que administra o condomínio Boa Esperança, a fim de ampliar os lucros com a exploração imobiliária da região da serra, onde viviam os moradores da Tapera, aproveitou para mover uma ação de reintegração de posse e expulsar de vez os negros e negras do local (Dias, 2016). Nem mesmo a área serra acima, para onde foram empurrados, constituía um lugar seguro. Vale dizer que a maioria dos moradores da Tapera trabalha como jardineiros, caseiros e empregadas domésticas nas casas do condomínio Boa Esperança.

Em consequência da mobilização do MPF, mediante a elaboração do relatório antropológico, a comunidade da Tapera foi certificada pela FCP como quilombola em maio de 2011. Isso trouxe um elemento adicional à correlação de forças entre os moradores da Tapera e o grupo empresarial que administra o condomínio Boa Esperança. Sob pressão do MPF, a prefeitura de Petrópolis iniciou a construção de treze casas, cuja entrega só ocorreu em 12 de novembro de 2013. Na cerimônia de inauguração das casas, Adão Casciano, presidente da associação quilombola dos moradores, formada durante o processo de certificação pela FCP, aproveitou a presença das autoridades públicas para dizer, sem hesitação: "Essas famílias estão aqui há mais de cem anos e pela primeira vez elas receberam a visita de um prefeito e pela primeira vez um ônibus escolar veio buscar as crianças dentro da comunidade. São conquistas importantes que devem ser comemoradas".[63]

Adão traça a linha contínua de cem anos de descaso das autoridades locais com o grupo. O fio tênue que separa as práticas da escravidão das condições contemporâneas dos moradores da Tapera, denunciadas por Adão, foi por mim visualizado quando visitei a comunidade pela primeira vez, tendo de passar por uma cancela e atravessar inúmeras casas de classe média alta. Onde a pavimentação termina, dentro do condomínio de luxo, começa a estrada que conduz ao Quilombo da Tapera, serra acima. Essa via foi construída há apenas dez anos, pelos próprios moradores da Tapera, com ajuda de uma comunidade negra vizinha. Ao cruzar esse caminho, não pude deixar de pensar nas mulheres e homens da Tapera que, todos os dias, atravessam esses limites, descendo da serra para trabalhar no condomínio Boa Esperança.

Após trinta minutos de carro pelo caminho íngreme de terra, chegamos à casa de Adão e Denise. Naquela manhã, a beleza do local, rodeado de grandes rochas e emoldurado pelo verde da mata, mesclou-se às narrativas de dor: o trauma da enchente, o desamparo pela perda das casas, a angústia com a impossibilidade de voltar para casa, o medo de perder de vez as terras ameaçadas. No entanto, também surgiram falas de orgulho, já que o processo de se tornar quilombola permitiu a criação de novos sentidos sobre o passado.

Em contato anterior com Adão, disse-lhe que desejava conversar com as mulheres da comunidade. Ele logo me advertiu sobre a prática, adotada pelo grupo, de não falar

---

[63] "Prefeito entrega as casas do Quilombo da Tapera", Prefeitura de Petrópolis, 12 nov. 2013.

sozinho com pesquisadores ou jornalistas. Desde a tragédia, ficar juntos foi a maneira que encontraram de se proteger, dadas as intensas investidas para que não voltassem para a Tapera.

Logo que chegamos, acomodamo-nos na sala do casal. Em seguida, juntaram-se a nós Tereza Cristina Correia Casciano, Jorge Casciano e Eva Lúcia Casciano. Nesse primeiro momento de conversa, fui percebendo que eles precisavam falar especialmente sobre os traumas da enchente. Chamou-me a atenção Jorge, pai de Adão. Ele foi se aproximando de mansinho, mas, como era muita indignação para guardar no peito, logo desabafou: "A gente não tinha lugar para morar, eu estava estressado pra caramba".

O contexto das fortes chuvas e deslizamentos, aliado ao processo de construção da identidade quilombola, despertou nos moradores da Tapera a necessidade de se apropriar não apenas das casas perdidas, mas também de suas memórias, de suas histórias. Uma delas, sobre a formação da comunidade, trata da doação daquelas terras às escravas Júlia e Isabel. A pesquisadora Paola Vanessa Gonçalves Dias, em sua pesquisa sobre os deslocamentos da memória nesse território, no contexto de construção da identidade quilombola, encontrou registros historiográficos da década de 1940 sobre essa doação. Entretanto, apesar das notações e após sucessivas vendas da propriedade, o testamento de Agostinho Goulão teria se perdido, suscitando a hipótese de que a doação a Isabel e Júlia tenha se dado em um acordo verbal entre o senhor e suas ex-escravas (Dias, 2016). Quando lá cheguei, Denise era uma das pessoas que queriam contar as histórias do lugar. Em uma carta que escreveu no período em que esteve fora da Tapera, conclui: "Tapera é longe, mas é o nosso cantinho, nosso lugar".

5.1.1 "Acabou Tapera"

Treze de janeiro de 2011. Nesse dia, o córrego virou mar, destruindo as casas da Tapera.

Podia ser mais um típico dia de futebol, em que Adão voltaria para casa mais tarde e aproveitaria o restinho de noite para prosear com Denise. Mas não. Por volta de 21h30, quando ele chegou, a chuva, que não dava trégua, começou a preocupá-los. Eles começaram a ouvir barulhos externos à casa de pau a pique, construída por Adão e outros homens da localidade. O filho, Douglas, então com seis anos, dormia em seu quarto. Por precaução, o pai foi pegá-lo, trazendo-o para junto do casal.

Logo em seguida, o telefone de Denise tocou. "Denise, pelo amor de Deus, sai da sua casa, que a sua casa é perto do rio", alertou sua mãe, preocupada. "Mãe, a água já está chegando", respondeu, aflita. A mãe aconselhou: "Então corre para a casa da tua sogra, que é mais alto; corre pra Tereza, que é mais alto".

Numa fração de tempo, quando saíram pela porta da cozinha, a água já estava na altura da cintura dos adultos. Ela e Adão, com Douglas nos braços, correram para a casa de Tereza e Jorge, que ficava em um ponto mais alto do vale. No caminho, Denise caiu. A queda provocou um corte no braço, cuja marca não a deixa esquecer aquela noite. Eles ainda não estariam salvos. Um raio clareou a casa dos sogros e foi seguido por tremores. Douglas chorava, e Denise tentava acalmá-lo, com o balanço de seu corpo, que também estava sob efeito do medo. "Só deu tempo de jogar o Douglas no colo do Adão, a porta começou a tremer tudo. Aí, quando Adão saiu com ele, a água carregou os dois". Nesse instante, com a mesma força da lama que havia arrastado o filho e o marido, Denise gritou: "Meu Deus do céu! Jesus!

O que é que eu faço?". Ela perdeu os sentidos e desmaiou, mas, quando abriu os olhos,

> veio o Adão com o Douglas no colo. Do Douglas não dava para ver nada, nem o olho dele assim. A lama no nariz, na boquinha dele. Ele sangrando muito. A gente não sabia o que fazer. Aí por trás o Paulo Roberto abriu uma janela para pegar roupa, tiramos a roupa dele de lama. Ele peladinho. A gente foi enrolando uma roupinha nele.

Enquanto isso, Adão vigiava para ver se o rio estava chegando perto, e Denise protegia da chuva o filho, que estava sangrando. "'Meu Deus, o que a gente vai fazer?' E o dia não clareava." A escuridão escondia a dimensão material da tragédia. "Quando clareou o dia, falei com a dona Tereza: 'Dá para ver lá embaixo! Dona Tereza, olha lá embaixo! Acabou a Tapera'."

5.1.2 Da cocheira à topofilia

Denise viu o filho e o marido quase morrerem, arrastados pela água. O trauma fez com que levasse muito tempo para conseguir falar sobre o ocorrido sem chorar. De certa forma, escrever ajudou a elaborar a dor. Ela diz que, antes da tragédia, não era tão engajada politicamente nem tinha o desejo de "voltar a estudar, fazer uma faculdade". Ela estudou até a oitava série e trabalha como auxiliar de serviços gerais na Câmara Municipal de Petrópolis.

Apresentarei alguns trechos de uma carta que Denise escreveu quando ela e alguns moradores da Tapera tiveram de morar em uma cocheira reformada, que pagavam com o aluguel social recebido pela perda de suas casas. Depois que as fortes chuvas deixaram muitos desabrigados na região de Petrópolis, eles tiveram dificuldades de encontrar uma casa para alugar. Além disso, tinham o desejo de permanecer juntos. A carta de Denise é uma escrita autobiográfica que cria um espaço que, como disse Leonor Arfuch (2013), para além do esforço do uno que ele sugere, especialmente em pessoas que passaram por experiências traumáticas, possibilita a elaboração da dor. Nesse sentido, sua construção tem função terapêutica: "Se, de algum modo, as narrativas do eu nos constituem em sujeitos efêmeros que somos, isso se torna ainda mais perceptível com relação à memória, em seu propósito de elaboração de experiências passadas, e mais especialmente de experiências traumáticas" (Arfuch, 2013, p. 76).

O que transborda do esforço de Denise em construir o uno é um universo de sensações em que o trauma do presente se conecta aos do passado. Ao mesmo tempo, há um esforço de buscar aconchego. Antes de seguirmos por esses entrelugares, porém, convido a uma digressão sobre as condições que motivaram a escritura da carta de Denise.

Durante nossa conversa, demorei para entender que a palavra "cocheira" se referia, literalmente, ao local onde se colocam cavalos. A brutalidade da imagem, de viver em um lugar construído originalmente para animais, me fez demorar um tempo para perceber que "cocheira" não era um bairro ou uma localidade, mas a casa onde estavam vivendo. Conforme tratou Espinosa (2013, p. 187), "o corpo é afetado pela imagem dessa coisa da mesma maneira que se ela estivesse presente":

> DENISE: Ninguém queria se separar. Todo mundo queria ficar junto. Ela [referindo-se à patroa de Adão] deixou a gente ficar lá na casa dela. Ela fazia as compras pra gente. [...]

A gente queria ficar junto. Aí surgiu essa cocheira. A gente teve o aluguel social. Não separou muito: minha mãe ficou no sítio do meu pai, onde meu pai trabalhava de caseiro; eu, Eva, minhas duas irmãs, a tia Cida e o seu Jorge, na cocheira. Cada um com três cômodos. A gente dividia banheiro, dividia cozinha para lavar louça. A cozinha pra gente cozinhar. Tinha um quarto, era um quarto. Um quarto, cozinha.

EVA: O meu era um quarto e uma cozinha.

DENISE: O meu tinha dois quartozinhos.

MARILÉA [dirigindo-se a Eva]: Nesse momento, você também trabalhava?

EVA: Eu trabalhava de doméstica no condomínio. Então, ainda estava trabalhando aqui no condomínio já há dez meses. A gente desceu, eu fiquei lá mais quatro meses e saí do sítio. Não dava para conciliar, pra estar tomando conta.

DENISE: Depois, essa cocheira começou a ficar cara. O homem começou a cobrar aluguel muito caro. Cômodo pequeno. A gente não tinha liberdade.

EVA: Tinha que sair na chuva pra ir ao banheiro.

DENISE: Aí fiquei doente lá. Peguei uma pneumonia na época.

MARILÉA: Vocês estavam pagando porque teve o aluguel social, mas mesmo assim...

DENISE: É porque na época a gente não conseguia casa, porque foi a localidade toda. O Adão ainda conseguiu ver uma casa: quando chegou lá, a dona do sítio tinha alugado para a família dos caseiros dela...

Ser obrigada a morar em um espaço que originalmente foi construído para os animais faz parte de um brutal processo de desumanização. Não por acaso, Denise adoeceu quando ficou lá. Na região serrana, os moradores da Tapera não estavam sozinhos, conforme relatório do Banco Mundial:

Entre os dias 11 e 12 de janeiro de 2011, chuvas de grande intensidade deflagraram o que seria considerado o pior desastre brasileiro dos últimos tempos: as inundações e deslizamentos da Região Serrana do Rio de Janeiro, evento que causou 905 mortes em sete cidades e afetou mais de 300 mil pessoas, ou 42% da população dos municípios atingidos. [...] associada ao uso e ocupação do solo, bem como às chuvas antecedentes e erosões fluviais e pluviais, culminaram nos deslizamentos e inundações na região. Segundo o Inpe (Instituto Nacional de Pesquisas Espaciais), em dois dias a estação do Inmet (Instituto Nacional de Meteorologia) registrou 166 milímetros de chuva em Nova Friburgo, mais de 70% do valor médio histórico para o mês. [...] Areal, Bom Jardim, Nova Friburgo, São José do Vale do Rio Preto, Sumidouro, Petrópolis e Teresópolis decretaram estado de calamidade pública (ECP). Além destes, também foram afetados os municípios de Santa Maria Madalena, Sapucaia, Paraíba do Sul, São Sebastião do Alto, Três Rios, Cordeiro, Carmo, Macuco e Cantagalo. (Banco Mundial, 2012, p. 13)

Os setores populares foram os mais atingidos: das habitações afetadas, 9% representam o segmento não popular, e 91%, o segmento popular (Banco Mundial, 2012, p. 25). Lamentavelmente, o relatório não aponta os marcadores de raça e gênero daqueles mais atingidos, o que poderia fornecer mais elementos de análise. Nesse cenário de destruição, mesmo recebendo aluguel social, era difícil encontrar casa para alugar, fazendo muitos locais serem improvisados como moradias.

É aqui que o racismo e o espaço se conectam. A esse respeito, Lélia Gonzalez (2008) chamou a atenção para o fato de que, da independência até os dias atuais, o pensamento e a prática político-social brasileira têm procurado excluir a população negra de seus projetos de construção da nação. Para a autora, não foi por acaso que os imigrantes europeus se concentraram em regiões que, do ponto de vista político e econômico, detêm a hegemonia quanto à determinação dos destinos do país. Nessa linha de análise, a autora afirma que "existe uma divisão racial do espaço em nosso país, uma espécie de segregação, com acentuada polarização, extremamente desvantajosa para a população negra" (Gonzalez, 2008, p. 29).

As tonalidades afetivas de ter um corpo negro e pobre foram narradas por Denise na carta de 26 de setembro de 2012. Do texto, enfatizarei três temporalidades. Uma, mais distante, constitui a maior parte do conteúdo e se refere à infância, à escola e às cenas cotidianas dentro da comunidade. Um período mais recente trata das condições atuais de precariedade, como a falta de luz, a perda da casa e a ida para a cocheira. O tempo futuro, por fim, alude ao desejo de voltar para casa. Em conjunto, passado, presente e futuro estão imbricados, ali "as fronteiras entre casa e mundo se confundem e, estranhamente, o privado e o público tornam-se parte um do outro" (Bhabha, 1998, p. 30).

> Meu nome é Denise André Barbosa Casciano. Tenho 29 anos. Nasci no dia 8 de janeiro de 1983. Quando eu era criança, durante uma época morei no Rio de Janeiro, quando voltei para Tapera, local localizado em Petrópolis, distrito de Itaipava, já estava com uns seis anos. Estudei na escola municipal Dr. Theodoro Machado. Dona Renilda, que ainda trabalha no colégio, foi minha primeira professora, com ela aprendi a ler e escrever. Eu, meus irmãos e meus primos andávamos duas horas a pé para irmos ao colégio, com sol ou chuva não faltávamos aula. Éramos bons e disciplinados alunos.

Uma época meu pai ficou doente e minha mãe não podia trabalhar, pois tinha quatro filhos, então não tinha condição de nos dar as coisas. Lembro de várias vezes eu e meus irmãos fomos de chinelo havaiana para o colégio e o material escolar levávamos na sacola de arroz, nossos amiguinhos riam da gente, mais não deixávamos de ir ao colégio.

Minha primeira mochila foi uma amiga da primeira turma do CA [classe de alfabetização] que me deu. Lembro como se fosse hoje, carregava meu material e do meu irmão Alex Sandro Barbosa. A amiga que me deu a mochila foi Rafaela, que morava de caseira no condomínio Boa Esperança.

Meu avô (materno), Mário André, falecido, era um verdadeiro e grande avô, ele trabalhava como cambuqueiro (cortador de pedra). Morava sozinho, gostava de varrer sua casa com vassoura de mato sem cabo (vassoura preta), não gostava de tomar café preto, ele tomava água com açúcar (água doce), sua cama era feita de tarimba (de pau e colchão de capim), sua casa era de pau a pique e como não tinha chuveiro, esquentava água no fogão de lenha e tomava banho de bacia de alumínio. Ele tocava pandeiro com as mãos, os joelhos e a cabeça. Todas as noites ele ia lá para minha casa com sua lanterna que era feita de lata de leite, colocava uma vela acesa dentro. Contávamos piadas, fazíamos adivinhações e brincávamos de zerinho ou um. Nessa época, minha casa era de pau a pique e o telhado de sapê. Meu avô adorava comer feijão com farinha, o famoso tutu, andava a cavalo, seu cavalo chamava Presidente. Depois meu avô parou de trabalhar como cambuqueiro e começou a tirar areia. Essa era uma época boa, muito boa. A época triste foi a época em que meu avô passou mal perto de mim e ficou muito doente. Nesse dia, meu pai carregou o meu avô em um carrinho de mão, pois a rua era, e é, de difícil acesso. Ficou um tempo internado, depois foi para uma casa de repouso em Teresópolis, como eu disse anteriormente, na Tapera não tínhamos como mantê-lo doente, pelo difícil acesso, mas estávamos sempre visitando ele. Minha avó materna não conheci, mas guardo uma lembrança dela: uma panela caldeirão.

Minha avó paterna, Silvéria Barbosa Silvério, filha de Paulo Ballo, que ainda é viva, foi criada e nascida na Tapera, nascida de parteira, filha de leite de dona Etelvina, mãe do seu Silvio. Ela agora mora na posse, pois vendeu sua parte e perdeu todo direito, sempre nos contava que seu pai era descendente de escravos e não gostava de usar sapatos, adorava andar descalço, minha avó gostava de fazer morruda, uma pasta feita de trigo feita na frigideira, fazia fubá suado, angu doce, bolo de chuva, broa de fogão de lenha, galinha caipira, mingau de fubá, doce de mamão, doce de chuchu. Suas carnes, ela conservava dentro da lata de vinte litros e as linguiças ficam penduradas no fogão de lenha para não estragar.

A minha tia Lurdes, irmã de minha mãe, fazia no dia 29 de junho a festa de São Pedro, com barraca, canjica e muito forró. O forró era na sanfona e o nosso sanfoneiro era Manoel Casciano, que faleceu em janeiro de 2003, ele tocava sanfona e os outros tocavam pandeiro, bumbo e chocalho. Quando os rapazes não queriam dançar com as mulheres, elas dançavam uma com a outra, pois o forró não podia parar. No inverno, como era muito frio, gostávamos de esquentar brasa de fogão de lenha, colocávamos em cima de uma folha de zinco e ficávamos até tarde contando histórias, pois não tínhamos TV, a primeira televisão que eu tive, eu tinha doze anos. Ficava eu e meu pai vendo quando ficava cheio de chuvisco, um ia virar a antena e o outro ficava vendo quando ia melhorar a imagem. Nossa TV funciona a bateria de carro.

Lembram do seu Manoel, o nosso sanfoneiro? Então! O seu Jorge, meu sogro, me disse que ele também tocava sanfona no colégio Theodoro Machado, nas festas juninas. E seu Jorge tocava pandeiro. Que legal!

Minha mãe, Sandra Maria André, todos os dias à tarde fazia aquele delicioso angu para tomarmos o nosso café da tarde. O angu era uma delícia, eu brigava pela rapa do angu com leite, era uma delícia.

Em um momento em que todos os moradores da Tapera estavam fora das terras por causa dos deslizamentos, havia aquela sensação de que eles, suas histórias, as relações que estabeleciam com o espaço, sua gente, tudo desapareceria. Não por acaso, na narrativa de Denise, o passado ocupa maior espaço. Ela oferece detalhes saborosos do cotidiano: o baile de forró, a conversa em torno do fogão, raspar o angu da panela. Miudezas que indicam memórias soterradas pela vergonha de ser negra e pobre, já que, no passado, morar na Tapera era desqualificado.

Os dispositivos racistas são expressos pela dificuldade de acessar a escola, a saúde e o trabalho de forma digna. Já o desemprego e as condições precárias de trabalho são exemplificados pelas experiências do pai desempregado e do avô materno, que sobrevivia como cambuqueiro. Nesses trechos, Denise torna visível como os dispositivos racistas funcionam no cotidiano, humilhando, fazendo as pessoas sentirem vergonha do corpo, dos modos de vida. Sobre essas imagens, conforme alerta a psicanalista Maria Lúcia da Silva:

> As influências que as representações negativas exercem sobre a psique da criança negra podem ser consideradas nocivas, pois imprimem nela um olhar negativo sobre si mesma. A psique existe dentro de um corpo que é atacado por todo o tempo, por olhares, chacotas, brincadeiras, apelidos pejorativos, xingamentos e até agressões físicas. (Silva, 2017, p. 84)

Entretanto, conforme lembrou Borges (2017a, p. 9), para que haja uma reconciliação com o passado, é preciso "cavar possibilidades, esburacar territórios", para que ele "se converta em plataforma política". Nessa linha, Denise, ao cavar os territórios afetivos evocados pelo passado, cria possibilidades outras para o presente. Aqui, descreve as relações com os familiares e as múltiplas tecnologias criadas por eles para superar as dificuldades. Ao contar suas preferências e seus desejos, Denise subverte a coisificação.

Destaco também, em sua narrativa, como ela ilumina as habilidades de familiares: o avô materno inventou uma lanterna com lata e vela, tocava pandeiro com as mãos, o joelho e a cabeça, contava histórias, piadas e brincava com os netos; a avó materna, que Denise não conheceu, mas que lhe legou um objeto, o caldeirão; a avó paterna, seus saberes culinários e as tecnologias para não deixar a carne estragar. Além disso, é por meio dela que Denise nos remete a uma temporalidade mais remota, já que essa avó, Silvéria, contava que seu pai (bisavô de Denise) não gostava de sapatos, prática que evoca uma corporeidade do tempo do cativeiro, quando os escravos não os utilizavam. Sobre os encontros, eles acontecem dançando forró ou em torno do fogão a lenha para esquentar, juntos, o corpo, ou, ainda, comendo o angu que a mãe fazia para acompanhar o café à tarde. Oscilando entre experiências de dor e alegria, a narrativa de Denise nos permite entrever como ela procura construir, no presente, topofilias. O passado "está em qualquer outra parte e uma irrealidade impregna os lugares e os tempos" (Bachelard, 1993, p. 71). A mente, conforme lembrou Espinosa (2013, p. 187), "se esforça, tanto quanto pode, por imaginar aquelas coisas que aumentam ou estimulam a potência de agir do corpo".

A necessidade de construir uma narrativa sobre o passado foi motivada por afecções no presente, como o medo e a indignação, que reverberam em sua narrativa, sobre o momento em que estava morando na cocheira:

> Vocês acreditam que em pleno século XXI, eu casada, com um filho de oito anos, ainda vivia sem energia elétrica e ainda andava duas horas a pé? Pois é! Eu vivia! Pois com tudo isso ainda sinto muita saudade desse tempo, que, agora sim, vejo como éramos felizes e não sabíamos. Alguns anos atrás, o Adão, que agora é líder da comunidade, comprou com ajuda de sua patroa um gerador de energia elétrica, que usávamos só para ver televisão, pois não tínhamos como usar geladeira nem chuveiro, pois ele não aguentava, era fraco. Aí, tomamos banho de balde.
> Um banho de balde que durou só até 10 de janeiro de 2011, pois, com a tragédia de 12 de janeiro de 2011, fomos atingidos e lá estamos morando em uma antiga cocheira, pagando aluguel. Mora eu, minhas irmãs, meu tio, cunhada e meus sogros, as outras famílias moram no bairro de Madame Machado.

Notemos que, ao trazer à baila as condições do presente, Denise chega a se referir ao passado como tempo feliz. Mas a que passado ela se refere? Certamente, o momento da dor e de desagregação favorece que se criem outros significados sobre o passado, construídos rente às relações potentes com outros moradores da Tapera, bem como aos espaços de aconchego. As condições do presente são demasiadamente desumanas: andar duas horas a pé para chegar até a BR-495 e fazer deslocamentos até a cidade, não ter energia elétrica em pleno 2011, morar em uma cocheira e, ainda, pagando aluguel por isso.

> Estamos ansiosos para voltarmos para nossas casas, que estão sendo construídas na nossa comunidade quilombola. Pois, em 2010, descobrimos que somos remanescentes de quilombo e, se

Deus quiser, voltaremos em breve e voltaremos a fazer aquele forró, pois os nossos últimos forrós foram em novembro de 2010, festa de minha mãe, e depois dia 8 de janeiro de 2011, festa de São Jorge. Tapera é longe, mas é o nosso cantinho, nosso lugar. Eta saudade.

Na medida em que viver o presente é insuportável, elaborar a dor por meio da criação de sentidos renovados sobre o passado foi a forma que Denise encontrou para não sucumbir a ela. É preciso reconhecer, assim, que educação precária, subemprego, condições aviltantes de moradia fazem parte de uma governamentalidade racista. O futuro está relacionado ao desejo de voltar para casa; tornar-se quilombola, voltar a fazer festa, dançar forró, voltar a estudar. A vontade de retomar a vida, cujos limites sejam por ela definidos. A segurança é projetada por Denise para o futuro. Espinosa (2013, p. 245) considerou que a segurança "é uma alegria surgida de uma coisa futura ou passada, da qual foi afastada toda causa de dúvida".

O movimento pessoal de Denise não pode ser dissociado de um processo coletivo, o que o pesquisador José Maurício Arruti (2006, p. 45) chamou de processo de reconhecimento, definido pela passagem do desconhecimento à constatação pública do desrespeito e à reivindicação de que o "desrespeito, como tal, tem de ser sanado, reparado". Reparar não apenas o que foi usurpado em termos materiais, mas também a dimensão simbólica e afetiva.[64] Esse também é o desejo de lideranças mais experientes dentro do movimento quilombola. Em 2016, elas organizaram uma série de oficinas dentro dos quilombos. Mas isso já é assunto para a próxima história.

---

64 Sobre o conceito de reparação, ver Mbembe (2014, p. 304-5).

5.2 Rejane Maria de Oliveira: "Nenhum quilombo a menos"

Em 23 de março de 2017, um ano após meu encontro com Denise, fui ao Quilombo Maria Joaquina, situado em Cabo Frio, Região dos Lagos do Rio de Janeiro. A convite da presidenta do quilombo, Rejane Maria de Oliveira, cheguei à localidade para participar da Oficina Nacional Tecendo Protagonismo e Empoderamento das Mulheres Quilombolas, que contou com a participação de 130 mulheres, em sua maioria oriundas do estado do Rio de Janeiro, além de lideranças femininas que integram o Coletivo de Mulheres da Conaq, do qual Rejane faz parte desde 2016.

A atividade encerrava um ciclo de cinco oficinas iniciado em março de 2016, no Território Kalunga (Goiás), passando, em junho, pelo Quilombo do Tapuio (Piauí) e, em agosto, pelo Quilombo do Mutuca (Mato Grosso). Já em março de 2017, as oficinas foram realizadas no Quilombo Alto Alegre (Ceará) e no Quilombo Maria Joaquina.[65]

Rejane ganhou visibilidade como liderança durante o processo de certificação do grupo como quilombola, o que ocorreu em 17 de junho de 2011. O processo do Maria Joaquina exemplifica a maneira pela qual os labirintos jurídicos da década de 1990 ainda ressoam nos processos atuais.

No fim dos anos 1990, a identificação e a delimitação territorial das comunidades estavam sob responsabilidade da

---

[65] Ao longo das cinco oficinas, 640 participantes integraram as atividades de formação. Os recursos vieram de editais do Fundo Socioambiental Casa, da Federação de Órgãos para Assistência Social e Educacional (Fase), da Coordenadoria Ecumênica de Serviço (Cese) e da Diretoria de Políticas para Mulheres Trabalhadoras Rurais e Quilombolas (DPMRQ) do então Ministério do Desenvolvimento Agrário (MDA).

FCP, que, conforme tratado no segundo capítulo, não possuía condições técnicas para a realização da tarefa, o que acarretou uma série de erros nos processos territoriais das comunidades.[66] Em 1999, o território tradicionalmente ocupado pelos moradores do Maria Joaquina foi incluído no processo jurídico da comunidade de Rasa, situada em Búzios, certificada em 1999. O problema era simples: os Quilombos de Rasa e Maria Joaquina, em termos históricos, estão relacionados à Fazenda Campos Novos, mas, em termos geográficos, estão distantes um do outro, pois a fazenda, constituída ainda no período colonial, compreendia uma imensa área na região de Búzios e Cabo Frio, que atualmente engloba as duas comunidades.[67] Os grupos, portanto, construíram relações singulares com os espaços tradicionalmente ocupados. Contudo, o processo de delimitação territorial do Quilombo de Rasa, ocorrido no fim da década de 1990, não levou em consideração as singularidades do grupo do Maria Joaquina. O erro técnico, eufemismo que coloca em funcionamento a governamentalidade racista, trouxe implicações práticas, sobretudo após a criação do Programa Brasil Quilombola. O fato de estar atrelada juridicamente ao Rasa desde o processo de 1999 impediu a comunidade do Maria Joaquina de acessar o programa. Assim, a necessidade de pleitear diretamente as políticas associadas ao Brasil Quilombola levou o grupo a requisitar uma nova certificação, que veio em junho de 2011, separando-o juridicamente

---

66 Na década de 1990, a comunidade de Santana, situada no município de Quatis, também foi afetada pelos erros técnicos cometidos pela FCP. A titulação das terras da comunidade foi feita sem a desintrusão, ou seja, a retirada e a eventual indenização da população não quilombola que vivia em parte do território, o que fez com que o processo de titulação não se completasse, além de fomentar conflitos entre a comunidade e os moradores não quilombolas. Para mais detalhes, conferir Cerqueira (2006).
67 Para mais informações sobre a Fazenda Campos Novos, conferir Luz (2012) e Arruti (2002).

do Rasa. Rejane empenhou-se nesse processo, tornando-se, desde então, uma liderança dentro do quilombo.

Depois da certificação, o passo seguinte seria a construção do RTID, composto, entre outras coisas, de um relatório antropológico, em que se narra a trajetória histórica do grupo, bem como de descrições das práticas culturais. Mesmo após seis anos de certificação, o grupo do Maria Joaquina não conseguiu dar esse segundo passo no longuíssimo processo jurídico: "A gente não tem nada escrito do Maria Joaquina. Não temos nada escrito. Nada na internet sobre o quilombo antigo de Maria Joaquina. Você pode pesquisar. Visibilidade é tudo", reforçou Rejane.

Voltando para o cenário da oficina, sua realização, de certa forma, favoreceu a visibilidade do grupo dentro e fora do município, já que estiveram presentes figuras públicas como a senadora Benedita da Silva (PT), a jornalista da Globo News Flávia Oliveira, representantes do Incra e da prefeitura de Cabo Frio, entre outros.

Dias após o evento, Oliveira publicou, no jornal *O Globo*, o artigo "Sou quilombola".[68] O título aludia à recente descoberta da jornalista: parte das terras de seu bisavô, na Bahia, acabara de ser reconhecida pela FCP como comunidade quilombola. Assim, articulando sua descoberta pessoal, Oliveira confere visibilidade à comunidade do Maria Joaquina e às oficinas organizadas pelo Coletivo de Mulheres da Conaq, além de denunciar a ameaça que ronda os quilombolas, principalmente na forma da ADI 3.239.

Como visto no segundo capítulo, a ação, apresentada pelo então PFL, pede a paralisação dos processos de titulação de terras quilombolas no Incra. O relator, na época o ministro Cezar Peluso, acatou em 2012 o pedido de

---

[68] OLIVEIRA, Flávia. "Sou quilombola", *O Globo*, 30 mar. 2017.

inconstitucionalidade do Decreto 4.887/2003, por entender que o artigo 68 havia de ser complementado por lei em sentido formal. Em 25 de março de 2015, a ministra Rosa Weber, que havia pedido vistas do processo, apresenta seu voto, em que considera improcedente o pedido de inconstitucionalidade.

> Somente pode ser aperfeiçoado um sistema em funcionamento. A imperfeição dos resultados alcançados por uma política pública — sob prisma outro que não a de sua constitucionalidade — requer ajuste e aperfeiçoamento, em absoluto a sua paralisação. (Supremo Tribunal Federal, 2015)

Em agosto de 2017, a ADI 3.239 retornou ao plenário do STF, sob a presidência da ministra Cármen Lúcia, tendo sua votação adiada por duas vezes. Por fim, no dia 8 de fevereiro de 2018, a corte declarou a validade do Decreto 4.887/2003, garantindo, com isso, a titulação das terras ocupadas por remanescentes das comunidades de quilombo. A ADI demorou quinze anos para ser julgada, trazendo instabilidade jurídica para as comunidades quilombolas.

Em suma, desde que o direito quilombola emergiu, em 1988, a regularização das terras avança a passos de tartaruga, correndo o risco de deixar de existir. No entanto, as transformações nas subjetividades dos quilombolas foram significativas, sobretudo no que tange ao reconhecimento de seus direitos e à não aceitação dos dispositivos racistas, classistas e sexistas que afetam sua vida cotidianamente. Como salientou José Maurício Arruti (2009, p. 104), "os quilombolas tornaram-se ativistas incômodos, localizados no mapa político nacional em algum lugar entre trabalhadores sem-terra, os indígenas, as favelas e os universitários cotistas". O Coletivo de Mulheres da Conaq, do qual Rejane faz parte desde 2016, exprime essas transformações, já que o objetivo é fortalecer laços entre os quilombolas e os territórios onde vivem, tratando as múltiplas formas de violência que incidem sobre eles. Em 30 de junho de 2017, em comemoração ao Dia da Mulher Negra Latino-americana e Caribenha (25 de junho), Rejane participou das atividades vestida com uma camiseta com o lema: "Nenhum quilombo a menos" — sua ação individual tem sido acompanhada por homens e mulheres que dizem "não" para a governamentalidade racista.

5.2.1 As oficinas e o Coletivo de Mulheres da Conaq

A Oficina Nacional Tecendo Protagonismo e Empoderamento das Mulheres Quilombolas ocorrida em março de 2017 no Quilombo Maria Joaquina encerrou um ciclo de ações que exprimem as configurações conceituais e práticas do atual protagonismo de lideranças femininas no interior da Conaq. Além disso, tais atividades fazem parte de um desdobramento do Primeiro Encontro Nacional de Mulheres Quilombolas, que ocorreu em 2014, em Brasília. Naquele evento, as lideranças femininas discutiram a necessidade de articular a luta pela terra ao combate às desigualdades de raça, classe, geração, gênero, entre outras dimensões de opressão, ampliando, assim, o escopo de combate em relação às múltiplas formas de violência que incidem sobre seus territórios e seus corpos.[69]

Foi no contexto de esvaziamento político da Seppir, depois do golpe parlamentar, seguido do fim do Programa Brasil Quilombola, que o Coletivo de Mulheres iniciou as

---

[69] Para mais informações sobre esse percurso de formação, ver Coletivo de Mulheres da Conaq (2017).

cinco oficinas que visavam, de certa forma, construir e fortalecer as comunidades, a fim de que se sensibilizassem sobre as múltiplas formas de violência, atentando para as especificidades locais. As atividades foram divididas em três dias. Foram palestras, mesas-redondas, rodas de conversa e atividades definidas pelas organizadoras como "Bem Viver", ou o momento de cuidar do corpo e da beleza.

No primeiro dia, Rejane, como representante do Rio de Janeiro na Conaq e anfitriã da oficina, destacou que o Coletivo tem andado pelo Brasil falando sobre o direito das mulheres e lutando pelo território, além de enfatizar a importância de as coordenadoras estarem junto com representantes de comunidades quilombolas do Rio de Janeiro, a fim de reforçar o caráter coletivo da luta, que não se circunscreve às organizações locais (Oliveira, 2017).

Na sequência, Rosalina dos Santos, coordenadora nacional e liderança do Quilombo de Tapuio (Piauí), explicou as razões que deram origem à Conaq e realçou que as oficinas estavam em consonância com essa origem, na medida em que

> A Conaq é a existência de uma organização que nasceu da necessidade de nós, negras e negros, nesse país somarmos forças e ir à luta em defesa daquilo que é de direito nosso, porque, até então, alguém dizia que nos representava, até dizia que nos defendia, mas uma coisa é você fazer a defesa com seu instrumento de pertença, e outra coisa é fazer a defesa pelo imaginário. E essas pessoas, que diziam que nos representavam, nos defendiam pelo imaginário e não pelo sentimento de pertencimento. Então, a Conaq nasceu a partir dessa necessidade da gente, o povo negro e quilombola, de fato ser o protagonista e o porta-voz da nossa história. A Conaq nasce em maio de 1996. E nasceu dentro de uma comunidade quilombola, no

sertão baiano, lá em Rio das Rãs, no município de Bom Jesus da Lapa da Bahia. Nasceu justamente para dizer que a história do povo existe e ela está originada no quilombo. Ela podia ter nascido em qualquer outro território, mas ela nasceu no seio e no ventre da comunidade para de fato a gente ter a identidade própria. A Conaq é formada com os representantes, ou seja, os coordenadores dos estados. Aqui no Rio de Janeiro, nós temos quatro representantes na Conaq. Por que ela é formada com os representantes dos estados? Porque a Conaq não é um órgão do governo ou de uma estrutura que está em Brasília. Não. A Conaq, a razão de existência dela é as comunidades. Então, por isso, ela é formada com representantes de cada estado. (Santos, Rosalina dos, 2017)

Aqui, não se trata apenas do engajamento na militância quilombola, mas também do pertencimento que ocorre com e pelo corpo que enfrenta os latifundiários, os condomínios de luxo, a exotização, as humilhações cotidianas. É com ele que se luta. O corpo, "instrumento de pertença", é o território subjetivo por onde passam as afecções que mobilizam a luta. A luta não se configura por uma identidade abstrata, mas em riste com a vida. São esses corpos que mobilizam a ação individual e coletiva. Nas relações que se estabelecem com o território, incluem-se as paisagens, as memórias e, igualmente, as afecções diariamente vividas. É a esse pertencimento que Rosalina faz referência. Não se trata, portanto, de uma identidade cultural essencializada, mas de uma subjetividade corporificada, uma vez que, conforme abordou a historiadora Margaret McLaren,

> corpos individuais são requisitos para a ação política coletiva. Seja engajado na macropolítica da luta coletiva ou na micropolítica de resistência individual, são os corpos que resistem.

> E essa resistência, como o poder, vem de todos os lugares — de movimentos sociais, de discursos alternativos, de acidentes e contingências, de intervalos entre várias formas de pensar, da desigualdade material flagrante e das reconhecíveis assimetrias do poder. (McLaren, 2016, p. 153)

Corpos que resistem às múltiplas relações de força. Em sua fala, Rosalina procura reafirmar que a Conaq não é uma estrutura que está em Brasília, fazendo referência à sede, que fica no Distrito Federal, já que a razão de ser da Conaq é fazer trabalho de base nas comunidades. Vale a pena destacar que, apesar dos avanços — especialmente nos governos Lula e Dilma —, no que tange ao acesso a políticas públicas, sobretudo com a criação do Programa Brasil Quilombola, não se pode afirmar que a regularização territorial tenha dado um salto qualitativo com as administrações petistas. Como abordado no segundo capítulo, as mudanças nas políticas públicas vieram acompanhadas do acirramento da burocratização dos processos, exprimindo que a governamentalidade racista brasileira é ambidestra: atinge governos conservadores e até mesmo aqueles com tendência mais progressista.

Depois do golpe parlamentar, as assimetrias materializam-se pelo desmonte das políticas públicas e dos direitos quilombolas, mas as lideranças, em especial as mulheres, estão buscando meios para continuar suas práticas de fortalecimento da luta pela terra. Nesse contexto, a criação de laços com o território é uma tecnologia indispensável na batalha. Há um aprendizado que gravita em torno do modo de fazer política que Célia Cristina da Silva Pinto, liderança do Maranhão e representante de seu estado na Conaq, define da seguinte forma:

Na verdade, são as estratégias de sobrevivência. Essas, na verdade, são as sabedorias de nossas ancestrais: bater na hora que precisa bater. Tem momento que a gente parte para o pau mesmo. [...] Porque nas conquistas, geralmente, às vezes aparecem mais os homens, mas na verdade quem garante a conquista são as mulheres. Exatamente por conta disso, porque a mulher tem a sensibilidade maior de perceber isso: qual é o momento de bater, qual o momento de recuar e qual é o momento de amaciar. Então, por conta disso que [em] muitas estratégias de resistência dos quilombos são as mulheres que estão por trás dessa permanência.

Devido a essa flexibilidade, as quilombolas têm sido fundamentais na permanência das comunidades nos territórios. E as oficinas são a oportunidade de transmitir, umas para as outras, esses saberes, favorecendo a transformação do modo como as próprias lideranças femininas passam a se ver dentro do movimento quilombola. Sobre isso, Célia diz que:

> O que a gente tem aprendido com essas oficinas é que nós não estamos inventando nada. Na verdade, nós estamos fazendo um resgate daquilo que as nossas lideranças antepassadas já faziam, que é conversar para nós. [...] Então, a gente sentiu a falta disso: porque o que estava acontecendo com a gente? A gente estava ouvindo muito, os outros falarem e a gente escutar. E, às vezes, aquilo que a pessoa falava era exatamente aquilo que a gente saberia dizer para nós e para os outros, mas a gente fazia questão de dizer que a gente não era capaz de fazer, que a gente não sabia fazer. Então, tinha alguém que tinha que vir dizer isso para a gente, embora a gente já sabendo que era aquilo exatamente. [...] A primeira oficina que nós fizemos, que foi a de Kalunga, foi todo mundo, [...] mas aí nós tomamos uma decisão: não vamos levar nenhum especialista,

ninguém pra falar, para conduzir essa oficina, quem vai conduzir essa oficina somos nós. Quem manja do quê? Quem manja daquilo? E um vai ajudando o outro, vai auxiliando. E foi assim, e conseguimos.

A fala de Célia exprime a percepção de que as práticas do coletivo da Conaq nos territórios estão alinhadas a uma tradição, valendo-se, portanto, de algo que as mulheres mais antigas faziam por meio da conversa. Trata-se, em seu modo de ver, de valorizar uma forma de transmissão de conhecimento que se ancora em uma tradição feminina. Ao mesmo tempo, Célia aponta as relações de poder que atravessam a produção do saber: os "especialistas" falavam coisas que elas já sabiam, e elas apenas escutavam. Isso se deve à percepção de que o conhecimento especializado é construído a partir das informações que elas mesmas fornecem. Na medida em que reconhecem o valor dos saberes por elas construídos, abrem e protagonizam espaços de formação política, trazendo valores outros, diferentes daqueles propostos pelos especialistas e também pelas lideranças masculinas. Em certa medida, perceber essas questões informa sobre a potencialidade política do amor-próprio, que, conforme salientou Espinosa (2013, p. 227), é "a alegria que provém da consideração de nós mesmos".

Sobre a dimensão de gênero, uma vez que o movimento quilombola é formado por lideranças masculinas e femininas, a emergência do Coletivo de Mulheres da Conaq indica que uma nova fase está aflorando dentro do próprio movimento. Rejane sumariza o tom da mudança: "A oficina trouxe o fortalecimento para a Conaq nesse momento tão tenso. Pois essa oficina trouxe empoderamento às quilombolas. Antes, a gente só assistia, e hoje a gente faz a oficina" (Coletivo de Mulheres da Conaq, 2017).

Na mesma tarde em que conversei com Célia, Edna da Paixão Santos, liderança de Pernambuco, integrante da Conaq desde 2011, teceu o seguinte comentário:

> Na verdade, a gente está fazendo um resgate da luta e do protagonismo da mulher quilombola nessa luta, nesse empoderamento, porque as nossas antepassadas eram quem ia para a luta. Tereza de Benguela foi uma delas. Dandara, que liderava o Quilombo de Zumbi dos Palmares. Zumbi foi uma figura mitológica, mas a gente sabe que quem estava lá na batalha era Dandara, uma mulher. Então, a gente meio que tinha se perdido nesse meio do caminho: da questão de a mulher ir para o embate, ir mais pra frente. E a gente, quando faz a oficina, está recuperando até a nossa própria autoestima, que a gente não sabia que tinha tanta garra, tanta determinação para entrar nessa luta de frente. Então, para a gente que está na militância, enquanto mulher negra quilombola, isso é muito importante. Isso mexe com o nosso ego, porque a gente percebe que é capaz de dar conta, que a gente não é dependente de homem, que muitas vezes está lá para nos diminuir enquanto mulher, enquanto mulher agredida. E a gente chama para a gente a responsabilidade daquilo que é nosso também. E aí a gente vai discutir aquilo que a gente já faz no dia a dia, mas faz de uma forma inconsciente.

Edna informa sobre a invenção de uma tradição, narrativa impulsionada pelo momento político em que as mulheres vêm protagonizando a luta quilombola. Para tal, ela se vale do repertório conceitual feminista, particularmente da ideia de empoderamento, fazendo referência às quilombolas do passado, como Tereza de Benguela e Dandara. Sua fala exprime o processo de feminização das práticas quilombolas, que afetou não só a forma como as lutas se dão, mas também o modo como são narradas, traduzindo como as mulheres se veem no processo. Não por acaso, tanto Célia como Edna relacionam a emergência desse protagonismo a uma elevação de autoestima das lideranças femininas dentro do próprio movimento.

Nenhuma delas, porém, se autodefiniu feminista. Rejane, em suas falas, diz que o feminismo é uma "invenção da cidade" e pouco tem para contribuir com as especificidades das mulheres quilombolas. A palavra "feminismo", para muitas delas, está associada a um movimento urbano, frequentemente identificado com os setores da classe média, seja ela composta de mulheres brancas ou negras. Entretanto, em uma conversa com Elícia Ramos da Cruz Santos, setenta anos, liderança do Quilombo de Botafogo que esteve presente no encontro, surgiu o seguinte comentário:

> Primeiro, a gente está sempre aprendendo. A gente nunca sabe tudo. A Jane [Rejane] comentava dessas mulheres da Conaq, que existe em nível nacional, mas eu nunca tinha tido a oportunidade de estar junto com elas, participando com essas mulheres. Eu vi que elas são mulheres bem competentes, mulheres que sabem direcionar as coisas, que têm uma visão bem ampla, elas sabem valorizar as questões políticas, as questões das mulheres. Eu percebi também que elas são feministas, mas não aquelas feministas exageradas, porque têm mulheres feministas que, no ambiente onde elas estão, os homens não podem botar a cara na janela. Eu não senti isso nelas. Se fosse um feminismo exagerado, os homens não se sentiriam à vontade de estar lá. Eu observei isso nelas e eu me senti mais à vontade, porque foi de acordo com aquilo que eu penso.

Elícia aponta para a existência da multiplicidade de práticas feministas. O "feminismo exagerado" que Elícia critica converge, de certa forma, com o chamado feminismo radical, que, segundo apontou McLaren, focaliza as diferenças da mulher para o homem e, portanto, visa ao desenvolvimento de instituições que atendam apenas às necessidades da mulher. Elas criticam a noção liberal de que o feminismo veio para oferecer direitos iguais aos homens e às mulheres, já que o patriarcado, concebido como a dominação sistemática da mulher pelo homem, é o que caracteriza as relações sociais vigentes. Nessa perspectiva, as feministas radicais defendem que instituições que servem especialmente às mulheres sejam desenvolvidas e mantidas (McLaren, 2016, p. 18-20).

Tratando-se do movimento quilombola, formado por homens e mulheres em batalha por território comum, as bases comunitárias ganham centralidade. É por meio dessa perspectiva relacional e comunitária que Rejane, Edna, Célia e outras lideranças definem os objetivos das oficinas, o que converge com os propósitos do feminismo comunitário, conforme descreveu Paredes, ao tratar do lugar de onde se constrói conhecimento:

> O lugar a partir do qual construímos são nossos corpos de mulheres com uma memória vasta e outra curta da nossa existência. Memórias que podemos chamar de ontológicas e filológicas respectivamente, essas memórias corporais estão construídas nas histórias e pré-histórias de nossas comunidades e seus movimentos sociais. Portanto, nosso feminismo quer compreender nossas comunidades a partir de nossos corpos, buscar com os homens dos nossos povoados e comunidades o Bem Viver em comunhão com a humanidade e a natureza. (Paredes, 2010, p. 120)

Aproximando essa perspectiva das falas de lideranças quilombolas com quem conversei durante a oficina, elas enfatizaram que a luta pela terra é uma tarefa de homens e mulheres, assim como o combate às múltiplas formas de violência que incidem sobre eles. Célia, Edna e Rejane, por exemplo, não deixaram de apontar as práticas machistas dos companheiros de luta, mas reiteraram que estão empenhadas em construir pontes, já que se luta pelo direito de continuar partilhando um modo de vida, construído de forma comunitária. Talvez seja por isso que Elícia diga que, "se fosse um feminismo exagerado, os homens não se sentiriam à vontade de estar lá", referindo-se à presença dos homens nas atividades propostas durante a oficina, o que não significa negar ou silenciar as opressões construídas sob a diferença de gênero. Nesse sentido, o Coletivo de Mulheres da Conaq vem criando práticas ajustadas às suas necessidades, colaborando, inclusive, para a ampliação dos sujeitos dos feminismos.

5.2.2 Espaços seguros: falando da violência

A presença dos homens nas oficinas não impediu que as mulheres expressassem angústias e desejos específicos, debatendo as formas como a violência afeta seus corpos. Destaco aqui a roda de conversa proposta pelas lideranças e a fala final de Rejane, que tratou do medo da morte. No caminho aberto por Collins, e apresentado no capítulo 1, denominarei esse momento de "espaço seguro". São lugares em que elas se sentem protegidas das práticas racistas e sexistas, sentindo-se confiantes para compartilhar saberes específicos relacionados a suas experiências como mulheres negras. Trata-se, portanto, de um campo de ação política que possibilita a criação de espaços outros de subjetivação.

A discussão sobre violência doméstica é um tema espinhoso e delicado nas experiências das mulheres. Para as quilombolas, a situação ganha complexidade porque muitas vezes o convívio comunitário faz com que silenciem sobre os abusos em nome da coletividade. Um dos objetivos da oficina era, nesse sentido, criar um espaço seguro no qual as mulheres atingidas pudessem falar sobre o assunto.

Em 25 de março, à tarde, uma das atividades propostas foi a divisão das participantes em grupos distribuídos em torno dos seguintes temas: racismo, violência e desafios para a juventude quilombola. Naquele dia, acompanhei o grupo que tratou da violência. A atividade aconteceu ao ar livre, com todas as participantes dispostas em círculo. Havia cerca de quinze mulheres de idades variadas, residentes em diferentes quilombos, que trocaram experiências sobre o tema. Logo de início, Elícia, mencionada na seção anterior, disse que a violência que recaía sobre elas não se restringia à violência doméstica, mas que era imprescindível tratar desse tema importante. Chamou minha atenção a fala de Patrícia Oliveira dos Santos, trinta anos, do Quilombo Maria Joaquina. Ela havia sofrido violência doméstica por parte de seu companheiro, que tentou matá-la, e dizia ter muita vergonha de falar sobre o assunto:

> Eu passei por isso no meu primeiro casamento. Meu marido tentou me matar. E, nessa situação, você não tem como pedir ajuda para ninguém, porque ninguém ajuda. Sempre tem aquela história de que em briga de marido e mulher ninguém mete a colher. Eu tinha vergonha de falar que eu tinha um marido que me batia. As pessoas vão rir, vão ficar fazendo fofoca.

Da fala de Patrícia, destaco alguns aspectos. O primeiro, que a noção de comunidade, quando compreendida ingenuamente, pode ofuscar as violências internas a que as mulheres, em função de práticas sexistas, estão expostas. O segundo é a importância de encontrar um lugar seguro para falar de uma situação que causa vergonha e dor.

Quanto aos usos do termo "comunidade", vale lembrar que os quilombolas são afetados pelas mesmas pressões de desagregação dos projetos coletivos que nos cercam em tempos de governamentalidade neoliberal. Por esse motivo, a criação de relações de base comunitária carece igualmente de esforço, elaboração e trabalho. A dimensão de gênero não tem sido minimizada por muitas lideranças femininas, justamente pela percepção de que certos modos de viver em comunidade colocam as mulheres em desvantagem, em especial quando se trata dos enfrentamentos contra a violência doméstica. Sobre isso, a pesquisadora Priscila Bastos Cunha (2009, p. 72-4), em sua pesquisa sobre as experiências de três jovens do Quilombo de São José da Serra, apontou, igualmente, a dificuldade de enunciação dos abusos. Cunha considerou em suas análises que algumas chegam a sair dos quilombos em consequência da violência doméstica e que muitas vezes esse problema não vem a público. Segundo a pesquisadora, isso acontece porque os casamentos costumam ocorrer entre moradores da própria comunidade, inclusive com proximidade de parentesco. Assim, a mulher vítima de violência acaba não prestando queixa.

Retomando o relato de Patrícia e passando ao segundo aspecto destacado de sua fala, considero que o fato de ter se sentido confortável para relatar sua história naquele espaço demonstra a potencialidade política da criação de um espaço seguro onde se possa partilhar e, no limite, contar com outras redes afetivas. Vale lembrar que a motivação inicial das oficinas organizadas pelo Coletivo de Mulheres da Conaq foi o conjunto de denúncias de exploração sexual de meninas da comunidade Kalunga, em Goiás, conforme descreveu Edna:

> A gente fez esse trabalho em Kalunga. Claro que não na dimensão que poderia ter sido, porque naquele momento a gente estava pisando meio que em ovos. Daí, a gente precisava fazer uma escuta, como a gente estava mexendo com forças poderosas. A gente ir lá, enfrentar o problema, é uma coisa, mas quando a gente saísse, a comunidade ia ficar lá, aquelas mulheres iam ficar lá, aquelas crianças, aquelas adolescentes, continuam lá. A gente não podia ir para o embate assim, tão de frente, mas a gente foi lá, fez um trabalho, graças a Deus a gente tem tido resultado positivo. E aí a gente, voltando de Kalunga, a gente se senta na Conaq e, naquele momento, a gente tirou um encaminhamento de algumas mulheres que já faziam alguma discussão. A gente formou um coletivo representativo, a gente está em número de dezesseis mulheres, dezesseis estados. E a gente começou a pensar de que forma poderia ir também a outros espaços, outros locais. E a gente vai para uma segunda oficina, que foi no Piauí, na comunidade do Tapuio. E a gente encontra lá uma realidade do semiárido brasileiro, encontra uma realidade de mulheres muito carentes de informações. A gente faz esse trabalho de fortalecimento, percebe que elas, hoje, elas ligam, querendo estar informadas do que está acontecendo, do que a gente está discutindo. Então, isso é muito proveitoso, muito significativo quando a gente vê o interesse das pessoas em se empoderar.

Os territórios Kalunga incidem em três municípios goianos: Cavalcante, Monte Alegre de Goiás e Teresina de Goiás. As "forças poderosas" às quais Edna se refere dizem respeito a uma rede de aliciadores de crianças e adolescentes que, valendo-se da condição de vulnerabilidade do Quilombo de Kalunga, levavam meninas quilombolas para serem exploradas sexualmente em troca de abrigo, comida e oportunidade de estudo. As denúncias em torno desses casos vieram a público em 2015, como vimos no capítulo 1, levando à construção de um plano de ação, coordenado pela Seppir, pela Secomt e pelo Ministério das Mulheres, da Igualdade Racial, da Juventude e dos Direitos Humanos, valendo-se do Programa Brasil Quilombola. Em termos de cronograma, algumas ações foram implementadas já em 2015 e outras deveriam ser concluídas até 2017, mas o golpe parlamentar interrompeu o que fora planejado.

No plano de ação, havia duas atividades que visavam ao fortalecimento da sociedade civil e da própria comunidade. Uma delas era o projeto Jovens Kalungas Conhecem Seus Direitos, apoiado na realização semestral de sete oficinas, a primeira em novembro de 2015. As atividades tinham o objetivo de informar, sensibilizar e mobilizar adolescentes e jovens de ambos os sexos das comunidades rurais da região de Cavalcante sobre seus direitos e acesso a serviços da rede de atendimento à violência. A segunda ação propunha um encontro de mulheres quilombolas, promovido pela Conaq (Ministério das Mulheres, da Igualdade Racial, da Juventude e dos Direitos Humanos, 2016).

Com efeito, depois do golpe parlamentar de 2016, o plano de ação em Kalunga foi desarticulado, já que sua execução dependia de uma ação coordenada entre vários ministérios e órgãos federais, função exercida pelo Programa Brasil Quilombola, que foi extinto. Nesse contexto o Quilombo de Kalunga foi escolhido pelo Coletivo de Mulheres da Conaq para abrigar a primeira das oficinas do grupo. Desde 2014, durante o I Encontro das Mulheres Quilombolas, ocorrido em Brasília, já havia a intenção de começar um trabalho de base nas comunidades, a fim de discutir e encaminhar soluções para as múltiplas formas de violência a que as quilombolas estão submetidas.

Sobre o segundo aspecto destacado da fala de Edna, ou seja, os modos de fazer política expressos pelas oficinas, chamou-me a atenção o momento em que ela diz que elas precisavam escutar, situação que também implica um aprendizado. Se, por um lado, a escuta não pode reverter de imediato as condições de opressão em que as mulheres estavam imersas, por outro, ela não pode ser minimizada como uma tecnologia política que favorece a construção de afetos e vínculos entre as mulheres da Conaq e aquelas que vivem nos diferentes quilombos que receberam as oficinas. Em sua fala, Edna usa o termo "empoderar" para designar um ato que envolve o encontro entre as mulheres e a partilha de conhecimento, aludindo ao fato de algumas mulheres de quilombos onde o coletivo já realizou atividade terem solicitado informações posteriores, a fim de se manterem atualizadas. Esse pedido sugere que a constituição do coletivo e as oficinas criam uma prática política em que a empatia e a amizade são constitutivas dos modos de fazer.

Em relação à dimensão política da amizade, as reflexões de Marilda Ionta (2017), historiadora feminista que se debruça sobre o tema da amizade em Foucault, contribuem para pensarmos a respeito das experiências do Coletivo de Mulheres da Conaq. A pesquisadora lembra que, no interior de certa tradição filosófica, que vai de Platão a Kant, permaneceu um postulado sobre a incapacidade das mulheres para a amizade, já que abordagens masculinistas tendem a enfatizar uma competição pela atenção dos homens. Ionta, entretanto, valendo-se das recentes produções feministas, descreve inúmeras práticas de amizade femininas e feministas orientadas por uma estética da existência definida pela historiadora nos seguintes termos:

> A amizade como estética da existência, proposta por Foucault, não tem conceito: ela engendra uma atitude, um *ethos* de si para consigo mesmo e para com o Outro. É uma forma de agir e de se conduzir na vida. Em que consiste essa atitude? Em insuflar espaços saturados de relações sociais normatizadas e controladas (casamento, família, sociabilidades identitárias) e produzir fendas no tecido relacional. É uma postura ativa de criar espaço para que o outro, em sua irredutível alteridade, possa habitar ou não, possa permanecer ou não. Não é uma simples abertura para o outro, é compreender que o outro é indispensável e existe independentemente de nossa vontade. A amizade como estilística de existência entoa atitude de abertura para o mundo. O vetor dessa relação aponta para o fora. (Ionta, 2017, p. 380)

A partir das provocações da historiadora, reitero que não se trata de essencializar as práticas de amizade em termos de gênero, mas de perceber como os valores atribuídos a ela são culturalmente engendrados, criando formas diferenciadas de expressá-la entre homens e mulheres. Por exemplo, as mulheres são estimuladas a introduzir afetividade em suas relações, diferenciando-se da cultura masculina dominante, que educa os homens para que estabeleçam relações mais superficiais, interditando-os, inclusive, a falar de medos, angústias e inseguranças. A potencialidade política das práticas femininas de amizade reside em sua possibilidade de criar espaços que fomentem tanto necessidades individuais quanto coletivas.

5.2.3 Traduzindo o Bem Viver

Retornando para as atividades da oficina, no dia 26 de março pela manhã as mulheres que sabiam fazer maquiagem, massagem e trançar os cabelos se dispuseram a cuidar do corpo umas das outras. Essas atividades foram definidas pelas organizadoras da oficina como práticas do Bem Viver.

A abordagem do Bem Viver surge de expressões de povos andinos, seja o *Sumak Kawsay*, do povo Quéchua (Equador), seja o *Suma Qamaña*, do povo Aimará (Bolívia), que, em linhas gerais, exprimem uma cosmovisão que busca restabelecer os vínculos entre os indivíduos, a Terra e todas as formas de vida (Dillenburg, 2015). Segundo o economista equatoriano Alberto Acosta, que tem se dedicado ao tema, o conceito propõe um modo de vida que se distancia da ideia de desenvolvimento difundida pelo capitalismo, já que visa à construção de laços de reciprocidade e solidariedade. Noutros termos, Bem Viver sugere a desmercantilização e a descolonização dos saberes (Acosta, 2012). No Brasil, o termo tem sido incorporado por movimentos sociais críticos aos modos de vida neoliberais, especialmente organizações feministas e femininas que pregam a economia solidária, como a Sempreviva Organização Feminista (SOF), a Marcha Mundial das Mulheres (MMM) e a Articulação de Organizações de Mulheres Negras Brasileiras (AMNB), responsável pela organização da primeira Marcha das Mulheres Negras, em 2015. No documento divulgado pela AMNB, o Bem Viver, no caminho aberto pela cosmovisão andina, é definido nos seguintes termos:

> A sabedoria milenar que herdamos de nossas ancestrais se traduz na concepção do Bem Viver, que funda e constitui as

novas concepções de gestão do coletivo e do individual, da natureza, da política e da cultura, que estabelecem sentido e valor à nossa existência, calcados na utopia de viver e construir o mundo de todas(os) e para todas(os). (Articulação de Organizações de Mulheres Negras Brasileiras, 2016)

Sobre essa dimensão relacional do Bem Viver, quando se trata de mulheres negras cujas práticas destinam-se às transformações comunitárias, a política não pode prescindir da criação de imagens positivas sobre os corpos que são cotidianamente atacados pelo racismo e pelo sexismo, já que não se faz política sem o corpo. Cuidar de si não está dissociado do cuidado com os outros. Foucault (2010b, p. 278), analisando as práticas em torno do cuidado de si no mundo clássico, em que a política envolvia uma relação de governo consigo e com os outros, considerou que constituir-se como sujeito que governa implicava a constituição de um sujeito que cuida de si. Deslocando essa abordagem para as ações de cuidado do corpo, traduzidas durante a oficina como Bem Viver, é plausível dizer que a forma já inclui o sentido: refundar a política supõe a inclusão do cuidado de si como atitude política que sugere transformações nas relações estabelecidas consigo e com os outros. Trata-se de constituir uma relação atávica entre ética e estética.

Quando nos referimos às mulheres negras e pobres, cujos corpos são constantemente bombardeados pelos dispositivos racistas e sexistas, trançar cabelo, fazer maquiagem ou massagem são momentos que podem favorecer a construção de significados positivos sobre seus corpos. Nilma Lino Gomes (2008), última ministra da Seppir antes do golpe parlamentar, em pesquisa já citada sobre os salões de beleza da cidade de Belo Horizonte, considerou que

> mudar o cabelo pode significar a tentativa do negro de sair do lugar da inferioridade ou a introjeção deste. Pode ainda representar um sentimento de autonomia, expresso nas formas ousadas e criativas de usar o cabelo.
>
> Estamos, portanto, em uma zona de tensão. É dela que emerge um padrão de beleza corporal real e um ideal. No Brasil, esse padrão ideal é branco, mas o real é negro e mestiço. O tratamento dado ao cabelo pode ser considerado uma das maneiras de expressar essa tensão. A consciência ou o encobrimento desse conflito, vivido na estética do corpo negro, marca a vida e a trajetória dos sujeitos. (Gomes, N. L., 2008, p. 21)

Nas palavras da pesquisadora, transformar o cabelo de forma ousada e criativa, como ao trançá-lo, informa sobre a tentativa de sair do lugar de inferioridade, o que indica uma postura que rasura os discursos racistas. São também práticas que não ocorrem sem tensões com os padrões normativos de beleza, que tomam as corporeidades brancas como ideais. As conclusões de Gomes são valiosas para pensarmos a tradução do Bem Viver, realizada durante a oficina no Quilombo Maria Joaquina: nas experiências das quilombolas ali reunidas, esculpir o cabelo sugere, portanto, a articulação entre estética e política. Gestos de trançar que metaforizam a relação consigo mesma e com as outras. Gestos que se deslocam das narrativas de desvalorização dos seus corpos para a construção do amor-próprio, afeto fundante da política, já que estimula a potência de agir.

5.2.4 "Eu quero ser uma Sebastiana viva"

Após as atividades do Bem Viver, Rejane, em sua fala emocionada de encerramento da oficina, mencionou que um dos aprendizados que a convivência com o Coletivo de Mulheres da Conaq tem lhe proporcionado é o da escuta. Ela se define como alguém que "vem com a bagagem de não levar desaforo, e a gente vai aprendendo que às vezes é preciso ouvir o desaforo, levar para casa e pensar". Sobre isso, em outro momento, ela concluiu: "Eu estou em um processo que eu quero ouvir". Na sequência, descreveu a importância de alguns de seus familiares para sua formação política:

> Minha mãe que ensinou pra gente que não sabe ler a escrever o nome. [...] O meu avô não tem nem tamanho [...] fazia os caixões, era jongueiro, trouxe o Carnaval. Tinha o Centro de São Jorge, a gente não pode esquecer esta fase da história nossa. A gente foi criada na umbanda e aí minha avó morreu e tudo mudou. A gente aprendeu a valorizar. A gente aprendeu a valorizar o alcoólatra, o gay, a prostituta, o drogado. As nossas portas estão sempre abertas, mas isso só é possível quando a gente se coloca no lugar deles. Se colocar no lugar do vulnerável, porque eu já fui uma mulher vulnerável. Minha família já foi vulnerável. Eu luto com todas as forças, eu falo pra minha comunidade entender a questão territorial. E se não entender a questão territorial a gente vai perder. Eu não quero ser uma Sebastiana que morreu lutando por terra, eu quero ser uma Sebastiana viva. (Oliveira, 2017)

Se hoje ela e parte de sua família se converteram às igrejas pentecostais e neopentecostais, no passado, como ela diz, o centro de umbanda era liderado pelos avós, Benedito Antônio e Maria Jesuína Antônio. Em outro momento de nossa conversa, Rejane detalha:

> Então essa questão assim do centro era muito forte nas nossas vidas. Muito forte, mesmo. E aí tinha semana que tinha festa

de Preto Velho e a gente se envolvia por inteiro. Passava mal, era seu José [referindo-se à busca por um rezador do local]. Passava mal, era o centro, desmaiava, era o centro, pressão alta, era o centro, entendeu? Tudo era o centro. Então, assim, foi algo que as pessoas tentam roubar, essa história de não quererem contar. Hoje acha que é ruim, que é demônio aquilo, mas eu vi muita gente, igual faz na igreja hoje, muita gente sendo curada. Muita gente sendo tratada. E aí a gente perde. O meu avô morre. A Igreja Universal quebra todos os santos.

Depois do falecimento do avô, a avó se converteu à Igreja Universal do Reino de Deus, o que levou à quebra dos santos, além da conversão de outros familiares. Em 2016, Rejane passou a frequentar a Assembleia de Deus e, sobre sua recente conversão, diz:

"A Rejane, evangélica?" As pessoas levam um susto, mas a gente está ali evangélica pra conhecer esse amor de Deus que as pessoas falam. Ter essa experiência com Deus. Lá com Deus, que é tão gostoso falar com Deus. Eu falo com a pastora que eu danço. Danço jongo, danço samba. Não vou lá no samba, mas eu danço. Lugares que tem evento, eu danço com as minhas amigas, porque eu não vejo que é pecado.

No caso da família de Rejane, a quebra dos santos no terreiro de umbanda foi uma forma violenta de apagamento do passado, que a quilombola não deixa de criticar. Por isso, ela exprime um modo singular de lidar com algumas regras da Igreja, que poderia ser considerado errado pelos parâmetros da religião, como dançar samba e jongo, mas que ela não se furta de realizar. Algumas mulheres quilombolas expressam sua religiosidade de forma singular, inclusive nas práticas pentecostais e neopentecostais, já que, em seus processos de se tornarem quilombolas, desenvolvem elaborações sobre o passado, o que inclui rever os significados racistas que atravessam determinados discursos religiosos. Em dado momento de nossa conversa, perguntei sobre os desafios de estar na Assembleia de Deus e ser uma liderança quilombola, e ela destaca:

> O preconceito é grande porque o pessoal da igreja não vai nos eventos. [...] Acho que eles não têm que me aceitar, mas eles têm que me respeitar, porque eu estou lá e eu faço a diferença também na minha igreja. Mas as pessoas olham meio torto para mim, porque as pessoas têm a mania de confundir quilombo com macumba.

Rejane narra que foi para a Igreja a fim de descobrir mais sobre o chamado amor de Deus. Nesse caso, sua fala se conecta com a noção de vulnerabilidade. Se, no passado, a vulnerabilidade à qual Rejane se refere era da ordem das condições materiais de existência, hoje essa questão se exprime por outras formas. Uma delas é ter um corpo feminino negro que se expõe à luta. Em dado momento, ela diz: "Eu não quero ser uma Sebastiana que morreu lutando por terra, eu quero ser uma Sebastiana viva".

Para compreender a metáfora usada por Rejane, cabe lembrar que Sebastião Lan foi um sindicalista que atuou em Cabo Frio, no Sindicato dos Trabalhadores Rurais, chegando, em 1988, à presidência da organização. Contudo, alguns meses depois de assumir a função, ele sofreu um atentado fatal a tiros, na Rodovia Amaral Peixoto, quando se dirigia de carro a Brasília.[70] Seu nome é evocado por

---

[70] Sobre Sebastião Lan, ver o documentário *Lan* (1988), de Milton Alencar Jr.

Rejane, já que ela se considera impulsiva e diz precisar aprender a se controlar. À primeira vista, sua fala pode soar em descompasso com a situação de conflito de terras no estado do Rio de Janeiro, que não figura entre aqueles em que mais se morre em razão de disputas fundiárias, segundo relatório da Comissão Pastoral da Terra de 2016 (Canuto *et al.*, 2016). Porém, quando deslocamos os temores de Rejane para uma dimensão nacional, percebemos que seu medo não é infundado: em agosto de 2017, no município baiano de Lençóis, na Chapada Diamantina, oito quilombolas foram assassinados devido a conflitos de terra.[71] Nesse sentido, quando se pensa em política, é preciso cuidar dos corpos que são atacados por meio de várias práticas de violência, em que o medo de morrer está entre os principais afetos. De certa forma, as práticas realizadas durante a oficina reforçam a dimensão política dos afetos alegres, tratada por Michael Hardt e Antonio Negri, sobre o amor como categoria política, nos seguintes termos:

> O amor compõe singularidades, como temas numa partitura musical, não na unidade, mas como uma rede de relações sociais. Fazer convergirem essas duas faces do amor — a constituição do comum e a composição das singularidades — é o desafio central para a compreensão do amor como ato material, político. (Hardt & Negri, 2016, p. 208)

Os autores abordam o amor em duas dimensões: a primeira, relacionada à constituição do comum, que definem pelo mundo material, como o ar, a água, os frutos da terra e todas as dádivas da natureza; e a segunda, referente às

---

[71] "Chacina em comunidade quilombola deixa seis trabalhadores rurais mortos na Bahia", *Justificando*, 9 ago. 2007.

singularidades, como tudo que resulta da interação social, tal qual o conhecimento, as imagens, os códigos, a informação, os afetos. Para Hardt e Negri, as políticas neoliberais em todo o mundo têm buscado privatizar o comum, transformando-o em produto cultural, reforçado pela lógica individualista (Hardt & Negri, 2016, p. 7-13).

Angulado por essa perspectiva, trata-se de pensar um projeto político que propõe engajamento coletivo contra os imperativos neoliberais, valendo-se do amor como meio de escapar à solidão do individualismo a fim de favorecer a construção de modos de vida potencializadores da existência.

Esses afetos e práticas foram mobilizados durante as oficinas promovidas pelo Coletivo de Mulheres da Conaq. Por meio desses agenciamentos, lideranças quilombolas de todo o país vêm simultaneamente construindo suas singularidades e promovendo a constituição do Bem Viver coletivo.

—

Denise e Rejane foram interpeladas em diferentes situações pela luta quilombola. O medo da morte é, nesse sentido, um afeto que mobiliza a criação dos espaços seguros em relação aos dispositivos racistas, sexistas e classistas. Denise, à medida que busca a história de seus antepassados, vai ampliando sua participação política, bem como o desejo de voltar a estudar. Se a indignação, motivada pelo trauma, é seu combustível para frear a morte, para Rejane é preciso se acalmar a fim de que a ira não consuma sua vida, um aprendizado político que ela tem realizado ao lado de outras lideranças. Aqui, no rastro de Espinosa (2013, p. 207), elas deslocam-se da tristeza e da vulnerabilidade: "Quanto maior é a tristeza, tanto maior deve ser a parcela de potência de agir do homem que ela contraria. Portanto, quanto maior для a tristeza, tanto maior será a potência de agir com a qual o homem se esforçará para afastar a tristeza".

Mesmo Rejane e lideranças quilombolas mais experientes, como o Coletivo de Mulheres da Conaq, ao situar suas experiências contemporâneas por meio de uma tradição feminina quilombola, percebem seus valores dentro da luta, ampliando os espaços de subjetivação, para elas e para homens e mulheres das comunidades que têm participado das oficinas desenvolvidas pelo coletivo.

Nos dois casos, a concepção de "espaços seguros", desenvolvida por Collins, ajuda-nos a compreender como a transmissão de saberes entre as mulheres negras ocorre em lugares em que elas se sentem seguras e protegidas dos dispositivos racistas e sexistas. É sobretudo nesses espaços que elas vêm acumulando, ao longo da história, recursos cognitivos e afetivos essenciais à luta antirracista. Denise valeu-se da escrita para a elaboração da dor; Rejane, por meio de práticas de amizade, com o Coletivo de Mulheres da Conaq, tem traduzido o Bem Viver.

Palavras finais

> Com o coração aos pulos,
> reconciliou-se com o lugar.
> — Conceição Evaristo (2003, p. 49)

Em 1988, quando o direito quilombola foi criado, parecia que estávamos diante de transformações radicais na sociedade brasileira, já que, de forma inédita, o acesso à propriedade da terra, que tem cor e classe bem definidas no Brasil, destinava-se a uma parcela da população negra. Outra potencialidade celebrada em torno do dispositivo jurídico residia no fato de se tratar de um direito coletivo, contrariando a racionalidade neoliberal da propriedade privada.

A euforia inicial logo esbarrou em uma dura continuidade: a da governamentalidade racista que atravessa a burocracia jurídica, com a criação de ilegalismos dentro da lei. A forma racista de governar também mostrou sua face quando o foco nas políticas culturais fomentou construções idealizadas e romantizadas sobre as comunidades quilombolas. Naquele contexto, consolidou-se a ideia de que era preciso *performar* uma identidade cultural para obter legitimidade, tornando atávicos cultura e acesso a direitos. É em meio ao fogo cruzado institucional, e à necessidade de construção de novos símbolos, novos conceitos e novas práticas sobre os quilombos, que as mulheres e as práticas culturais atribuídas ao campo do feminino transformam-se em estandartes das novas identidades quilombolas. Nesse aspecto, a noção de quilombo feminizou-se, sugerindo que os sentidos atribuídos aos territórios quilombolas passam a ser orientados por outros afetos além dos ligados à concepção tradicional de quilombo, do campo do masculino, marcado por atributos como força e virilidade — afetos ligados à memória, à transmissão de experiência e ao cuidado.

A luta pelo direito quilombola emergiu simultaneamente à pressão dos movimentos negros pela reparação dos efeitos do racismo, à valorização da diferença étnica como elemento legitimador do direito e à consolidação da racionalidade neoliberal. Essas condições e possibilidades favoreceram, no entanto, a transformação das tradições e das ancestralidades em capitais culturais usados estrategicamente na luta pela terra. Em suma, o que deveria ser uma reparação pelos efeitos do racismo torna-se uma armadilha identitária, em que traumas, humilhações e vulnerabilidades causados pelo racismo ficam em suspenso para que os corpos quilombolas tornem-se espetáculo no mercado da diferença. A ancestralidade é, então, capturada como dispositivo de poder, cujo efeito é esvaziar a potencialidade da transmissão de experiências e valores de práticas culturais como o jongo, e, no limite, destruir as religiões de matriz afro-brasileira.

No início dos anos 2000, os impasses legais durante o governo Fernando Henrique Cardoso e os efeitos do dispositivo da ancestralidade levaram o movimento quilombola a pressionar pela ampliação de políticas públicas em seus territórios. A partir de 2003, já no governo Lula, os efeitos dessas reivindicações dão seus frutos, com a criação da Seppir e, em 2004, com a criação do Programa Brasil Quilombola. Contudo, apesar das transformações significativas nas políticas públicas, a processualística jurídica, como apontado no segundo capítulo, tornou-se ainda mais complexa e radicalmente burocratizada, o que indica como os procedimentos legais são tecnologias de poder por meio das quais a governamentalidade racista se mascara sob uma pretensa neutralidade técnica. Essa racionalidade atravessa governos, indivíduos e instituições, tanto os que se situam em campos mais conservadores como os que se colocam do lado mais progressista. Isso sugere que, sem o reconhecimento e o enfrentamento do racismo como algo que produz instituições, discursos e, sobretudo, subjetividades, as políticas públicas continuarão avançando lentamente, enquanto os mecanismos de exclusão caminham a passos largos.

Desde o golpe parlamentar, em 2016, situação agravada pela chegada do grupo de extrema direita ao poder, em 2018, quando setores conservadores ligados ao agronegócio e a empreendimentos turísticos e setores religiosos se fortalecem, o direito e a vida quilombola têm sido ameaçados. Esse cenário, que se assemelha a um filme de terror, visa barrar não apenas a ampliação dos direitos, como também as condições e as possibilidades que permitiram a emergência de novas subjetividades: mulheres e homens negros que, até então, não se reconheciam como sujeitos de direitos, mas que hoje não aceitam mais participar do teatro da democracia apenas dançando para a plateia. E dizem "não" aos processos de desumanização que o racismo impõe sobre seus corpos e territórios.

Como não há separação entre o pensar e o agir, muitas lideranças quilombolas, em especial as mulheres, percebendo as capturas racistas e sexistas, colocaram no centro da luta pela terra a transmissão de saberes como forma de construir subjetividades outras, fortalecidas pelos laços de solidariedade e pelas relações que estabelecem com o território. Nesse sentido, as ações políticas narradas ao longo deste livro não foram lidas como epifenômenos de uma essência guerreira quilombola a-histórica, mas, ao contrário, como elaborações construídas rente aos corpos diante das afecções no presente.

Terezinha Fernandes de Azedias diz "não" ao poder pastoral, e segue transmitindo às mulheres mais jovens de São José da Serra os valores que atravessam a prática da umbanda. Marilda de Souza Francisco, no Bracuí, usa as narrativas históricas para tentar romper com os efeitos do racismo no presente. Fabiana Ramos, na mesma comunidade, articula os conhecimentos acadêmicos como lentes que amplificam a potencialidade dos saberes aprendidos com os mais velhos. Laura Maria dos Santos, do Campinho da Independência, enfatiza em suas práticas uma escola quilombola que respeite os processos de aprendizagem dos estudantes e tome o território e os saberes como partes do currículo.

Elas dizem, em coro, que não basta ter um prédio escolar dentro da comunidade; é preciso uma educação comprometida com a transformação dos espaços. Para isso, há que se romper o silêncio que o governo racista impõe sobre os corpos. Elas ousam narrar suas dores e denunciar as práticas de exclusão, seja na universidade, seja nas escolas. Denise André Barbosa Casciano, da Tapera, se engaja na luta quilombola a partir de uma experiência traumática, causada pela quase perda de sua família e pela ameaça de não poder voltar ao território do quilombo após a destruição de sua casa durante as fortes chuvas que impactaram Petrópolis em 2011. Rejane Maria de Oliveira, do Maria Joaquina, foi aprendendo novos significados para a luta quilombola, além de novas práticas, quando passou a integrar o Coletivo de Mulheres da Conaq, o que a levou a participar das oficinas para mulheres quilombolas. As oficinas têm possibilitado que as mulheres se sintam seguras para falar das múltiplas formas de violência que afetam seus corpos, em especial aquela motivada pela diferença de gênero. Dessa maneira, convertem-se em espaços seguros, tanto para a expressão de suas dores como para o encaminhamento coletivo das soluções.

Cada uma, a seu modo, busca reconciliar-se com seus territórios subjetivos, tão violentados, tal como na epígrafe desta seção, trecho do romance *Ponciá Vicêncio*, personagem narradora que dá nome ao livro de Conceição Evaristo (2003). Em dado momento, a fim de fugir das ressonâncias da escravidão sobre seu corpo, Ponciá deixa as terras de pretos onde vivia com sua família e segue rumo à cidade. Anos mais tarde, depois que o trabalho de doméstica lhe permite comprar um quartinho na periferia, ela resolve retornar à roça para buscar a mãe e o irmão, que haviam ficado no povoado.

O caminho de volta, percorrido no trem, com os mesmos desconfortos e as mesmas dificuldades de outrora, é realizado por Ponciá com dor. À medida que caminha, vai percebendo que a localidade onde crescera parecia possuir um pulso de ferro que segurava o tempo, eternizando a condição de pobreza dos negros do povoado. Ali observa um passado que tentara deixar para trás, mas que naquele momento retornava, recalcado, em forma de ressentimento.

A cada passo de Ponciá em direção ao terreiro da família, a amargura vai cedendo lugar a sentimentos outros. Ao empurrar a porta da casa, ela avista o chão limpo de terra batida, as vasilhas de barro da mãe, arrumadas na prateleira, as canecas de café do pai, da mãe, dela e do irmão, dispostas sobre o fogão a lenha. Parece que a casa estava esperando por ela. Ponciá corre e abre a janela de madeira, deixando o cheiro de mato, de terra e de chuva invadir a casa. As fronteiras entre a parte interna e o terreiro se fundem. Nesse instante, com o coração aos pulos, Ponciá reconcilia-se com o lugar. Ela volta para casa como se retornasse a um ninho.

Bachelard, em sua análise sobre a poética do espaço, narrou que o devaneio marca essas sensações de aconchego e de regresso,

> pois os regressos humanos acontecem de acordo com o grande ritmo da vida humana, ritmo que atravessa os anos, que luta pelo sonho contra todas as ausências. Nas imagens aproximadas do ninho e da casa repercute um componente íntimo de fidelidade. Nesse âmbito, tudo acontece em toques simples e delicados. (Bachelard, 1993, p. 111)

Aproximando a narrativa de Evaristo aos fragmentos de experiências narrados ao longo deste trabalho, percebemos que "a ficção nem sempre é estranha ao real" (Certeau, 2012, p. 69). Como na ficção, Terezinha, Marilda, Fabiana, Laura, Denise, Rejane e tantas outras têm feito de suas desterritorializações espaços de criação de práticas e saberes, implodindo a semântica da falta que, como um espectro de morte, ronda seus corpos e os territórios onde vivem.

Nascer mulher negra, em uma comunidade descendente daqueles que foram escravizados nas fazendas do estado do Rio de Janeiro, significa chegar ao mundo em um tempo e lugar em que os chicotes da escravidão ainda tilintam. Essas chibatadas se expressam pela permanência das relações de trabalho atravessadas pela mentalidade escravocrata, pelas ameaças constantes de perder a terra onde se vive, pela impossibilidade de estudar de forma digna, pela burocracia que impõe desânimo e cansaço no caminho ao direito territorial, pela exotização de seus corpos. Como na narrativa de Evaristo, a temporalidade da escravidão parece se eternizar nas comunidades quilombolas.

Essas mulheres, ao se conectarem com os afetos potentes construídos na relação que estabelecem consigo e com os outros, tal como o cuidado, a ternura e a capacidade de criar espaços seguros, têm buscado uma reconciliação com seus lugares, com suas histórias, seus corpos, seus saberes. De certa forma, por meio desses deslocamentos, elas criam territórios que são simultaneamente subjetivos e políticos, e colaboram para reparação das lesões e cicatrizes, mobilizando ações potentes no presente, em direção a um devir que é feminino, relacional e coletivo.

Agradecimentos

Toda escritura envolve uma multidão. Não há como escrever sem o suporte afetivo, material e intelectual de milhares de pessoas.

Em primeiro lugar, agradeço a todos que me receberam em suas casas nos quilombos, concedendo-me o que há de mais precioso: o tempo e seus conhecimentos. Nem todas as conversas puderam entrar no texto, mas as histórias que ouvi tornaram minha vida mais rica, mais humana. Suas lutas cotidianas pela dignidade frente às práticas racistas foram faróis para os dias de desesperança e medo. São elas: Adão Casciano, Albertina Martins Pinho, Ana Cláudia Martins, Ana Beatriz Nunes, Angélica de Souza Pinheiro (*in memoriam*), Caroline dos Santos Fonseca, Célia Barbosa Fonseca, Crislaine Rodrigues Rosa, Daniele Elias Santos, Denise André Barbosa Casciano, Elícia Ramos da Cruz Santos, Francisca Eulália Pinheiro Pinho, Gabriela Nascimento Máximo, Gilmara da Silva Roberto, Ivone de Mattos Bernardo, João Batista da Paixão, Jorge Casciano, Landina Maria Antônia Oliveira, Laura Maria dos Santos, Luciene Estevão do Nascimento, Manoel Seabra, Marcos Vinícius Francisco de Almeida, Maria de Fátima Santos, Maria Eliane de Almeida Mattos, Marilda de Souza Francisco, Malvina Maria Rodrigues, Marta Maria Francisca, Miguel Francisco da Silva, Nair Maria da Conceição Paixão, Patrícia Oliveira dos Santos, Patrick da Silva Santos, Olga Maria de Jesus Moreira, Rafaela Fernandes de Oliveira, Rejane Maria de Oliveira, Sandra Maria Barbosa, Selma Barbosa Fonseca, Solange Barbosa Fonseca, Tereza Cristina Correia Casciano, Terezinha Fernandes de Azedias, Teresinha Maria de Jesus (*in memoriam*), Vagna Maria da Silva.

Este livro é fruto da pesquisa de doutorado que realizei na Universidade Estadual de Campinas (Unicamp). Agradeço, portanto, à minha orientadora, Margareth Rago, que apoiou os caminhos da pesquisa. Suas indagações sempre me levaram mais longe, lembrando-me, por meio de sua postura, que a finalidade do conhecimento está em nos reinventarmos. Fico feliz demais pelas pontes que construímos nessa jornada.

Aos professores e professoras que integraram a banca de defesa do doutorado, José Maurício Arruti, Hebe Mattos, Lucilene Reginaldo e Rosane Borges. Suas arguições sofisticadas possibilitaram adensar análises para a publicação do livro.

À família, aos meus pais, Fernando Paulo de Almeida e Placidina Rogério de Almeida, pela forma generosa como suportaram minha ausência física. Aos meus irmãos, Antônio Marcos, Mara Lúcia e, especialmente, Márcia Cristina, que, além do apoio afetivo, auxiliou-me com as transcrições das entrevistas — a você, minha admiração e minha gratidão incondicional.

A Carla Marques e Rodrigo de Souza: a companhia e o registro que fizeram durante a pesquisa de campo foram preciosos.

Agradeço o apoio amoroso de Aaron Jaekel, Anderson José de Faria Souza, Camila Matheus da Silva, Cesar Augusto Mendes Cruz, Daniela Viera dos Santos, Fernanda Aguiar, Natália Néris, Silvane Aparecida da Silva, Taina Aparecida Silva Santos, Terra Johari Possa Terra e Viviane

Pistache, pessoas que estiveram sempre de prontidão na celebração da vida e no partilhar das inquietações.

Por fim, agradeço a Tadeu Breda, da Editora Elefante, que desde o início tem sido um apoiador e um incentivador desta publicação.

Referências

ABREU, Martha. "Cultura imaterial e patrimônio histórico nacional". *In*: ABREU, Martha; SOIHET, Rachel & GONTIJO, Rebeca. *Cultura política e leituras do passado: historiografia e ensino de história.* Rio de Janeiro: Civilização Brasileira, 2007, p. 353-70.

ABUMANSSUR, Edin Sued. "A conversão ao pentecostalismo em comunidades tradicionais", *Horizonte*, v. 9, n. 22, 2011, p. 396-415.

ACOSTA, Alberto. "O Buen Vivir: uma oportunidade de imaginar outro mundo". *In*: BARTELT, Dawid Danilo (org.). *Um campeão visto de perto: uma análise do modelo de desenvolvimento brasileiro.* Rio de Janeiro: Heinrich-Böll-Stiftung, 2012, p. 198-216.

ALBERTI, Verena & PEREIRA, Amílcar Araújo. "Movimento negro contemporâneo". *In*: FERREIRA, Jorge & REIS, Daniel Aarão (org.). *Revolução e democracia: 1964-...* Rio de Janeiro: Civilização Brasileira, 2007, p. 637-70 (Coleção As Esquerdas no Brasil, v. 3).

ALMEIDA, Alfredo Wagner Berno de. "Terras de preto, terras de santo, terras de índio: uso comum e conflito", *Cadernos do Naea*, n. 10, 1989, p. 163-96.

ALMEIDA, Mariléa de. "Devir quilomba: antirracismo e feminismo comunitário nas práticas de mulheres quilombolas". *In*: RAGO, Margareth & PELEGRINI, Mauricio. *Neoliberalismo, feminismo e contracondutas: perspectivas foucaultianas.* São Paulo: Intermeios, 2019, p. 267-89.

ALMEIDA, Silvio Luiz de. "Capitalismo e crise: o que o racismo tem a ver com isso?". *In*: OLIVEIRA, Dennis (org.). *A luta contra o racismo no Brasil.* São Paulo: Fórum, 2017, p. 187-98.

ALVES, Edileia de Carvalho Souza. "[…] *Tem que partir daqui, é da gente*": *a construção de uma escola "Outra" no quilombo Campinho da Independência, Paraty, RJ*. Dissertação, Mestrado em Educação, Departamento de Educação, Pontifícia Universidade Católica do Rio de Janeiro, Rio de Janeiro, 2014.

ALVEZ, Kênia Cristina Martins. *Relatório antropológico preliminar de caracterização da Comunidade Quilombola da Tapera*. Petrópolis: Ministério Público Federal, 2010.

ANZALDÚA, Gloria. "Speaking in Tongues: A Letter to 3rd World Women Writers". *In*: MORAGA, Cherríe & ANZALDÚA, Gloria (org.). *This Bridge Called My Back: Writings by Radical Women of Color*. Watertown, MA: Persephone, 1981, p. 165-74.

ARAÚJO, Elisa Cotta de; KLEIN, Nathalia & O'DWYER, Eliane Cantarino. "Quilombo do Cruzeirinho: Terra de Santo e Caxambu como diacríticos de uma comunidade evangélica". *In*: O'DWYER, Eliane Cantarino (org.). *O fazer antropológico e o reconhecimento de direitos constitucionais: o caso das terras de quilombo no estado do Rio de Janeiro*. Rio de Janeiro: E-papers, 2012, p. 273-322.

ARFUCH, Leonor. "Mujeres que narran. Autobiografía y memorias traumáticas". *In*: ARFUCH, Leonor. *Memoria y autobiografía: exploraciones en los límites*. Buenos Aires: Fondo de Cultura Económica, 2013, p. 73-104.

ARRUTI, José Maurício (org.). *Relatório parcial de caracterização da comunidade negra das Terras de Preto Forro: relatório preliminar sobre situação socioeconômica, histórica e situação legal*. Rio de Janeiro: Koinonia, 2002.

ARRUTI, José Maurício (org.). *Relatório técnico-científico sobre a comunidade remanescente de quilombos da Ilha da Marambaia, município de Mangaratiba (RJ)*. Rio de Janeiro: Koinonia, 2003.

ARRUTI, José Maurício. *Mocambo: antropologia e história no processo de formação quilombola*. Bauru: Edusc, 2006.

ARRUTI, José Maurício. "Políticas públicas para quilombos: terra, saúde e educação". *In*: PAULA, Marilene de & HERINGER, Rosana.

Caminhos convergentes: Estado e sociedade na superação das desigualdades raciais no Brasil. Rio de Janeiro: Fundação Heinrich Boll/Action Aid, 2009, p. 75-110.

ARRUTI, José Maurício *et al.* "O impacto da covid-19 sobre as comunidades quilombolas", *Desigualdades raciais e covid-19*, n. 6, 2021.

ARRUTI, José Maurício & FIGUEIREDO, André. "Processos cruzados: configuração da questão quilombola e campo jurídico no Rio de Janeiro", *Boletim Informativo do Nuer/Núcleo de Estudos sobre Identidade e Relações Interétnicas*, v. 2, n. 2, 2005, p. 77-94.

ARTICULAÇÃO DE ORGANIZAÇÕES DE MULHERES NEGRAS BRASILEIRAS. *Marcha das mulheres negras*. Salvador: AMNB/Ford Foundation, 2016.

ASSEMBLEIA LEGISLATIVA DO RIO DE JANEIRO. Lei 2.471, 6 de dezembro de 1995. Dispõe sobre a preservação e o tombamento do patrimônio cultural de origem africana no estado do Rio de Janeiro. Rio de Janeiro, 1995. Disponível em: https://gov-rj.jusbrasil.com.br/legislacao/144474/lei-2471-95#art-6.

BACHELARD, Gaston. *A poética do espaço*. Trad. Antonio de Pádua Danesi. São Paulo: Martins Fontes, 1993.

BAGNO, Marcos. "Mito nº 4. As pessoas sem instrução falam tudo errado". *In*: BAGNO, Marcos. *Preconceito linguístico: o que é? Como se faz?* São Paulo: Loyola, 1999.

BANCO MUNDIAL. *Avaliação de perdas e danos: inundações e deslizamentos na Região Serrana do Rio de Janeiro — Janeiro de 2011*. Brasília, 2012.

BARRETO, Raquel Andrade. *"Enegrecendo o feminismo" ou "feminizando a raça": narrativas de libertação em Angela Davis e Lélia Gonzalez*. Dissertação, Mestrado em História Social da Cultura, Departamento de História, Pontifícia Universidade Católica do Rio de Janeiro, Rio de Janeiro, 2005.

BARTH, Fredrik. "Grupos étnicos e suas fronteiras". *In*: POUTIGNAT, Phillippe & STREIFF-FERNART, Jocelyne. *Teorias da etnicidade: seguido de "Grupos étnicos e suas fronteiras", de Fredrik Barth*. Trad. Élcio Fernandes. São Paulo: Editora Unesp, 2011, p. 186-227.

BEAUVOIR, Simone de. "Infância". *In*: BEAUVOIR, Simone de. *O segundo sexo: a experiência vivida*. Trad. Sérgio Milliet. São Paulo: Difusão Europeia do Livro, 1967, p. 9-66.

BENJAMIN, Walter. "Experiência e pobreza". *In*: BENJAMIN, Walter. *Magia e técnica, arte e política: ensaios sobre literatura e história da cultura*. Trad. Sérgio Paulo Rouanet. São Paulo: Brasiliense, 1994, p. 114-9.

BHABHA, Homi K. "Locais da cultura". *In*: BHABHA, Homi. *O local da cultura*. Trad. Myriam Ávila, Eliana de Lima Reis e Gláucia Gonçalves. Belo Horizonte: Editora UFMG, 1998, p. 19-42.

BIRMAN, Patrícia. *O que é umbanda*. São Paulo: Brasiliense, 1983.

BOBBIO, Norberto; MATTEUCCI, Nicola & PASQUINO, Gianfranco. "Ideologia". *In*: BOBBIO, Norberto; MATTEUCCI, Nicola & PASQUINO, Gianfranco. *Dicionário de política*. Trad. Carmen C. Varriale, Gaetano Lo Monaco, João Ferreira, Luis Guerreiro Pinto Cacais e Renzo Dini. Brasília/São Paulo: Editora UnB/Imprensa Oficial, 2000, p. 585-6.

BORGES, Rosane da Silva. *Sueli Carneiro*. São Paulo: Selo Negro, 2009 (Coleção Retratos do Brasil Negro, v. 2).

BORGES, Rosane da Silva. "Prefácio". *In*: KON, Noemi Moritz; SILVA, Maria Lúcia da & ABUD, Cristiane Curi (org.). *O racismo e o negro no Brasil: questões para a psicanálise*. São Paulo: Perspectiva, 2017a, p. 7-11.

BORGES, Rosane da Silva. "Racismo, crise e golpe: os desdobramentos da política contemporânea". *In*: OLIVEIRA, Dennis (org.). *A luta contra o racismo no Brasil*. São Paulo: Fórum, 2017b, p. 179-86.

BÖSCHEMEIER, Ana Gretel Echazú. *Natureza de mulher, nome de mãe, marca de negra: identidades em trânsito e políticas do corpo na comunidade quilombola de Boa Vista dos Negros*. Dissertação, Mestrado em Antropologia Social, Centro de Ciências Humanas, Letras e Artes, Universidade Federal do Rio Grande do Norte, Natal, 2010.

BOURDIEU, Pierre. "A ilusão biográfica". *In*: FERREIRA, Marieta de Moraes & AMADO, Janaína (org.). *Usos e abusos da história oral*. Trad. Luiz Alberto Monjardim, Maria Lúcia Leão Velloso de Magalhães, Gloria Rodriguez e Maria Carlota C. Gomes. Rio de Janeiro: Editora FGV, 1998, p. 183-91.

BRANDÃO, Josilene. "Organizações e formas de mobilização após 1988". In: ALBERTI, Verena & PEREIRA, Amílcar Araújo (org.). *História do movimento negro no Brasil: depoimentos ao CPDOC*. Rio de Janeiro: Pallas/CPDOC-FGV, 2007, p. 315-6.

BUTLER, Judith. "Vida precária, vida passível de luto". In: BUTLER, Judith. *Quadros de guerra: quando a vida é passível de luto?* Trad. Sérgio Lamarão e Arnaldo Marques da Cunha. Rio de Janeiro: Civilização Brasileira, 2015, p. 13-55.

CALDWELL, Kia Lilly. *Negras in Brazil: Re-envisioning Black Women, Citizenship, and the Politics of Identity*. Nova Jersey: Rutgers University Press, 2007.

CANUTO, Antônio; LUZ, Cássia Regina da Silva & ANDRADE, Thiago Valentin Pinto (org.). *Conflitos no campo: Brasil 2016*. Goiânia: Comissão Pastoral da Terra, 2016.

CARMO, Ione Maria. *"O caxambu tem dendê": jongo e religiosidades na construção da identidade quilombola de São José da Serra*. Dissertação, Mestrado em História, Centro de Ciências Humanas e Sociais, Universidade Federal do Estado do Rio de Janeiro, Rio de Janeiro, 2012.

CARNEIRO, Edison. *O Quilombo dos Palmares*. Rio de Janeiro: Civilização Brasileira, 1966.

CARNEIRO, Sueli. "A mulher negra na sociedade brasileira: o papel do movimento feminista na luta antirracista". In: MUNANGA, Kabengele (org.). *História do negro no Brasil, v. 1, O negro na sociedade brasileira: resistência, participação, contribuição*. Brasília: Fundação Cultural Palmares, 2004, p. 286-336.

CARNEIRO, Sueli. *A construção do outro como não ser como fundamento do ser*. Tese, Doutorado em Educação, Faculdade de Educação, Universidade de São Paulo, São Paulo, 2005.

CARNEIRO, Sueli & SANTOS, Thereza. *Mulher negra*. São Paulo: Nobel/Conselho Estadual da Condição Feminina, 1985.

CARVALHO, José Paulo Freire. *Os filhos da terra: Comunidade Negra Rural de Caveiras — São Pedro da Aldeia*. Rio de Janeiro: Instituto de Terras e Cartografia do Estado do Rio de Janeiro/Fundação Cultural

Palmares, 1998. Relatório de identificação de comunidade remanescente de quilombo.

CASTRO, Edgardo. "Governo, governar, governamentalidade". *In*: CASTRO, Edgardo. *Vocabulário de Foucault*. Trad. Ingrid Muller Xavier. Belo Horizonte: Autêntica, 2009, p. 188-93.

CAVALLEIRO, Eliane dos Santos. *Do silêncio do lar ao silêncio escolar: racismo, preconceito e discriminação na educação infantil*. São Paulo: Contexto, 2003.

CERQUEIRA, Sandra. "Regularização fundiária das terras quilombolas: aspectos teóricos e práticos", *Revista de Direito da Cidade*, v. 6, n. 2, 2006, p. 132-51.

CERTEAU, Michel de. *A invenção do cotidiano: artes de fazer*. Trad. Ephraim Ferreira Alves. Petrópolis: Vozes, 1994.

CERTEAU, Michel de. *História e psicanálise: entre ciência e ficção*. Trad. João Guilherme de Freitas Teixeira. Belo Horizonte: Autêntica, 2012.

COLETIVO DE MULHERES DA CONAQ. Conaq realiza 05 oficinas de mulheres quilombolas. *In*: COORDENAÇÃO NACIONAL DE ARTICULAÇÃO DAS COMUNIDADES NEGRAS RURAIS QUILOMBOLAS. *Notícias*. Brasília, 2017. Disponível em: http://conaq.org.br/noticias/conaq-realiza-05-oficinas-com-mulheres-quilombolas/.

COLLINS, Patricia H. *Black Feminist Thought: Knowledge, Consciousness, and the Politics of Empowerment*. Nova York: Routledge, 1991. [Ed. bras.: *Pensamento feminista negro: conhecimento, consciência e a política do empoderamento*. Trad. Jamille Pinheiro Dias. São Paulo: Boitempo, 2019.]

COLLINS, Patricia H. "Aprendendo com a *outsider within*: a significação sociológica do pensamento feminista negro". *Revista Sociedade e Estado*, Brasília, v. 31, n. 1, 2016, p. 99-127.

COMISSÃO PRÓ-ÍNDIO DE SÃO PAULO. *O caminho da titulação*. São Paulo, 2020. Disponível em: http://cpisp.org.br/direitosquilombolas/caminho-da-titulacao-2/.

CONGRESSO NACIONAL. Projeto de Lei 129. Regulamenta o procedimento de titulação de propriedade imobiliária aos remanescentes das comunidades dos quilombos, na forma do Art. 68 do Ato das Disposições Constitucionais Transitórias. Brasília, 1995a.

CONGRESSO NACIONAL. Projeto de Lei 627. Regulamenta o procedimento de titulação de propriedade imobiliária aos remanescentes das comunidades dos quilombos, na forma do Art. 68 do Ato das Disposições Constitucionais Transitórias. Brasília, DF, 1995b.

CONGRESSO NACIONAL. Medida Provisória 2.123-25. Altera dispositivos da Lei 9.649 de 27 de maio de 1998, que dispõe sobre a organização da Presidência da República e dos Ministérios e dá outras providências. Brasília, 2000.

COSTA, Jurandir Freire. "Da cor ao corpo: a violência do racismo". *In*: SANTOS, Neusa. *Tornar-se negro ou as vicissitudes da identidade do negro brasileiro em ascensão social*. Rio de Janeiro: Graal, 1983, p. 1-16 (Coleção Tendências, v. 4).

CRENSHAW, Kimberlé W. "Demarginalizing the Intersection of Race and Sex: A Black Feminist Critique of Antidiscrimination Doctrine, Feminist Theory and Antiracist Politics", *University of Chicago Legal Forum*, n. 1, 1989, p. 139-67.

CUNHA, Priscila Bastos. *Entre o quilombo e a cidade: trajetórias de individuação de jovens mulheres negras*. Dissertação, Mestrado em Educação, Faculdade de Educação, Universidade Federal Fluminense, Niterói, 2009.

DAVIDSON, Maria del Guadalupe. *The Rhetoric of Race: Toward a Revolutionary Construction of Black Identity*. València: Universitat de València, 2006.

DAVIS, Angela. *Mulheres, raça e classe*. Trad. Heci Regina Candiani. São Paulo: Boitempo, 2016.

DEALDINA, Selma dos Santos (org.). *Mulheres quilombolas: territórios de existências negras femininas*. São Paulo: Jandaíra, 2020.

DELEUZE, Gilles. Entrevista concedida a Claire Parnet para o programa *L'Abécédaire de Gilles Deleuze* (1995), produzido e dirigido por Pierre-André Boutang, 1988.

DELEUZE, Gilles. "Sobre a diferença da ética em relação à moral". *In*: DELEUZE, Gilles. *Espinosa: filosofia prática*. Trad. Daniel Lins e Fabien Pascal Lins. São Paulo: Escuta, 2002, p. 23-36.

DELEUZE, Gilles. "Um novo cartógrafo (*Vigiar e punir*)". *In*: DELEUZE, Gilles. *Foucault*. Trad. Claudia Sant'Anna Martins. São Paulo: Brasiliense, 2005, p. 33-56.

DELEUZE, Gilles. *Conversações*. Trad. Peter Pal Pelbart. São Paulo: Editora 34, 2008.

DELEUZE, Gilles & PARNET, Claire. "Uma conversa, o que é, pra que serve?". *In*: DELEUZE, Gilles & PARNET, Claire. *Diálogos*. Trad. Eloisa Araújo Ribeiro. São Paulo: Escuta, 1999.

DIAS, Paola Vanessa Gonçalves. *Do apagamento à fala pública: a memória negra em Petrópolis a partir da trajetória do Quilombo da Tapera*. Dissertação, Mestrado em Memória Social, Centro de Ciências Humanas e Sociais, Universidade Federal do Rio de Janeiro, Rio de Janeiro, 2016.

DILLENBURG, Scheila. "A religiosidade e a espiritualidade presente na cosmovisão andina: uma ponte necessária para compreender o Bem Viver", *Tear Online*, v. 4, n. 2, 2015, p. 87-94.

DUNKER, Christian. "A lógica do condomínio". *In*: DUNKER, Christian. *Mal-estar, sofrimento e sintoma: uma psicopatologia do Brasil entre muros*. São Paulo: Boitempo, 2015, p. 47-71.

ESPINOSA, Benedictus de. *Ética*. Trad. Tomaz Tadeu. Belo Horizonte: Autêntica, 2013.

EVARISTO, Conceição. *Ponciá Vicêncio*. Belo Horizonte: Mazza, 2003.

EVARISTO, Conceição. "Da grafia-desenho de minha mãe: um dos lugares de nascimento de minha escrita". *In*: ALEXANDRE, Marcos Antônio (org.). *Representações performáticas brasileiras: teorias, práticas e suas interfaces*. Belo Horizonte: Mazza, 2007, p. 16-21.

EVARISTO, Conceição. *Becos da memória*. Florianópolis: Editora Mulheres, 2013.

EVARISTO, Conceição. *Insubmissas lágrimas de mulheres*. Rio de Janeiro: Malê, 2016.

FARFÁN-SANTOS, Elizabeth. *Black Bodies, Black Rights: The Politics of Quilombolismo in Contemporary Brazil*. Austin: University of Texas Press, 2016.

FIABANI, Adelmir. *Novos quilombos: a luta pela terra e afirmação étnica no Brasil (1988-2008)*. Tese, Doutorado em História, Unidade Acadêmica de Pesquisa e Pós-Graduação, Universidade do Vale do Rio dos Sinos, São Leopoldo, 2008.

FONSECA, Márcio Alves da. *Michel Foucault e o Direito*. São Paulo: Saraiva, 2012.

FOUCAULT, Michel. "Verdade e poder". *In*: FOUCAULT, Michel. *Microfísica do poder*. Trad. Roberto Machado. Rio de Janeiro: Graal, 1979, p. 1-14.

FOUCAULT, Michel. *História da sexualidade*, v. II: *O uso dos prazeres*. Trad. Maria Thereza da Costa Albuquerque e J. A. Guilhon Albuquerque. Rio de Janeiro: Graal, 1984.

FOUCAULT, Michel. *História da sexualidade*, v. III: *O cuidado de si*. Trad. Maria Thereza da Costa Albuquerque e J. A. Guilhon Albuquerque. Rio de Janeiro: Graal, 1985.

FOUCAULT, Michel. "O dispositivo da sexualidade". *In*: FOUCAULT, Michel. *História da sexualidade*, v. I: *A vontade de saber*. Trad. Maria Thereza da Costa Albuquerque e J. A. Guilhon Albuquerque. Rio de Janeiro: Graal, 1988, p. 85-113.

FOUCAULT, Michel. "Anti-Édipo: uma introdução à vida não fascista". In: ESCOBAR, Carlos Henrique de (org.). *Dossier Deleuze*. Trad. Ana Sacchetti. Rio de Janeiro: Hólon, 1991, p. 80-4.

FOUCAULT, Michel. *A ordem do discurso*. Trad. Laura Fraga de Almeida Sampaio. São Paulo: Loyola, 1996.

FOUCAULT, Michel. *A verdade e as formas jurídicas*. Trad. Eduardo Jardim e Roberto Machado. Rio de Janeiro: Nau, 2003.

FOUCAULT, Michel. *A hermenêutica do sujeito*. Trad. Márcio Alves da Fonseca e Salma Tannus Muchail. São Paulo: Martins Fontes, 2006.

FOUCAULT, Michel. "Prefácio". *In*: FOUCAULT, Michel. *As palavras e as coisas: uma arqueologia das ciências humanas*. Trad. Salma Tannus Muchail. São Paulo: Martins Fontes, 2007, p. xi- xxii.

FOUCAULT, Michel. "Aula de 17 de janeiro de 1979". *In*: FOUCAULT, Michel. *Nascimento da biopolítica*. Trad. Eduardo Brandão. São Paulo: Martins Fontes, 2008a, p. 39-70.

FOUCAULT, Michel. "Aula de 1º de março de 1978". *In*: FOUCAULT, Michel. *Segurança, território, população*. Trad. Eduardo Brandão. São Paulo: Martins Fontes, 2008b, p. 253-303.

FOUCAULT, Michel. "Aula de 1º de fevereiro de 1978". *In*: FOUCAULT, Michel. *Segurança, território, população*. Trad. Eduardo Brandão. São Paulo: Martins Fontes, 2008c, p. 117-53

FOUCAULT, Michel. "Ilegalidade e delinquência". *In*: FOUCAULT, Michel. *Vigiar e punir: nascimento da prisão*. Trad. Raquel Ramalhete. Petrópolis: Vozes, 2009, p. 243-77.

FOUCAULT, Michel. *O governo de si e dos outros*. Trad. Eduardo Brandão. São Paulo: Martins Fontes, 2010a.

FOUCAULT, Michel. *Ética, sexualidade e política*, v. 5, *Ditos e escritos*. Trad. Elisa Monteiro e Inês Autran Dourado Barbosa. Rio de Janeiro: Forense Universitária, 2010b.

FOUCAULT, Michel. "Aula de 1º de fevereiro de 1984". *In*: FOUCAULT, Michel. *A coragem da verdade: o governo de si e dos outros II — Curso no Collège de France (1983-1984)*. Trad. Eduardo Brandão. São Paulo: WMF Martins Fontes, 2011, p. 3-21.

FOUCAULT, Michel. *O corpo utópico: as heterotopias*. Trad. Salma Tannus Muchail. São Paulo: N-1, 2013.

FREIRE, Paulo. *Pedagogia da autonomia: saberes necessários à prática educativa*. São Paulo: Paz e Terra, 1996.

FRY, Peter Henry & HOWE, Gary Nigel. "Duas respostas à aflição: umbanda e pentecostalismo", *Debate e Crítica*, n. 6, jul. de 1975, p. 75-94.

FUNARI, Pedro Paulo. "Arqueologia de Palmares: sua contribuição para o conhecimento da história da cultura afro-americana". *In*: REIS, João

José & GOMES, Flávio dos Santos (org.). *Liberdade por um fio: história dos quilombos no Brasil*. São Paulo: Companhia das Letras, 1996, p. 26-51.

FUNARI, Pedro Paulo & CARVALHO, Aline Vieira de. *Palmares: ontem e hoje*. Rio de Janeiro: Zahar, 2005.

FUNDO DAS NAÇÕES UNIDAS PARA A INFÂNCIA. *Relatório da situação da infância e adolescência brasileiras*. Brasília, 2003.

GIDDINGS, Paula. *When and Where I Enter: The Impact of Black Women on Race and Sex in America*. Nova York: W. Morrow, 1982.

GILROY, Paul. *O Atlântico negro: modernidade e dupla consciência*. Trad. Cid Knipel Moreira. São Paulo/ Rio de Janeiro: Editora 34/Centros de Estudos Afro-Asiáticos da Universidade Candido Mendes, 2012.

GOLDER, Ben. *Foucault and the Politics of Rights*. Stanford: Stanford University Press, 2015.

GOMES, Flávio dos Santos. "Quilombo do Rio de Janeiro no século XIX". *In*: REIS, João José & GOMES, Flávio dos Santos (org.). *Liberdade por um fio: história dos quilombos no Brasil*. São Paulo: Companhia das Letras, 1996, p. 263-90.

GOMES, Flávio dos Santos. *Mocambos e quilombos: uma história do campesinato negro no Brasil*. São Paulo: Claro Enigma, 2015.

GOMES, Janaína Damasceno. *Elas são pretas: cotidiano de estudantes negras na Unicamp*. Dissertação, Mestrado em Educação, Faculdade de Educação, Universidade Estadual de Campinas, Campinas, 2008.

GOMES, Janaína Damasceno. *Os segredos de Virgínia: estudos de atitudes raciais em São Paulo (1945-1955)*. Tese, Doutorado em Antropologia Social, Faculdade de Filosofia, Letras e Ciências Humanas, Universidade de São Paulo, São Paulo, 2013.

GOMES, Nilma Lino. *Sem perder a raiz: corpo e cabelo como símbolos da identidade negra*. Belo Horizonte: Autêntica, 2008.

GONZALEZ, Lélia. "Racismo e sexismo na cultura brasileira", *Revista Ciências Sociais Hoje*, 1984, p. 223-44.

GONZALEZ, Lélia. "Nanny", *Humanidades*, v. 17, ano IV, 1988, p. 23-5.

GONZALEZ, Lélia. "Mulher negra". *In*: NASCIMENTO, Elisa Larkin (org). *Guerreiras de natureza: mulher negra, religiosidade e ambiente.* São Paulo: Selo Negro, 2008, p. 29-47.

GROS, Frédéric. "Situação do curso". *In*: FOUCAULT, Michel. *A coragem da verdade: o governo de si e dos outros II — Curso no Collège de France (1983-1984).* Trad. Eduardo Brandão. São Paulo: WMF Martins Fontes, 2011, p. 303-16.

GUIMARÃES, Bernardo. "Uma história de quilombolas". *In*: GUIMARÃES, Bernardo. *Lendas e romances.* São Paulo: WMF Martins Fontes, 2006, p. 75-93.

GUSMÃO, Neusa Maria Mendes. *Terra de pretos, terra de mulheres: terra, mulher e raça num bairro rural negro.* Brasília: Fundação Cultural Palmares, 1996.

HALE, Thomas A. "Griottes: Females Voices from West Africa", *Research in African Literatures*, v. 25, n. 3, 1994, p. 71-91.

HARDT, Michael & NEGRI, Antônio. "*De singularitate 1*: possuído pelo amor". *In*: HARDT, Michael & NEGRI, Antônio. *Bem-estar comum.* Trad. Clóvis Marques. Rio de Janeiro: Record, 2016, p. 203-12.

HERNANDEZ, Leila Leite. "O olhar imperial e a invenção da África". *In*: HERNANDEZ, Leila Leite. *A África na sala de aula: visita à história contemporânea.* São Paulo: Selo Negro, 2005, p. 17-44.

HOOKS, bell. *Ain't I a Woman: Black Women and Feminism.* Londres: Pluto, 1982. [Ed. bras.: *E eu não sou uma mulher? Mulheres negras e feminismo.* Trad. Bhuvi Libanio. Rio de Janeiro: Rosa dos Tempos, 2019a.]

HOOKS, bell. "Intelectuais negras", trad. Marcos Santarrita, *Estudos Feministas*, v. 3, n. 2, 1995, p. 464-78.

HOOKS, bell. *Black Looks: Race and Representation.* Cambridge, MA: South End, 2000. [Ed. bras.: *Olhares negros: raça e representação.* Trad. Stephanie Borges. São Paulo: Elefante, 2019b.]

HOOKS, bell. *Rock my Soul: Black People and Self-Esteem.* Nova York: Atria, 2003.

HOOKS, bell. *Ensinando a transgredir: a educação como prática da liberdade.* São Paulo: WMF Martins Fontes, 2013.

INSTITUTO DAGAZ. *A cozinha dos quilombos: sabores, territórios e memórias*. Rio de Janeiro, 2014.

IONTA, Marilda. "Das amizades femininas e feministas". *In*: RAGO, Margareth & GALLO, Silvio (org). *Michel Foucault e as insurreições: é inútil revoltar-se?* São Paulo: Intermeios, 2017, p. 375-85.

LARA, Silvia Hunold. "Do singular ao plural: Palmares, capitães-do-mato e o governo dos escravos". *In*: REIS, João José & GOMES, Flávio dos Santos. *Liberdade por um fio: história dos quilombos no Brasil*. São Paulo: Companhia das Letras, 1996, p. 81-109.

LAVAL, Christian & DARDOT, Pierre. *A nova razão do mundo: ensaio sobre a sociedade neoliberal*. Trad. Mariana Echalar. São Paulo: Boitempo, 2016.

LIFSCHITZ, Javier Alejandro. "Neocomunidades: reconstruções de territórios e saberes", *Estudos históricos*, n. 38, jul./dez. 2006, p. 67-85.

LUZ, Andreia Franco. "Os remanescentes do Quilombo da Rasa". *In*: O'DWYER, Eliane Cantarino (org.). *O fazer antropológico e o reconhecimento de direitos constitucionais: o caso das terras de quilombo no estado do Rio de Janeiro*. Rio de Janeiro: E-papers, 2012, p. 114-44.

MAESTRI, Mário. "Pampa negro: quilombos no Rio Grande do Sul". *In*: REIS, João José & GOMES, Flávio dos Santos (org.). *Liberdade por um fio: história dos quilombos no Brasil*. São Paulo: Companhia das Letras, 1996, p. 291-331.

MAGGIE, Yvonne. *Guerra de orixás: um estudo de ritual e conflito*. Rio de Janeiro: Zahar, 2001.

MAIO, Marcos Chor & SANTOS, Ricardo Ventura dos (org.). *Raça como questão: história, ciência e identidades no Brasil*. Rio de Janeiro: Fiocruz, 2010.

MALHEIROS, Márcia Fernanda Ferreira. "Terra da Cesárea, terra solta e terra de negócio: a Comunidade de Sobara no processo de identificação e delimitação de territórios quilombolas no Rio de Janeiro". *In*: O'DWYER, Eliane Cantarino (org.). *O fazer antropológico e o reconhecimento de direitos constitucionais: o caso das terras de quilombo no estado do Rio de Janeiro*. Rio de Janeiro: E-papers, 2012, p. 69-113.

MARINHO, Cristiane Maria. *Filosofia e educação no Brasil: da identidade à diferença*. São Paulo: Loyola, 2014.

MARTINS, Leda Maria. *Afrografias da memória: o Reinado do Rosário no Jatobá*. Belo Horizonte: Mazza, 1997.

MARTINS, Leda Maria. "Performances da oralitura: corpo, lugar da memória", *Letras*, n. 26, jul./dez. 2016, p. 63-81.

MATTOS, Hebe Maria. *Das cores do silêncio: os significados da liberdade no Sudeste escravista — Brasil, século XIX*. Rio de Janeiro: Arquivo Nacional, 1995.

MATTOS, Hebe Maria. *Marcas da escravidão: biografia, racialização e memória do cativeiro na história do Brasil*. Tese de Livre-docência, Livre-docência em História, Departamento de História, Universidade Federal Fluminense, Niterói, 2004.

MATTOS, Hebe Maria. "Novos quilombos: re-significações da memória do cativeiro entre descendentes da última geração de escravos". *In*: RIOS, Ana Lugão & MATTOS, Hebe Maria (org.). *Memórias do cativeiro: família, trabalho e cidadania no pós-abolição*. Rio de Janeiro: Civilização Brasileira, 2005, p. 276-7.

MATTOS, Hebe Maria; ABREU, Martha; SOUZA, Mirian Alves & COUTO, Patrícia Brandão. *Relatório antropológico de caracterização histórica, econômica e sociocultural do Quilombo de Santa Rita do Bracuí*. Niterói: Universidade Federal Fluminense/Fundação Euclides da Cunha/Incra-SRRJ, 2009.

MATTOS, Hebe Maria & MEIRELES, Lídia C. *"Meu pai e vovô falava: quilombo é aqui": memória do cativeiro, território e identidade na Comunidade Negra Rural de São José da Serra. Relatório de Identificação de Comunidade Remanescente de Quilombo*. Niterói: Laboratório de História Oral e Imagem da Universidade Federal Fluminense, 1998.

MBEMBE, Achille. *Crítica da razão negra*. Trad. Marta Lança. Lisboa: Antígona, 2014.

MBEMBE, Achille. "Necropolítica", trad. Renata Santini, *Artes & Ensaios*, n. 32, dez. 2016, p. 123-51.

McLAREN, Margaret. *Foucault, feminismo e subjetividade*. Trad. Newton Milanez. São Paulo: Intermeios, 2016.

MINISTÉRIO DA CULTURA. FUNDAÇÃO CULTURAL PALMARES. Portaria 98, 26 de novembro de 2007. Institui o Cadastro Geral dos Remanescentes das Comunidades dos Quilombos da Fundação Cultural Palmares, também autodenominadas Terras de Preto, Comunidades Negras, Mocambos, Quilombos, dentre outras denominações congêneres. Brasília, 2007.

MINISTÉRIO DA CULTURA. INSTITUTO DO PATRIMÔNIO HISTÓRICO E ARTÍSTICO NACIONAL. *Jongo no Sudeste*. Brasília: Iphan, 2007 (Dossiê Iphan, 5).

MINISTÉRIO DAS MULHERES, DA IGUALDADE RACIAL, DA JUVENTUDE E DOS DIREITOS HUMANOS. SECRETARIA ESPECIAL DE PROMOÇÃO DA IGUALDADE RACIAL. *Plano de ações do Quilombo Kalunga*. Brasília, 2016.

MINISTÉRIO DO DESENVOLVIMENTO AGRÁRIO. INSTITUTO NACIONAL DE COLONIZAÇÃO E REFORMA AGRÁRIA. Instrução Normativa 57, 20 de outubro de 2009. Regulamenta o procedimento para identificação, reconhecimento, delimitação, demarcação, desintrusão, titulação e registro das terras ocupadas por remanescentes das comunidades dos quilombos de que tratam o Art. 68 do Ato das Disposições Constitucionais Transitórias da Constituição Federal de 1988 e o Decreto 4.887 de 20 de novembro de 2003. Brasília, 2009. Disponível em: http://www.incra.gov.br/media/docs/legislacao/instrucao-normativa/in_57-2009_quilombolas.pdf.

MIRANDA, Fernanda Rodrigues de. *Os caminhos literários de Carolina Maria de Jesus: experiência marginal e construção estética*. Dissertação, Mestrado em Estudos Comparados de Literaturas de Língua Portuguesa, Faculdade de Filosofia, Letras e Ciências Humanas, Universidade de São Paulo, São Paulo, 2013.

MONTES, Maria Lucia. "As figuras do sagrado: entre o público e o privado". *In*: NOVAIS, Fernando & SCHWARCZ, Lilia. *História da vida privada no Brasil*, v. 4. São Paulo: Companhia das Letras, 1998.

MORAGA, Cherríe & ANZALDÚA, Gloria. *This Bridge Called My Back: Writing by Radical Women of Color*. Watertown, MA: Persephone, 1981.

MOREIRA, Núbia Regina. *O feminismo negro brasileiro: um estudo do movimento de mulheres negras no Rio de Janeiro e São Paulo*. Dissertação, Mestrado em Sociologia, Instituto de Filosofia e Ciências Humanas, Universidade Estadual de Campinas, Campinas, 2007.

MOREIRA, Núbia Regina. *A presença das compositoras no samba carioca: um estudo da trajetória de Teresa Cristina*. Tese, Doutorado em Sociologia, Instituto de Ciências Sociais, Universidade de Brasília, Brasília, 2013.

MORRISON, Toni. *The Bluest Eye*. Nova York: Knopf, 1970. [Ed. bras.: *O olho mais azul*. Trad. Manoel Paulo Ferreira. São Paulo: Companhia das Letras, 2019.]

MORRISON, Toni. *Amor*. Trad. José Rubens Siqueira. São Paulo: Companhias das Letras, 2005.

MORRISON, Toni. *Amada*. Trad. José Rubens Siqueira. São Paulo: Companhia das Letras, 2007.

MORRISON, Toni. *Voltar para casa*. Trad. José Rubens Siqueira. São Paulo: Companhia das Letras, 2016.

MOTT, Luiz. "Santo Antônio: o divino capitão-do-mato". *In*: REIS, João José & GOMES, Flávio dos Santos (org.). *Liberdade por um fio: história dos quilombos no Brasil*. São Paulo: Companhia das Letras, 1996, p. 110-38.

MOTT, Maria Lúcia de Barros. *Submissão e resistência: a mulher na luta contra a escravidão*. São Paulo: Contexto, 1988.

MOURA, Clóvis. *Rebeliões da senzala: quilombos, insurreições, guerrilhas*. Rio de Janeiro: Conquista, 1972.

MUCHAIL, Salma Tannus. *Foucault, o mestre do cuidado: textos sobre a hermenêutica do sujeito*. São Paulo: Loyola, 2011.

MUNANGA, Kabengele. *Negritude: usos e sentidos*. Belo Horizonte: Autêntica, 2009.

MURGEL, Ana Carolina Arruda de Toledo. *"Navalhanaliga": a poética feminista de Alice Ruiz*. Tese, Doutorado em História Cultural,

Instituto de Filosofia e Ciências Humanas, Universidade Estadual de Campinas, Campinas, 2010.

NASCIMENTO, Abdias. *O quilombismo: documentos de uma militância pan-africanista*. Petrópolis: Vozes, 1980.

NASCIMENTO, Gizêlda Melo. "Grandes mães, reais senhoras". *In*: NASCIMENTO, Elisa Larkin (org.). *Guerreiras de natureza: mulher negra, religiosidade e ambiente*. São Paulo: Selo Negro, 2008, p. 49-63.

NASCIMENTO, Maria Beatriz do. "Por uma história do homem negro", *Revista de Cultura Vozes*, n. 68, v. 1, 1974, p. 44.

NASCIMENTO, Maria Beatriz do. "O conceito de quilombo e a resistência cultural negra", *Afrodiáspora*, ano 3, n. 6/7, 1985, p. 41-9.

NASCIMENTO, Maria Beatriz do. "Mudança social e conservadorismo?". *In*: NASCIMENTO, Maria Beatriz do. *Quilombola e intelectual: possibilidade nos dias da destruição*. São Paulo: Filhos da África, 2018, p. 66-79.

NEVES, Delma Pessanha. "Remanescentes de quilombolas em múltiplas dimensões". *In*: O'DWYER, Eliane Cantarino (org.). *O fazer antropológico e o reconhecimento de direitos constitucionais: o caso das terras de quilombo no estado do Rio de Janeiro*. Rio de Janeiro: E-papers, 2012, p. 218-71.

O'DWYER, Eliane Cantarino (org.). *Terras de quilombos*. Rio de Janeiro: ABA, 1995.

O'DWYER, Eliane Cantarino. *O fazer antropológico e o reconhecimento de direitos constitucionais: o caso das terras de quilombo no estado do Rio de Janeiro*. Rio de Janeiro: E-papers, 2012.

OLIVEIRA, Rejane Maria de. Transcrição da fala de abertura. Oficina Nacional de Mulheres Quilombolas, Cabo Frio, 24-26 mar. 2017.

PACHECO, Ana Cláudia Lemos. *"Branca para casar, mulata para f…, negra para trabalhar": escolhas afetivas e significados de solidão entre mulheres negras em Salvador, Bahia*. Tese, Doutorado em Ciências Sociais, Instituto de Filosofia e Ciências Humanas, Universidade Estadual de Campinas, Campinas, 2008.

PACHECO, Gustavo. "Memória por um fio: as gravações históricas de Stanley J. Stein". *In*: LARA, Silvia Hunold & PACHECO, Gustavo (org.).

Memória do jongo: as gravações históricas de Stanley J. Stein. Vassouras, 1949. Rio de Janeiro/Campinas: Folha Seca/Cecult, 2007, p. 15-35.

PAREDES, Julieta. "Hilando fino desde el feminismo indígena comunitário". *In*: ESPINOSA-MIÑOSO, Yuderkys (org.). *Aproximaciones críticas a las prácticas teórico-políticas del feminismo latino-americano*. Buenos Aires: En la Frontera, 2010, p. 117-20.

PAULINO, Rosana. *Assentamento*. Americana: Museu de Arte Contemporânea de Americana, 2013. Catálogo educativo. Disponível em: www.rosanapaulino.com.br/blog/wp-content/uploads/2013/11/PDF-Educativo.pdf.

PELEGRINI, Maurício Aparecido. *Michel Foucault e a revolução iraniana*. Dissertação, Mestrado em História Cultural, Instituto de Filosofia e Ciências Humanas, Universidade Estadual de Campinas, Campinas, 2015.

PERPICH, Diane. "Black Feminism, Poststructuralism, and the Contested Character of Experience". *In*: DAVIDSON, Maria del Guadalupe; GINES, Kathryn T. & MARCANO, Donna-Dale L. (org.). *Convergences: Black Feminism and Continental Philosophy*. Albany: State University of New York Press, 2010, p. 13-34.

PITTA, Sebastião da Rocha. *História da América portuguesa*. Bahia: Imprensa Econômica, 1878.

PRATES, Lisie Alende. *O olhar feminino sobre o cuidado à saúde da mulher quilombola*. Dissertação, Mestrado em Enfermagem, Programa de Pós-Graduação em Enfermagem, Universidade Federal de Santa Maria, Santa Maria, 2015.

PRESIDÊNCIA DA REPÚBLICA. Decreto-lei 3.551, 4 de agosto de 2000. Institui o registro de Bens Culturais de Natureza Imaterial que constituem patrimônio brasileiro e cria o Programa Nacional do Patrimônio Imaterial. Brasília, 2000.

PRESIDÊNCIA DA REPÚBLICA. Decreto-lei 3.912, 10 de setembro de 2001. Regulamenta as disposições relativas ao processo administrativo para identificação dos remanescentes das comunidades dos quilombos e para o reconhecimento, a delimitação, a demarcação, a titulação e o registro imobiliário das terras por eles ocupadas. Brasília, 2001.

PRESIDÊNCIA DA REPÚBLICA. Decreto-lei 4.887, 20 de novembro de 2003. Trata da regulamentação fundiária de terras de quilombos e define responsabilidades dos órgãos governamentais. Brasília, 2003.

PRICE, Richard. "Palmares como poderia ter sido". *In*: REIS, João José & GOMES, Flávio dos Santos (org.). *Liberdade por um fio: história dos quilombos no Brasil*. São Paulo: Companhia das Letras, 1996, p. 52-60.

RAGO, Margareth. "Epistemologia feminista, gênero e história". *In*: PEDRO, Joana & GROSSI, Miriam (org.). *Masculino, feminino, plural*. Florianópolis: Editora Mulheres, 1998, p. 21-41.

RAGO, Margareth. "Feminizar é preciso. Por uma cultura filógina". *São Paulo em Perspectiva*, v. 15, n. 3, jul./set. 2001, p. 58-66.

RAGO, Margareth. "O corpo exótico da diferença", *Labrys — Estudos Feministas*, jan./jun., 2008.

RAGO, Margareth. "Poéticas e políticas das indígenas da Bolívia". *In*: RAGO, Margareth & MURGEL, Ana Carolina Arruda de Toledo (org.). *Paisagens e tramas: o gênero entre a história e a arte*. São Paulo: Intermeios, 2013, p. 87-98.

RAGO, Margareth. *Foucault, história e anarquismo*. 2ª ed. Rio de Janeiro: Rizoma, 2015.

RAGO, Margareth. *Inventar outros espaços, criar subjetividades libertárias*. São Paulo: Escola da Cidade, 2016.

RAMOS, Fabiana. *Quilombo Santa Rita do Bracuí: diálogos de saberes e sua relação com a escola Áurea Pires da Gama*. Monografia, Licenciatura em educação do campo, Universidade Federal Rural do Rio de Janeiro, Seropédica, 2013.

RATTS, Alex. "A voz que vem do interior: intelectualidade negra e quilombo". *In*: BARBOSA, Lucia Maria de Assunção; SILVA, Petronilha Beatriz Gonçalves & SILVÉRIO, Valter Roberto (org.). *De preto a afrodescendente: trajetos de pesquisa sobre o negro, cultura negra e relações étnico-raciais no Brasil*. São Carlos: EdUFSCar, 2003, p. 89-105.

RATTS, Alex. *Eu sou Atlântica: sobre a trajetória de vida de Beatriz Nascimento*. São Paulo: Imprensa Oficial, 2006.

RATTS, Alex & RIOS, Flavia. *Lélia Gonzalez*. São Paulo: Selo Negro, 2010.

REGINALDO, Lucilene. *Os rosários dos angolas: irmandades de africanos e crioulos na Bahia setecentista*. São Paulo: Alameda, 2011.

REIS, João José. "Escravos e coiteiros no Quilombo do Oitizeiro: Bahia, 1806". *In*: REIS, João José & GOMES, Flávio dos Santos. *Liberdade por um fio: história dos quilombos no Brasil*. São Paulo: Companhia das Letras, 1996, p. 332-72.

REIS, João José & GOMES, Flávio dos Santos. "Introdução: uma história da liberdade". *In*: REIS, João José & GOMES, Flávio dos Santos. *Liberdade por um fio: história dos quilombos no Brasil*. São Paulo: Companhia das Letras, 1996, p. 9-25.

RIBEIRO, Ana Maria Motta. "Desagriculturalização". *In*: MOTTA, Márcia (org.). *Dicionário da terra*. Rio de Janeiro: Civilização Brasileira, 2005, p. 158-63.

RIOS, Flávia. "A cidadania imaginada pelas mulheres afro-brasileiras: da ditadura militar à democracia". *In*: BLAY, Eva Alterman & AVELAR, Lúcia (org.). *50 anos de feminismo: Argentina, Brasil e Chile. A construção das mulheres como atores políticos e democráticos*. São Paulo: Fapesp/Edusp, 2017, p. 192-213.

RODRIGUES, Nina. *Os africanos no Brasil*. São Paulo: Nacional, 1977.

ROSA, Allan da. *Pedagoginga, autonomia e mocambagem*. Rio de Janeiro: Aeroplano, 2013.

SANTOS, Joel Rufino. "O movimento negro e a crise brasileira", *Política e administração*, v. 2, jul./set. 1985, p. 285-308.

SCHÖPKE, Regina. *Por uma filosofia da diferença: Gilles Deleuze, o pensador nômade*. Rio de Janeiro/São Paulo: Contraponto/Edusp, 2004.

SCHUCMAN, Lia Vainer. "Fissuras entre a brancura e a branquitude: possibilidades para a desconstrução do racismo". *In*: SCHUCMAN, Lia Vainer. *Entre o encardido, o branco e o branquíssimo: branquitude, hierarquia e poder na cidade de São Paulo*. São Paulo: Annablume, 2014, p. 169-81.

SCOTT, Joan W. "Experiência". *In*: SILVA, Alcione Leite; LAGO, Mara Coelho de Souza & RAMOS, Tania Regina Oliveira (org.). *Falas de gênero*. Florianópolis: Editora Mulheres, 1999, p. 21-55.

SECRETARIA DE ESTADO DA CASA CIVIL E GOVERNANÇA. FUNDAÇÃO CENTRO ESTADUAL DE ESTATÍSTICAS, PESQUISAS E FORMAÇÃO DE SERVIDORES PÚBLICOS DO RIO DE JANEIRO. *Projeto de cadastramento das populações indígenas e quilombolas em doze municípios do estado do Rio de Janeiro com vistas à inclusão no CadÚnico*. Rio de Janeiro: Ceperj, 2010. Relatório técnico.

SECRETARIA DE POLÍTICAS DE PROMOÇÃO DA IGUALDADE RACIAL. *Histórico*. Brasília, 2014.

SECRETARIA DE POLÍTICAS DE PROMOÇÃO DA IGUALDADE RACIAL. SECRETARIA DE POLÍTICAS PARA COMUNIDADES TRADICIONAIS. *Guia de políticas públicas para comunidades quilombolas: Programa Brasil Quilombola*. Brasília, 2013.

SECRETARIA ESPECIAL DA CULTURA. FUNDAÇÃO CULTURAL PALMARES. *Quadro geral de comunidades remanescentes de quilombos*. Brasília: FCP, 2020.

SENELLART, Michel. "Situação do curso". *In*: FOUCAULT, Michel. *Nascimento da biopolítica*. Trad. Eduardo Brandão. São Paulo: Martins Fontes, 2008, p. 441-5.

SILVA, Allyne Andrade e. *Direito e políticas públicas quilombolas*. Belo Horizonte/São Paulo: D'Plácido, 2020.

SILVA, Givânia Maria da. *Educação como processo de luta política: a experiência de "educação diferenciada" do território quilombola de Conceição das Crioulas*. Dissertação, Mestrado em Políticas Públicas e Gestão da Educação, Faculdade de Educação, Universidade de Brasília, Brasília, 2012.

SILVA, Maria Elisa. *Bracuí, sua luta, sua história. Associação Multimídia de Educação, Cultura e Comunicação — Abrace um aluno leitor*. Rio de Janeiro: Fábrica de Livros, 2004.

SILVA, Maria Lúcia da. "Racismo no Brasil: questões para psicanalistas brasileiros". *In*: KON, Noemi Moritz; SILVA, Maria Lúcia da & ABUD,

Cristiane Curi. *O racismo e o negro no Brasil: questões para a psicanálise*. São Paulo: Perspectiva, 2017, p. 71-89.

SILVA, Silvane Aparecida da. *O protagonismo das mulheres quilombolas na luta por direitos em comunidades do estado de São Paulo (1988-2018)*. Tese, Doutorado em História Social, Programa de Estudos Pós-Graduados em História, Pontifícia Universidade Católica de São Paulo, São Paulo, 2019.

SILVA, Viviane Angélica. *Cores da tradição: uma história do debate racial na Universidade de São Paulo (USP) e a configuração racial do corpo docente*. Tese, Doutorado em Educação, Faculdade de Educação, Universidade de São Paulo, São Paulo, 2015.

SIMMEL, Georg. "Cultura feminina". *In*: SIMMEL, Georg. *Filosofia do amor*. Trad. Eduardo Brandão. São Paulo: Martins Fontes, 1993, p. 67-91.

SLENES, Robert W. *Na senzala, uma flor: esperanças e recordações na formação da família escrava — Brasil Sudeste, século XIX*. Rio de Janeiro: Nova Fronteira, 1999, p. 27-67.

SLENES, Robert W. "Eu venho de muito longe, eu venho cavando: jongueiros cumba na senzala centro-africana. *In*: LARA, Silvia Hunold & PACHECO, Gustavo (org.). *Memória do jongo: as gravações históricas de Stanley J. Stein. Vassouras, 1949*. Rio de Janeiro/Campinas: Folha Seca/Cecult, 2007, p. 109-56.

SODRÉ, Muniz. *O terreiro e a cidade: a forma social negro-brasileira*. Petrópolis: Vozes, 1988.

SOUZA, Claudete Alves da Silva. *A solidão da mulher negra: sua subjetividade e seu preterimento pelo homem negro na cidade de São Paulo*. Dissertação, Mestrado em Ciências Sociais, Departamento de Ciências Sociais, Pontifícia Universidade Católica de São Paulo, São Paulo, 2008.

SOUZA, Etiane Caloy Bovkalovski & MAGALHÃES, Marionilde Dias Brepohl. "Os pentecostais: entre a fé e a política", *Revista Brasileira de História*, v. 22, n. 43, 2002, p. 85-105.

SOUZA, Mirian Alves & FARINA, Renata Neder. "Família Sacopã: identidade quilombola e resistência ao racismo e à especulação imobiliária na Lagoa, Rio de Janeiro". *In*: O'DWYER, Eliane Cantarino (org.). *O fazer antropológico e o reconhecimento de direitos constitucionais: o caso das terras de quilombo no estado do Rio de Janeiro*. Rio de Janeiro: E-papers, 2012, p. 147-217.

SOUZA, Neusa Santos. *Tornar-se negro ou as vicissitudes da identidade do negro brasileiro em ascensão social*. Rio de Janeiro: Graal, 1983.

SUPREMO TRIBUNAL FEDERAL. Voto vista de Rosa Weber nos marcos da Ação Direta de Inconstitucionalidade 3.239. Brasília, 25 mar. 2015.

TELLES, Norma. *Encantações: escritoras e imaginação literária no Brasil, século XIX*. São Paulo: Intermeios, 2012.

THEODORO, Helena. "Religiões afro-brasileiras". *In*: NASCIMENTO, Elisa Larkin (org.). *Guerreiras de natureza: mulher negra, religiosidade e ambiente*. São Paulo: Selo Negro, 2008, p. 65-84.

TVARDOVSKAS, Luana Saturnino. *Dramatização dos corpos: arte contemporânea e crítica feminista no Brasil e na Argentina*. São Paulo: Intermeios, 2015.

UNIVERSIDADE FEDERAL FLUMINENSE. LABORATÓRIO DE HISTÓRIA ORAL E IMAGEM. "Apresentação". *Jongo, calangos e folias*. Niterói, 2020. Disponível em: http://www.labhoi.uff.br/jongos/apresentacao.

UNIVERSIDADE FEDERAL RURAL DO RIO DE JANEIRO, CONSELHO DE ENSINO, PESQUISA E EXTENSÃO. Deliberação 55, 30 de abril de 2014. Resolve institucionalizar o curso de Licenciatura em educação do campo como um curso de graduação regular da UFRRJ e aprovar o Projeto Pedagógico do Curso de Licenciatura em educação do campo, conforme consta no anexo desta deliberação. Disponível em: http://www.ufrrj.br/soc/DOCS/deliberacoes/cepe/Deliberacoes_2014/Delib055CEPE2014.pdf.

VANNUCHI, Maria Beatriz Costa Carvalho. "A violência nossa de cada dia: o racismo à brasileira". *In*: KON, Noemi Moritz; SILVA, Maria Lúcia da & ABUD, Cristiane Curi. *O racismo e o negro no Brasil: questões para a psicanálise*. São Paulo: Perspectiva, 2017, p. 59-70.

VIANA, Elizabeth do Espírito Santo. *Relações raciais, gênero e movimentos sociais: o pensamento de Lélia Gonzalez 1970-1990*. Dissertação,

Mestrado em História, Centro de Filosofia e Ciências Humanas, Universidade Federal do Rio de Janeiro, Rio de Janeiro, 2010.

VIEIRA, Priscila Piazentini. "Foucault e a vontade de transformar radicalmente a existência". *Revista Ecopolítica*, n. 7, v. 2, set./dez. 2013, p. 60-75.

VIEIRA, Priscila Piazentini. "Michel Foucault, a figura do sujeito de direito e o domínio da ética". XXII Encontro Estadual de História da ANPUH-SP, Santos, 2014, p. 1-12. Disponível em: http://www.encontro2014.sp.anpuh.org/resources/anais/29/1406658095_ARQUIVO_textoanpuh2014.pdf.

VIEIRA, Priscila Piazentini. *A coragem da verdade e a ética do intelectual em Michel Foucault*. São Paulo: Intermeios/Fapesp, 2015.

WERNECK, Jurema Pinto. *O samba segundo as Ialodês: mulheres negras e a cultura midiática*. Tese, Doutorado em Comunicação, Escola de Comunicação, Universidade Federal do Rio de Janeiro, Rio de Janeiro, 2007.

WERNECK, Jurema Pinto. "Nossos passos vêm de longe! Movimentos de mulheres negras e estratégias políticas contra o sexismo e o racismo". *Revista da ABPN*, v. 1, n. 1, mar./jun. 2010, p. 8-17.

WERNECK, Jurema Pinto (org.). *Racismo institucional: uma abordagem conceitual*. São Paulo: Instituto Geledés, 2013.

YABETA, Daniela. "A escola quilombola da Caveira e outros casos: notas de pesquisa sobre Educação e comunidades negras rurais no Rio de Janeiro (2013-2015)". *In*: MATTOS, Hebe (org.). *História oral e comunidade: reparações e culturas negras*. São Paulo: Letra e Voz, 2016, p. 95-112.

DEPOIMENTOS CONSULTADOS

AZEDIAS, Terezinha Fernandes de. Entrevista concedida a Carolina Peixoto, Tomás Lopes e Thalita Oliveira, no Labhoi/UFF. *Memória do cativeiro e identidade étnica (1888-1940)*, Niterói, 13 dez. 2003.

CAETANO, Maria Isabel. Entrevista concedida a Tatiana de Lima Correia, Najara Lima Costa e Pedro Andréa Gradella, no Labhoi/

UFF. *Memória do cativeiro e identidade étnica (1888-1940)*, Niterói, 13 dez. 2003.

FERNANDES, Antônio do Nascimento. Entrevista concedida a Hebe Mattos e Martha Abreu, no Labhoi/UFF. *Memória do cativeiro e identidade étnica (1888-1940)*, Niterói, 28 nov. 2003.

FERNANDES, Sebastião do Nascimento. Entrevista concedida a Thiago Norton Silva e Danielle Barreto, no Labhoi/UFF. *Memória do cativeiro e identidade étnica (1888-1940)*, Niterói, 13 dez. 2003.

FRANCISCO, Marilda de Souza. Entrevista concedida a Sueann Caulfied (Universidade de Michigan). Angra dos Reis, 17 jul. 2014. Disponível em: https://sites.lsa.umich.edu/globalfeminisms/wp-content/uploads/sites/787/2020/05/GFP-Brazil-deSouza-Portuguese.pdf.

MÁXIMO, Maria do Carmo do Nascimento. Entrevista concedida a Aline dos Santos Figueira e Geilson de Sena Marins, no Labhoi/UFF. *Memória do cativeiro e identidade étnica (1888-1940)*, Niterói, 13 dez. 2003.

PROCÓPIO, Elizabete Seabra. Entrevista concedida a Gisele Martins Ribeiro, Fernanda Thomaz e Vantuil Pereira, no Labhoi/UFF. *Memória do cativeiro e identidade étnica (1888-1940)*, Niterói, 13 dez. 2003.

SANTOS, Ronaldo dos. Depoimento. Oficina Nacional de Mulheres Quilombolas, Cabo Frio, 27 abr. 2017.

SANTOS, Rosalina dos. Depoimento. Oficina Nacional de Mulheres Quilombolas, Cabo Frio, 24 mar. 2017.

SARAPIÃO, Maria Joana. Entrevista concedida a Aline Amoedo, Elaine Cerqueira, Branno Hocherman, Alexandre Paiva e Daniela Ferreira, no Labhoi/UFF. *Memória do cativeiro e identidade étnica (1888-1940)*, Niterói, 13 dez. 2003.

SEABRA, Manoel. Entrevista concedida a Hebe Maria Mattos e Martha Abreu, no Labhoi/UFF. *Memória do cativeiro e identidade étnica (1888-1940)*, Niterói, 28 nov. 2003.

FILMOGRAFIA

Bracuí: velhas lutas, jovens histórias. Direção: Paulo Carrano. Niterói: Observatório Jovem da Universidade Federal Fluminense, 2007, 44 min.

Dandaras: a força da mulher quilombola. Direção: Ana Carolina Fernandes. Brasília, 2015, 30 min.

Ganga Zumba. Direção: Cacá Diegues. Rio de Janeiro: Copacabana Filmes, 1964, 100 min.

Lan. Direção: Milton Alencar Jr. Cabo Frio: Sunlight Films, 1988, 20 min.

Mulheres quilombolas. Produção: Koinonia e Sumaúma Documentários Socioambientais. São Paulo. 2009, 7 min.

Narradores de Javé. Direção: Eliane Caffé. Rio de Janeiro: Bananeira Filmes, 2003, 1h40min.

Ôrí. Direção: Raquel Gerber. São Paulo: Angra Filmes, 1989, 90 min.

Quilombo do Campinho — Conectado! Paraty: Formação Gesac, 2011, 11 min.

Raça. Direção: Joel Zito Araújo e Megan Mylan. Brasil/Estados Unidos: Principe Productions/Casa de Criação Cinema, 2012, 106 min.

Sementes da memória. Direção: Paulo Carrano. Niterói: Observatório Jovem da Universidade Federal Fluminense, 2006, 46 min.

MARILÉA DE ALMEIDA nasceu em 1973, em Vassouras (RJ). Doutora em história pela Unicamp, sua tese recebeu, em 2020, menção honrosa no Prêmio de Teses Ecléa Bosi, promovido pela Associação Brasileira de História Oral. Em 2015, passou uma temporada na Universidade Columbia, em Nova York, onde estudou os feminismos negros estadunidenses entre 1980 e 1990. Escritora das encruzilhadas, seus textos mesclam história, literatura, filosofia e psicanálise.

[cc] Editora Elefante, 2022
[cc] Mariléa de Almeida, 2022

Você tem a liberdade de compartilhar, copiar, distribuir e transmitir essa obra, desde que cite as autorias e não faça uso comercial.

Primeira edição, março de 2022
Primeira reimpressão, abril de 2023
São Paulo, Brasil

Dados Internacionais de Catalogação na Publicação (CIP)
Angélica Ilacqua CRB-8/7057

Almeida, Mariléa de
  Devir quilomba: antirracismo, afeto e política nas práticas de mulheres quilombolas / Mariléa de Almeida. São Paulo: Elefante, 2022.
  384 p.

Bibliografia
ISBN 978-65-87235-58-5

1. Negras - Brasil 2. Quilombos - Aspectos sociais 3. Quilombolas - Mulheres 4. Racismo I. Título

21-3547   CDD 305.896081

Índices para catálogo sistemático:
1. Negras - Brasil

---

elefante

editoraelefante.com.br   Aline Tieme [vendas]
contato@editoraelefante.com.br   Katlen Rodrigues [mídia]
fb.com/editoraelefante   Leandro Melito [redes]
@editoraelefante   Samanta Marinho [financeiro]

TIPOGRAFIA Arno Pro & Alright Sans
PAPÉIS Ivory Slim 65 g/m² e Cartão 250 g/m²
IMPRESSÃO BMF Gráfica